IB 자기주도 학습으로 가는 길

DP 학습 접근 방법

학생용 워크북

Lance G. King 저 | 고은지 · 이요나 · 박태호 공역

DP ATL SKILLS
STUDENT
WORKBOOK

학지사

DP ATL Skills Student Workbook
by Lance G. King

역자의 말: '역량 도구 상자'를 채워 나가는 여정을 응원하며

학생 여러분, 안녕하세요. 이 책을 한국어로 옮긴 선생님입니다. 학습 접근 방법(ATL) 학생용 워크북을 번역하면서 이런 생각이 자주 들었습니다. '내가 학생일 때 이 책을 만났다면 지금의 나는 얼마나 달라졌을까?' 또는 '학생들이 이 연습들을 통해 미래 역량을 키워 간다면 그보다 더 의미 있는 일이 있을까?'

이런 마음으로 ATL을 수업에 적용해 보니 학생들이 하루하루 성장해 가는 모습을 볼 수 있었습니다. 이 책을 통해 이러한 변화를 더 많은 학생이 경험하기를 바랍니다. 여러분이 살아갈 미래에는 새로운 도전과 변화가 기다리고 있습니다. 그렇다면 앞으로 우리는 어떤 역량을 길러야 할까요?

먼저, **의사소통**입니다. 누구에게 어떤 목적으로 우리의 의사를 전하는지에 따라 표현을 조절하고, 문화와 관점을 이해하며, 의미 있는 피드백을 주고받는 태도는 연습을 통해 충분히 길러집니다. 저 역시 다른 선생님이나 교수님에게 이메일을 쓸 때 문장을 쉽게 이어 가지 못하거나 단어 하나 때문에 오해가 생기지 않을까 걱정했던 경험이 있습니다. 하지만 인사, 요지, 근거, 요청, 마무리로 글을 구조화하고 대상과 목적에 맞는 형식을 익히면 이런 걱정은 크게 줄어듭니다. 마찬가지로 친구에게 건설적인 피드백을 주는 방법을 일찍 배운다면 단순히 "글씨가 예뻐요."라는 말 대신 도움이 되는 의견을 전할 수 있고 개선점을 말할 때도 '혹시 상처받지 않을까?' 하는 두려움 때문에 의견을 삼키지 않아도 되겠지요. 저는 여러분이 더 설득력 있게 그리고 더 따뜻하게 생각을 전할 수 있도록 이 기능을 꼭 키워 주고 싶습니다.

다음은, **협력**입니다. 학교는 함께하는 법을 배우는 작은 사회입니다. 혼자가 아니라 더불어 살아가기 위해 공감하고, 갈등이 생겨도 원만히 해결해 더 나은 합의에 이르는 과정 그리고 다른 사람의 성공을 기꺼이 돕는 태도는 팀 프로젝트와 동아리 활동은 물론 앞으로의 사회생활의 바탕이 됩니다. 자신의 성공뿐 아니라 다른 사람의 성공을 돕는 법을 배울 때 우리 사회는 더 아름다워질 것입니다. 동시에 원하는 것과 필요한 것을 구분해 정중하고 분명하게 말하는 용기도 필요합니다. 사실 저 역시 제 권리를 명확하게 주장하는 일이 아직 어색할 때가 있습니다. 어릴 때부터 이런 연습을 해 왔다면 더 자연스러웠을 것이라는 생각이 듭니다.

또한 무엇을 하든 성공하기 위해서는 **자기 관리**가 필수입니다. 저도 가끔 마감에 쫓길 때가 있어 장기 목표와 단기 계획을 세우는 연습을 꾸준히 실천하고 있습니다. 자신을 방해하는 요소를 알아차려 조절하고 실패를 분석해 다음 도전의 디딤돌로 삼는 습관을 가진 사람은 넘어져도 다시 일어납니다. 이것이 바로 회복탄력성입니다. 여러분은 갑자기 감정이 치밀어 올라 스스로 조절하지 못해 후회한 적이 있나요? 저 역시 학교에서나 가정에서 그런 순간들을 경험합니다. 그러나 언제, 어떤 상황에서 감정이 커지는지 먼저 인식하고 자신만의 진정 방법을 연습한다면 정서도 관리할 수 있습니다. 저도 매일 실천해 나가고 있습니다.

조사 기능은 이 시대에 꼭 필요한 역량입니다. 넘쳐 나는 정보 속에서 믿을 만한 자료를 찾고 기록하며, 출처를 평가하고, 정확히 인용하고, 목적에 맞게 정리하는 능력이 중요합니다. AI의 도움을 받더라도 무엇을 받아들이고 무엇을 의심할지 판단하는 기준은 여러분이 세워야 합니다.

마지막으로, **사고 기능**입니다. 사실과 근거를 살피고 비판적으로 판단하는 눈, 아이디어를 연결해 새로운 관점을 만들어 내는 창의력 그리고 맥락을 파악하고 문제를 해결하는 태도가 합쳐져서 세상을 살아가는 데 필요한 생각의 근육이 됩니다.

이 책을 여러분에게 소개하는 이유는 'Learning how to learn', 곧 '배우는 방법을 배우는 것'이 평생 살아가는 힘이라고 믿기 때문입니다. 만약 학생이나 자녀에게 선물할 책을 고르라면 주저하지 않고 이 책을 선택할 것입니다. 교사로서 저는 세상을 이끌 여러분이 미래 역량을 차곡차곡 쌓아 당당하고 주체적인 인재로 성장하기를 진심으로 바랍니다.

이 워크북을 여러분만의 '역량 도구 상자'로 여겨 보세요. 이 책은 숙제가 아니라 발전의 길을 안내하는 비밀 지도입니다. 스스로 질문하고, 연습하며, 때로는 실패도 겪으면서 자신만의 길을 찾아가 보세요. 그렇게 쌓인 도구와 전략은 앞으로 마주하게 될 수많은 도전 앞에서 여러분의 가장 든든한 무기가 될 것입니다.

학생 여러분의 빛나는 성장을 진심으로 응원합니다.

2025년 가을
여러분을 응원하는
역자 일동 드림

저자 서문

이 책은 디플로마 프로그램 학습뿐만 아니라 앞으로 살아가면서 마주하게 될 도전에 효과적으로 대응하기 위해 필요한 기능들을 소개합니다. 이 책은 수업 과제를 수행할 때뿐 아니라 자기주도적 학습이나 자기 계발의 과정에서도 자습서로 유용하게 활용될 수 있습니다. 이 책의 가장 큰 장점 중 하나는 다양한 과목과 맥락에서 특정 기능이 필요할 때마다 반복적으로 연습할 수 있도록 구성되어 있다는 것입니다.

시작하기에 앞서 다음과 같은 포괄적인 질문들에 대해 먼저 생각해 볼 것을 권장합니다.

- 자신의 미래에 대해 신중하게 결정하려면 어떻게 해야 할까? ⇒ 5g, 연습문제 1~3 참조
- 목표를 달성하는 데 필요한 단계를 밟아 나가기 위해 목표를 어떻게 설정해야 할까? ⇒ 3c와 3d 참조
- 목표를 달성하면서 개인 데이터를 효과적으로 관리할 수 있는 소셜 미디어 설정 방법은 무엇인가? ⇒ 2a 및 2b 참조

이 과정을 마친 후에는 필요에 따라 다음의 연습들을 자유롭게 수행해 볼 수 있습니다.

- 학술논문, 과학 또는 비지니스 보고서를 작성해야 할 때 ⇒ 1a 및 1b 참조
- 중요한 시험을 준비할 때 ⇒ 3e 및 3f 참조
- 속독하는 방법을 배우고 싶다면 ⇒ 1e 참조
- 훌륭한 발표를 하는 방법은 ⇒ 1f 참조
- 효과적으로 조사하는 방법은 ⇒ 4a~k 참조
- 창의력을 발휘하는 방법은 ⇒ 5j~m 등을 참조

또한 이 책에 수록된 연습을 통해 압박과 스트레스 관리하기(3i), 미루는 습관 극복하기(3j), 자기 동기부여하기(3m), 힘든 시기 극복하기(3k), 회복탄력성과 용기(3l)에 대해 배울 수 있습니다. 이 중 많은 기능을 이미 갖고 있을 수도 있겠지만 이 책을 통해 다시 한번 점검하고 연습하는 것은 매우 유익할 것입니다.

ATL 기능은 점수를 매기거나, 성적이나 등급을 부여하거나, 평가할 대상이 아닙니다. 오히려 학업 과제를 보다 효율적이고 효과적으로 수행하고 학교에서 설정한 목표를 성취하는 데 기여하는 실질적인 도구로서 그 가치를 지닙니다. 그러나 이 연습 활동을 수행해 나가면서 각 기능에 대한 자신의 숙련도 향상 과정을 기록하는 것은 분명한 이점이 있습니다. 이를 잘 해내기 위해서는 먼저 자신의 수행을 정확하게 판단할 수 있어야 하며 이 자체가 매우 중요한 하나의 기능입니다. 이 능력을 바로 메타인지라고 하는데 이는 다른 모든 ATL 기능을 뒷받침하는 핵심적인 기능입니다.

따라서 이 책을 본격적으로 활용하기 전에 '3a) 메타인지 1'을 가장 먼저 살펴보기를 권장합니다. 이 장에서는 자기 평가의 정확성을 높이는 방법과 자신의 ATL 기능에 대한 숙련도를 평가하는 방법 등을 제시합니다. 또한 초급자에서 전문가에 이르기까지 각 기능의 숙련도를 향상시키는 과정을 일반 기준에 대한 성찰을 통해 시각화하는 방법도 안내합니다. 자기 평가의 정확성을 높이는 방법도 함께 다룹니다. 각 장의 마지막에 학습자가 자신의 진척 상황을 기록할 수 있도록 구성된 자기 평가가 포함되어 있

습니다.

이 책에서 다루는 기능은 단지 디플로마 프로그램을 위한 것에 그치지 않습니다. 대학 생활, 직업교육, 자영업, 또는 다양한 직업군에서도 핵심적인 역량이기 때문에 수년간 지속적으로 활용할 수 있는 자료입니다.

이 책을 잘 간직하고 잘 활용하길 바랍니다. ATL 기능을 체계적으로 익혀서 얻을 수 있는 이점을 충분히 누리길 바랍니다.

이 책에 대한 의견이나 피드백을 언제든지 저자의 이메일(malcolm@taolearn.com 및 lance@taolearn.com)로 보내주기를 바랍니다.

차례 - 기능 범주별

차례 - 주제별

뉴 밀레니얼 세대를 위한 필수 기능

이 기능부터 시작하기!

학교에서 성공을 거두기 위한 필수 학업 기능

이러한 기능에 능숙한 학생은 모든 학업 과제에서 상당한 이점을 가집니다. 여러분은 이미 이러한 기능을 많이 갖추고 있겠지만 다시 한번 읽어 보면서 점검해 봅시다.

일반적인 과제별 기능

다양한 여러 과목 내에서 특정 과제를 완료하기 위해 때때로 필요한 기능입니다.

성품과 내면의 강인함 기르기

평생 유용한 기능이며, 자신이 진정으로 원하는 사람이 되는 데 중요한 기반이 됩니다.

과목별 기능

숙제나 내부 평가를 수행하거나, 특정 과목의 학습 및 소논문을 작성할 때 교실에서 자주 사용되는 기능입니다.

조사 기능

사고 기능

비판적 사고

창의적 사고

컴퓨팅 사고

의사소통 기능

의사소통은 학업의 본질이므로 학업에 최선을 다하려는 모든 학생에게 절대적으로 필요한 기능이라 할 수 있습니다.

학교 교육과정의 마지막 학년에 재학 중인 학생들은 전문 역량과 의사소통 역량 사이의 연관성을 잘 알고 있어야 합니다(Russ, 2009). 우수한 의사소통 기능에 대한 요구는 채용 공고에 자주 명시되며(Krapels & Davis, 2003), 서면 의사소통이 거의 없는 대학 과정을 포함한 모든 대학에서도 요구됩니다(Faris, Golen, & Lynch, 1999). 예를 들어, 미국공인회계사협회(AICPA)는 모든 성공적인 회계학도에게 필요한 기본적인 개인 역량으로 의사소통을 꼽고 있으며(Jones, 2011) 미국임상종양학회에서도 비슷한 견해를 가지고 있습니다(Back, Arnold, Tulsky, Baile, & Fryer-Edwards, 2003). 전문 엔지니어 협회도 마찬가지입니다(Sageev & Romanowski, 2001).

뛰어난 의사소통 능력은 사회적 자기효능감(Erozkan, 2013), 자존감 및 자신감(Riggio, Throckmorton, & DePaola, 1990), 심지어 "영어가 모국어가 아닌 국가에 경쟁력을 부여하고 수익성 있는 외국인 투자를 유치"하는 것과도 상당한 상관관계가 있는 것으로 나타났습니다(Wharton, 2002). 수업 시간이나 친구들과의 대화 중에 설명하기 복잡한 요점을 정확하게 전달했을 때의 성취감을 떠올려 보세요. 이는 높은 수준의 의사소통 기능이 뒷받침되어야만 가능한 일입니다.

고등학교에서 훌륭한 의사소통 기능은 모든 교과목에서 우수한 성과를 내기 위해서뿐만 아니라 다른 반 친구들과 선생님, 부모님 등 성인들과 좋은 대인관계를 형성하고 유지하는 데에도 필요합니다(Gallagher, 1991; Lass, Ruscello, Bradshaw, & Blakenship, 1991). DP 과정에서는 모든 내부 평가가 구두 또는 서면 형태의 뛰어난 의사소통 기능에 따라 결정됩니다. 또한 선생님, CAS 및 소논문 지도 선생님과의 관계 형성도 매우 중요한데, 이는 모두 질 높은 의사소통 기능을 기반으로 이루어집니다.

이미 이러한 기능 중 많은 부분을 익혔을 수 있지만 특정 학습 과제를 수행하기 전에 관련된 연습문제를 살펴보는 것은 큰 도움이 될 것입니다.

- 연습 1a와 1b는 학술논문, 과학 및 비즈니스 보고서를 작성하는 방법을 보여 줍니다.
- 연습 1c부터 1e까지는 정보를 빠르게 처리하여 유용한 요약 노트로 정리하는 전략을 제시합니다.
- 연습 1f부터 1h까지는 영향력을 극대화하면서 윤리적 기준을 충족하는 발표 자료를 디자인하는 법을 소개합니다.

이러한 능력을 잘 갖춘 학습자는 학교와 대학의 다양한 학문 영역에서 뛰어난 성과를 거둘 수 있습니다. 대부분의 DP 과목에서는 학술논문을 작성해야 하므로 이와 같은 의사소통 기능은 DP는 물론 대학과 그 이후의 삶에서도 중요한 역할을 하게 됩니다.

DP 과정, 대학 그리고 직장에서 가장 중요한 기능 중 하나는 특정 이슈에 대한 지식과 이해를 바탕으로 읽은 내용을 효과적으로 전달할 수 있는 능력입니다. 탁월한 의사소통 기능이 없다면 아무리 정교한 사고 기능과 조사 기능을 갖추었더라도 이를 효과적으로 활용할 수 없습니다. 두 기능은 상호보완적이며 어느 하나 없이 다른 하나를 논할 수 없습니다. 의사소통 기능을 갖춘 이들이 미래를 이끌 것입니다.

과학적 글쓰기

1a* – 과학 보고서 및 논문 작성하기

숙달 수준
학술계 표준에 부합하는 과학 보고서와 논문을 작성할 수 있다면, 해당 ATL 기능을 사용하는 데 있어 전문가 수준에 도달했다고 볼 수 있습니다.

마법이 아니라 과학입니다.

목적:

이 기능은 과학 교과에서 지정 실습 보고서를 작성하거나 과학 내부평가, 그룹 4 프로젝트를 수행할 때 사용할 수 있어야 합니다. DP 과정에서는 연구 결과를 명확하게 전달하는 법을 익히게 되며 이는 대학에서 과학 분야를 전공할 때 요구되는 보고서와 논문 작성의 기초가 됩니다.

연습 1 – 과학 보고서 및 논문 작성하기

과학 보고서는 DP 수준이나 대학에서 작성하는 다른 형태의 논문과는 다릅니다. 가장 큰 차이는 가설을 설정하고, 이를 입증하기 위한 데이터를 생성하며, 과학적 형식을 준수하여 보고서를 작성하는 방식입니다. 이 연습에서는 이러한 과정을 어떻게 수행하는지를 안내합니다.

요점:

1. 과학적 글쓰기의 핵심은 지식과 실험적 증거 그리고 비판적 탐구 관점의 결합에 있습니다. 모든 보고서에는 이 세 가지 요소가 모두 포함되어야 합니다.
2. 보고서를 채점하는 사람이 나보다 주제에 대한 깊은 이해가 없다는 가정하에 글을 작성합니다. 즉, 과학적 배경지식이 특별히 높지도 낮지도 않은 학급 내 또래를 가상의 독자로 설정합니다.
3. 여러분이 제출할 각 과제의 평가 기준을 명확히 이해해야 합니다. 이 평가 기준은 각 보고서에서 분석, 서술, 나열, 평가, 제시 중 어떤 기능에 중점을 두어야 하는지를 파악하는 데 도움을 줍니다. 이 용어들은 서로 다른 의미를 가지며 서로 다른 작성 방식이 요구됩니다.
4. 최종 제출 전에 초안에 대해 피드백을 받을 수 있는지 담당 선생님께 미리 확인합니다. 담당 선생님이 검토해 주실 수 있다면 이는 매우 유용할 것입니다.
5. 보고서의 모든 부분을 정해 둔 순서대로 작성할 필요는 없습니다. 여러분이 생각하기에 가장 적합한 순서로 각 부분을 작성할 수 있지만 최종 보고서에서는 올바른 구조로 재배치해야 합니다.

역자 주: '1.1a, 1.1b'와 같은 번호는 ATL 기능을 나타냅니다. 앞의 숫자(1.1)는 상위 기능을, 뒤의 알파벳(a, b, c……)은 하위 기능을 뜻합니다.

6. 어떤 질문을 탐구할 것인지, 어떤 실험을 수행할 것인지, 어떤 결론을 도출할 것인지 등 보고서 작성 과정을 항상 염두에 두고 주제 조사를 시작합니다.
7. 책, 논문, 학술지, 블로그, 웹사이트, 팟캐스트, 인터뷰 등 어떤 자료이든 참고한 것은 반드시 기록해 두어야 합니다.
8. 보고서에서 사용할 시제에 대해서는 선생님의 지도를 따르도록 합니다. 대부분의 선생님은 서론과 방법론에는 3인칭 미래 시제를, 결과 및 논의에는 과거 시제를 사용하는 것을 선호하므로 반드시 확인하고 따르도록 합니다.

보고서 작성 순서:

a. **제목 페이지 및 목차**(10페이지 이상의 보고서일 경우) – 기본적으로 제목, 날짜, 작성자의 이름을 기재해야 합니다.

b. **초록** – 보고서의 간략한 개요입니다. 연구의 목표, 절차, 주요 결과 및 결론이 요약되어야 합니다. 일반적으로 보고서에서 처음 나오는 항목이지만 모든 내용을 마친 후 마지막에 작성하는 것이 가장 좋습니다. 초록은 많은 연구논문에서 필수적이지만 DP 과학 교과의 실습 보고서에서는 필수사항이 아닐 수 있습니다.

c. **서론** – 연구의 개요를 제시하는 부분으로, 연구 목적, 연구 질문, 가설(필요한 경우), 실험 과정 등을 포함해야 합니다. 서론에서는 연구의 중요성, 연구의 근거 및 채택한 실험 방법을 명확히 해야 합니다.

   i. **목적** – 연구의 배경과 필요성, 연구를 수행하게 된 이유, 선택한 가설이나 질문에 대한 관심 및 연구에 대한 기대를 서술해야 합니다.

   ii. **연구 질문** – 많은 면에서 가장 중요한 단계입니다. 연구 질문을 잘 설정하면 나머지 과정이 훨씬 수월하게 됩니다. 관심 있는 분야에서 시작하여 배경 조사를 하고 "A가 B에 어떤 영향을 미치는가?"와 같은 형식으로 탐색해야 합니다. 이때 A가 B에 영향을 준다는 것을 검증하거나 반증할 수 있는 간단하고 통제 가능한 실험도 고려해야 합니다. 연구 질문은 가설의 대체 역할을 할 수 있습니다. 더 나은 연구 질문을 작성하는 방법에 대해서는 연습 4a를 참조합니다.

   iii. **귀무가설**은 실험 결과를 통해 변화시키거나 반증하고자 하는 기존의 통념입니다. 실험을 수행하는 이유는 아직 확실하지 않은 것을 증명하기 위해서입니다. 그 방법 중 하나는 반대되는 주장을 반증하는 것입니다. 자신이 증명하고자 하는 것의 반대가 바로 귀무가설입니다. 귀무가설은 DP에서 반드시 요구되지는 않지만 필요에 따라 준비해 두는 것이 바람직합니다.

   iv. **대립가설**은 실험에서 테스트하는 예측입니다. 즉, 독립변수를 변경하면 종속변수가 특정 방식으로 변화할 것이라는 예측입니다(자세

한 설명은 연습 2 참조). 이 가설은 매우 중요하며 이를 다루고 뒷받침하는 방식이 보고서 결과에 큰 비중을 차지합니다.

i. 예를 들어, "A가 증가하면 B는 감소할 것이다."는 유효한 가설입니다. 반면 "A와 B 사이에는 유의미한 관계가 있다."는 유효하지 않습니다.

v. 새로운 과학적 발견을 받아들이기 위해서는 연구자가 귀무가설이 어떻게 반증되었는지와 대립가설이 어떻게 증명되었는지를 모두 보여 주어야 합니다.

vi. **실험 과정** – 실행하려는 실험의 간략한 개요만 제시하고, '재료 및 방법' 섹션에서 세부 정보를 제공합니다.

d. **문헌 조사** – 실습 보고서에서는 보통 서론에 요약 형태로 포함되지만, 정식 과학 논문에서는 독립적인 주요 섹션으로 다룹니다. 문헌 조사는 연구와 관련된 모든 출간된 문헌을 검토하는 것으로 연구를 뒷받침하거나 반박하는 내용을 모두 포함합니다. 또한 기존 지식을 확장하거나 새로운 관점 또는 이전에 탐구되지 않은 방향을 제시하여 연구를 위한 '무대'를 설정하는 데 사용됩니다.

e. **재료 및 방법** – 실험에 사용된 장비, 종속변수와 독립변수, 통제 변인, 표본 추출, 사용한 절차의 모든 단계 및 실험 진행 중에 수정된 사항들을 모두 자세히 설명합니다. 다른 사람이 실험을 재현할 수 있을 정도의 충분한 세부 정보를 제공해야 합니다. 시간 순서대로 일어난 일을 연대순으로 설명하되 수동태와 과거시제를 사용합니다. 예를 들어, "우리는 그것을 20분 동안 끓였다."라는 표현 대신 "그것은 20분 동안 끓었다."와 같이 작성해야 합니다.

f. **결과** – 실험을 통해 얻은 모든 관찰 내용과 데이터 요약을 제공합니다. 원시 데이터는 부록에 포함할 수 있으며 그래프와 표도 함께 제시할 수 있지만, 여기서는 해석을 포함하지 않습니다. 데이터는 오직 사실만을 담고 추측이나 설명은 포함되지 않아야 합니다. 같은 데이터를 다른 형식으로 반복해서 제시하지 말아야 합니다. 표와 그래프를 사용할 때는 다음 사항을 반드시 기억하세요.

i. 각 항목에 번호를 매겨 논의에서 참조할 수 있게 합니다.

ii. 각 항목에 적합한 이름을 붙이세요.

iii. 표를 작성할 때 독자가 가로가 아닌 세로로 데이터를 읽을 수 있도록 배열하세요.

iv. 그래프를 만들 때 독립변수를 가로(x)축에, 종속변수를 세로(y)축에 표시하세요.

g. **논의** – 수집한 데이터에 대한 해석을 통해 자신의 주장을 전개합니다. 실험의 결과를 바탕으로 더 넓은 의미와 예측으로 나아가며, 가설을 뒷받침하거나 반박하는 증거, 즉 기존의 문헌과 비교하여 발견한 모든 패턴, 상관관계 또는 경향 등을 포함합니다. 그 어떤 가설도 한 번의 실험을 통해 완전히 증명될 수는 없지만 실험을 통해 그 타당성이 지지되거나 시사될 수 있음을 기억해야 합니다. 자세한 내용은 '5f 데이터 해석하기'를 참조하세요.

h. **결론** – 서론과 관련지어 자신의 주장을 짧고 간결하게 요약합니다. 실험 결과가 연구 질문에 대한 답을 제공했는지, 귀무가설을 무효화했는지, 아니면 대립가설을 지지했는지를 명확히 합니다. 그렇지 않다면 그 이유는 무엇인지 이 실험을 통해 무엇을 배웠는지도 함께 서술합니다.

i. **권장 사항** – 실험이나 연구를 반복한다면 그 절차나 실험 방법에서 어떤 부분을 개선할 수 있을지 제안합니다. 또한 이러한 결과가 향후 연구의 방향을 제시하는지를 평가합니다.

j. **참고 문헌** – 모든 본문 내 인용을 정확하게 기록하고 각 인용에 대해 완전한 출처를 참고 자료 목록에 추가합니다. 사용한 모든 책, 논문, 학술지, 웹사이트 및 도움을 준 사람들을 올바르게 인용합니다.

k. **참고 자료 목록** – 보고서에서 참조한 모든 자료를 기록합니다. 이 목록은 선생님이나 강사가 요구하는 형식에 맞

춰 작성해야 합니다.

1. **부록** – 핵심 내용에 대한 더 많은 데이터나 추가적인 설명을 제공하는 보충 자료를 포함합니다.

연습 2 – 검증 가능한 가설 세우기

가설은 "A가 발생하면 B가 일어날 것이라고 생각한다."라는 예측입니다.

모든 가설에는 두 가지 변수가 있습니다. 독립변수('A')는 과학자로서 여러분이 변화시키려는 대상이고 종속변수('B')는 그 결과로 변화할 대상입니다.

어떤 실험에서이든 과학자가 찾고자 하는 것은 인과관계입니다. 즉, 한 요소의 변화가 다른 요소의 변화를 일으키는 원인이 되는지를 밝히는 것입니다. 이는 두 가지가 함께 발생하는 경향이 있지만 하나가 반드시 다른 하나의 원인이 되는 것은 아닌 상관관계와는 상당히 다릅니다.

어떤 실험에서든 통제변수라고 불리는 세 번째 유형의 변수가 있습니다. 통제변수는 결과의 타당성을 확보하기 위해 실험에서 정확히 동일하게 유지하려고 노력하는 모든 요소입니다.

좋은 실험의 핵심은 한 번에 한 가지만 변경하고 다른 모든 것은 일정하게 유지하는 것입니다. 그러면 종속변수의 어떤 변화도 인과관계를 입증한 것으로 볼 수 있으며, 새로운 가설을 만들거나 예측을 할 수 있는 위치에 있게 됩니다.

모든 실험적 성공의 핵심은 좋은 데이터이며 이는 측정 가능성과 통제를 의미합니다.

다음의 빈칸을 채워 보세요.

a. 나의 독립변수는 ....

로 측정되고 실험에서 변경될 수 있습니다.

b. 나의 종속변수는 ....

로 측정되고 실험 중에 측정될 수 있습니다.

c. 종속변수의 변화가 독립변수의 변화로 인한 것임을 다음과 같은 방법으로 보장했습니다.

....

d. 나의 모든 통제변수는 .... 입니다.

e. 나의 첫 번째 가설: 내가 .... 을/를

변경하면 ....

.... 이/가 변경될 것입니다.

f. 나의 결과는 ....

....

.... 였습니다.

g. 나의 새로운 가설은 ....

....

.... 입니다.

과학은 사랑입니다

비즈니스 글쓰기

1b – 비즈니스 보고서 및 이메일 작성하기

숙달 수준
모든 대상을 위한 비즈니스 보고서를 작성할 수 있다면, 해당 ATL 기능을 사용하는 데 있어 전문가 수준에 도달했다고 볼 수 있습니다.

목적:

경영 관리 과목에서 사례 연구를 다룰 때 그리고 경제 및 국제 정치 과목의 내부 평가 구성 요소의 일부로 비즈니스 글쓰기 기능을 사용하게 될 것입니다. 이 기능은 경영 관리 수업에서 선생님이 내주시는 여러 과제를 수행하는 데 도움이 되는 유용한 기능으로, 대부분의 미래 직업을 위한 핵심 기능 중 하나입니다.

연습 1 – 비즈니스 보고서 작성하기

DP에서는 대학에서 경영학을 공부하거나 향후 기업에서 일할 때 필요한 비즈니스 보고서를 작성하는 방법을 배우게 됩니다. 지금 제대로 익혀 둔다면 미래에 큰 도움이 될 것입니다.

요점:

1. 비즈니스 보고서는 의사결정을 돕기 위해 현재 이슈들을 상세히 조사한 것입니다. 보고서에 제시된 분석은 조사, 관찰, 데이터 해석을 통해 이루어집니다. 성공적인 보고서는 중요한 개념과 주제에 대한 이해와 데이터를 잘 정리하고 명료하게 해석하는 능력을 보여 줍니다.
2. 보고서를 계획할 때는 먼저 다음 사항을 명확히 해야 합니다.
   a. 보고서의 목적 – 조사, 규정 준수, 타당성 조사, 연구 등을 위한 것인가?
   b. 보고서의 대상 – '경영진 또는 대중을 위한 것인가?' '독자들이 어느 정도의 지식 수준을 갖고 있다고 가정할 수 있는가?'
   c. 보고서의 주요 메시지와 이러한 메시지를 전달하는 데 가장 적합한 형식 또는 구조는 무엇인가?
3. 기본 구조는 다음과 같습니다. 서론, 논의, 결론, 권장 사항 – 이 중 논의 섹션은 일반적으로 가장 많은 점수를 받을 수 있는 섹션이므로 보고서의 핵심이

되어야 합니다. 결과와 논의 섹션을 시작으로 보고서를 써 내려 가세요.

4. 책, 논문, 학술지, 블로그, 웹사이트, 팟캐스트, 인터뷰 등 참고한 모든 자료는 반드시 기록해 두어야 하며 이는 가장 중요한 과정입니다.
5. 시작하기 전에 평가 기준을 확인하여 가장 중요한 영역에 집중할 수 있도록 하세요!

보고서 작성 순서:

비즈니스 보고서를 작성할 때는 다음 항목을 모두 포함해야 하며 일반적으로 다음과 같은 순서로 구성하는 것이 바람직합니다.

a. **표지 서한 또는 사내 메모** – 보고서는 일반적으로 특정 요청에 따라 작성되는 문서입니다. 표지 서한 또는 사내 메모는 다음과 같은 내용을 포함하는 두 문단 정도의 글입니다.
   i. 보고서 작성의 목적과 이를 통해 충족하고자 하는 요청을 명확히 밝힙니다.
   ii. 준비 과정에서 도움을 준 사람이나 기관에 감사를 표합니다.
   iii. 보고서에서 제안하는 조치나 계획된 행동을 밝힙니다.

b. **표지** – 보고서의 제목, 제출 날짜, 작성자 이름, 소속 등을 포함하여 프로젝트에 대한 간단한 정보를 제공합니다.

c. **요약** – 한 페이지 이내의 분량으로 작성하는 것이 바람직하며 그 자체로 완전한 이해 및 의미 전달이 가능해야 합니다. 보고서의 목적, 조사 내용, 결론, 주요 권장 사항 등을 명확히 서술하고, 본문 내 인용을 포함해야 하며, 주로 마지막에 작성됩니다.

d. **목차** – 모든 제목, 소제목, 해당 페이지 번호를 포함합니다.

e. **서론** – 보고서의 맥락, 작성 계기, 목적, 탐구할 문제나 쟁점, 범위, 깊이 및 한계를 설명하여 독자의 흥미를 끌어야 하며 보고서의 구조를 미리 보여 주고 모든 가정이나 필요한 제한사항을 보고해야 합니다.

f. **결과 및 논의** – 보고서의 본문으로, 조사 결과 및 모든 관련 데이터를 표, 그래프, 순서도 등의 형태로 제시하고 논의해야 합니다. 또한 장단점, 비용과 편익을 모두 살펴보는 논리적이고 근거에 기반한 주장을 전개하여 다음 섹션에서 제시될 결론으로 명확하게 이어져야 합니다.

g. **결론** – 현재에 초점을 맞추고, 제시된 데이터에 국한하며, 연구 결과로부터 의미와 중요성을 도출하고, 증거와 추론에 기반한 결론을 만들며, 특정 문제나 쟁점과 다시 관련짓습니다.

h. **권장 사항** – 미래에 초점을 맞추며, 결론에서 논리적으로 도출된 결과를 바탕으로 향후 실행 방안을 제안하고 예측하며, 실행 전략을 제안하고, 특정 이슈나 문제의 해결 방안을 제시해야 합니다.

i. **참고 문헌** – 모든 본문 내 인용을 정확하게 기록하고 각 인용에 대해 완전한 참조 정보를 참고 자료 목록에 추가합니다. 사용한 모든 책, 논문, 저널, 웹사이트, 기타 자료와 도움을 준 사람을 올바르게 인용합니다.

j. **참고 자료 목록** – 보고서에서 참조한 모든 자료를 전체 목록으로 선생님이나 강사가 요구한 형식에 맞춰 작성해야

합니다.

k. **부록** – 핵심 내용에 대한 더 많은 데이터나 세부 정보를 제공하는 보충 자료를 포함합니다.

연습 2 – 비즈니스 이메일 보내기

학업의 일환으로 이메일을 작성하거나 유급 고용 상태일 때는 이메일 메시지를 최대한 명확하고 효과적으로 작성하기 위해 다음과 같은 제안 사항을 따르는 것이 좋습니다.

이메일을 작성할 때:

a. 신속하게 응답하세요.
b. 반드시 필요한 경우에만 이메일을 보내세요. 이메일로 과도하게 소통하지 않는 게 좋습니다.
c. 제목은 날짜, 이름, 이메일의 주제 등 수신자가 내용을 쉽게 참조할 수 있도록 작성합니다.
d. 자신의 이름과 소속을 분명히 밝히세요.
e. 이메일 내용은 짧고 간결하며 요점을 분명히 작성합니다. 한두 가지 이슈만 다루고 줄바꾸기를 통해 내용을 구분하여 명확하게 전달하세요.
f. 모든 이메일은 공개될 수 있다는 점을 명심해야 합니다. 공개되길 원하지 않는 내용은 절대 보내지 마세요.
g. 특히 다른 문화권의 사람과 소통할 때는 어조에 주의하세요. 농담, 말장난, 아이러니는 피하고 'ㅋㅋㅋ' 또는 '맛점하세요.'와 같은 줄임말은 일반적으로 이메일에서 부적절하다는 것을 인지해야 합니다.
h. 사실에 기반한 명확하고 직설적인 표현을 사용해야 하며 필요한 경우 반복적으로 요점을 분명히 전달하세요.
i. 이전 이메일의 내용을 언급할 때는 혼선을 방지하기 위해 해당 정보를 다시 기술하거나 복사하여 붙여 넣습니다.
j. 처음 연락하는 상대에게 이메일을 보낼 경우에는 첨부 파일은 피하세요. 첨부 파일로 인해 이메일 전체가 스팸으로 처리될 수 있습니다.
k. 서명이 전체 이메일에서 지나치게 강조되지 않도록 하고 간단하고 차분한 형식으로 작성하세요.
l. 이메일을 보내기 전에는 항상 내용을 교정하고 특히 첨부 파일을 다시 확인하세요.
m. 감정적인 이메일을 작성하지 말고 영어로 작성할 경우에는 대문자 사용을 피하세요. 감정적으로 이메일을 작성했다면 이메일을 바로 보내지 말고 감정이 가라앉은 후에 다시 읽어 본 뒤에 보낼지 여부를 결정하세요.

이메일을 회신할 때:

a. "메시지를 확인했습니다. 빠른 시일 내에 자세한 답변을 보내 드리겠습니다."와 같은 간단한 회신이라도 좋으니 항상 24시간 이내에 답변하세요.
b. 받은 메시지를 주의 깊게 읽고 각 요점에 차례로 답변하세요.
c. '참조(cc)' 및 '전체 회신(reply all)' 기능 사용에 주의하세요. 정보가 필요한 사람만 포함시키고 불필요하게 다른 사람의 받은편지함을 가득 채우지 않도록 합니다. 숨은 참조(bcc)는 양날의 검이 될 수 있습니다. 자주 사용할 경우

신뢰할 수 없는 사람으로 보일 수 있으며 반대로 숨은 참조된 동료들은 자신의 업무에 영향을 미치는 논의에 대해 알 수 있어 고맙게 생각할 수도 있습니다.

d. 누군가를 참조(cc)하거나 숨은 참조(bcc)를 할 경우, 해당 수신자는 현재 작성 중인 이메일뿐 아니라 그동안의 전체 이메일 내역을 함께 받게 된다는 점을 인식하세요.

e. 항상 이메일 하단의 내역(지난 대화 내역)을 확인하고 수신자에게 모든 메시지가 필요한지 결정하세요. 일반적으로는 이전 전체 내역을 포함하기보다는 최근 몇 개의 메시지만 포함하는 것이 좋습니다.

이메일을 수신할 때:

a. 이메일을 읽는 즉시 삭제, 회신 또는 저장(영구 혹은 임시) 중 하나의 처리 방법을 결정하세요. 이를 효과적으로 실행하려면 받은편지함 외에 '보류' 폴더 등 정리된 파일 구조를 사전에 설정해야 합니다. 즉시 처리할 수 없는 이메일은 받은편지함에서 해당 폴더로 옮겨 두고 회신을 완료한 이메일만 영구 저장소로 옮깁니다.

b. 각 이메일은 한 번(또는 최대 두 번)만 다루는 것을 원칙으로 합니다.

c. 다시 보고 싶지 않은 이메일은 '스팸 메일'로 지정하고, 발신자를 찾아 수신 거부를 설정하며, 필요할 경우 알림 설정도 변경할 수 있습니다.

d. 이메일 시스템을 캘린더와 연동하여 이메일에 포함된 날짜가 자동 또는 수동으로 일정에 반영되도록 하세요.

e. 파일 구조를 만들 때는 "내가 이 이메일을 어디에서, 또는 어떤 주제로 찾을 것인가?"와 같은 질문을 중심으로 정리하세요.

f. 받은편지함은 매일 비우고 모든 이메일은 영구 저장소나 '보류' 저장소로 분류하여 정리합니다.

텍스트에서 요약 노트 만들기

1c – 효과적인 요약 노트 작성하기

> **숙달 수준**
> 교과서나 웹사이트의 내용을 효과적으로 요약하고, 핵심 아이디어와 개념을 자신의 언어로 명확하게 설명할 수 있을 때, 해당 ATL 기능을 사용하는 데 있어 전문가 수준에 도달했다고 볼 수 있습니다.

목적:

이 기능은 모든 과목에서 효과적으로 정보를 처리하고 시험을 준비하는 데 필수적인 기능입니다. 또한 이 기능은 모든 연구 프로젝트와 소논문에서도 특히 중요한데 방대한 정보를 추리고, 이해한 내용을 다른 사람에게 명확히 설명하고 시연하는 데 도움이 됩니다.

요약 노트 만들기:

교과서나 논문에서 노트를 작성하는 것은 보통 단어의 양을 줄이고 내용에 대한 이해도를 높이기 위함입니다. 단순히 기록을 남기기 위해 메모를 하는 것이 아니라, 사진 또는 스크린샷을 찍거나 비디오를 녹화하거나 참고 자료를 저장하는 방법으로도 사용할 수 있습니다. 효과적인 노트 작성 과정에서는 핵심 요점을 찾아 요약하고, 그 내용을 자신이 이해하기 쉬운 방식으로 연결하여, 가장 중요한 메시지를 이해했는지를 확인해야 합니다.

무언가를 이해했을 때 우리는 무엇을 할 수 있게 되나요? 이해한 내용을 적용하거나 사용할 수 있나요? 그 밖에 무엇을 할 수 있나요?

무언가를 완전히 이해했을 때 다른 사람이 알아들을 수 있도록 설명할 수 있다는 것을 느껴 본 적이 있나요? 그럴 때 여러분은 자신만의 언어로 설명할 수 있게 됩니다.

이것이 바로 좋은 노트 작성의 핵심입니다. 읽은 내용을 자신의 말로 이해하고, 요약하고, 설명할 수 있는 것입니다.

이 기능 개발에는 세 가지 부분이 있습니다.

– 첫째, 자신에게 맞는 요약을 만드는 방법을 익혀야 합니다.
– 둘째, 텍스트에서 가장 중요한 정보를 정확하게 파악하는 방법을 배워야 합니다.
– 셋째, 요약문을 만들고 그것을 다시 자신의 말로 문장화하는 연습을 해야 합니다. 좋은 노트를 작성하는 것은 학습 내용을 장기 기억에 저장하는 데에도 도움이 됩니다.

연습 1 – 자신에게 맞는 요약 작성 방법 찾기

요약 노트를 만드는 방법은 다양하므로 자신에게 가장 잘 맞는 방법을 찾아야 합니다.

앞으로 몇 주 동안 다음의 방법을 각각 한 번씩 시도해 보고 어떤 방법이 가장 쉬웠고 어떤 방법이 기억하고 이해하는 데 가장 도움이 되었는지 주목해 봅니다.

a. **선형(순차적) 노트** – 보통 다음과 같은 형식으로 작성됩니다.

주제

제목 1

- 아이디어 1 – 키워드……………
- 아이디어 2 – 키워드……………
- 아이디어 3 – 키워드……………

제목 2

- 아이디어 4 – 키워드……………

아이디어 5 등

b. **시각적 노트** – 특정 이야기를 순서대로 이미지로 묘사한 일련의 그림이 있는 스토리보드부터 주제에 따른 아이디어의 전개 과정을 보여 주는 순서도까지 다양한 형태를 취할 수 있습니다.

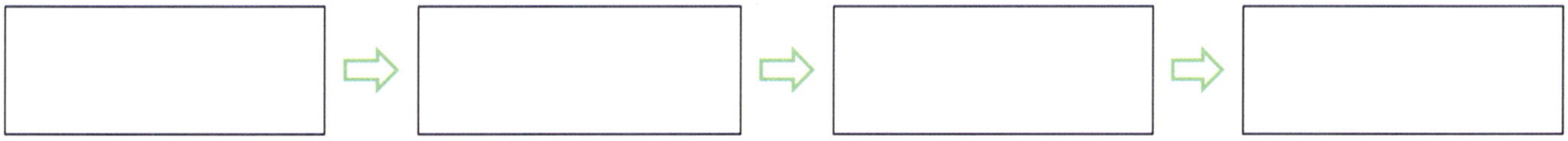

각 상자에 강조 표시된 제목, 아이디어, 키워드를 사용하여 주요 내용을 쓰거나, 작은 그림을 그려서 표현하거나, 단어와 그림을 함께 사용할 수 있습니다.

c. **수직(세로) 노트:**

i. 빈 종이를 준비하여 페이지 왼쪽에서 약 1/3 지점에 수직선을 그리세요. 오른손잡이는 왼쪽에서, 왼손잡이는 오른쪽에서 세로선을 그리세요.

ii. 가장 중요한 정보는 **2/3 부분에만 작성**하세요. 모든 사실을 정확히 기록하되 자신이 이해하기 쉬운 방식으로 작성해야 합니다.

iii. 발표가 끝난 후 작성한 내용을 읽고 페이지의 1/3 부분에 핵심 내용을 요약하세요.

d. 저자가 가장 선호하는 요약 방법은 THOrT맵입니다. 한번 시도해 보고 자신에게 맞는지 확인해 보세요.

THOrT맵은 다음과 같습니다.

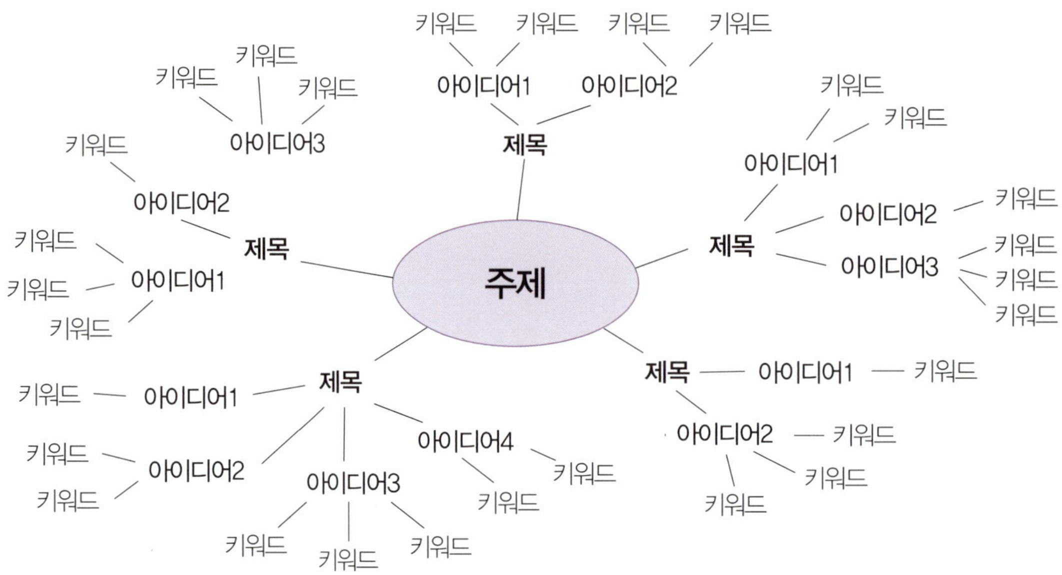

THOrT 맵 Topic-Headings-ideas in Order-Triggerwords

THOrT맵은 페이지 중앙에 주제(Topic)를 배치하는 것으로 시작합니다. 그런 다음, 주제에서 가지처럼 뻗어 나가는 제목(Headings) 층을 구성합니다. 각 제목에서 체계적으로 아이디어(Ideas)를 확장하고 마지막으로 아이디어에서 다시 뻗어 나가는 트리거 단어(Triggerwords, 또는 키워드)를 추가합니다. 이 단어들의 첫 글자를 조합하면 'THOrT'라는 단어가 됩니다.

THOrT맵에서 주목해야 할 중요한 점은 다음과 같습니다.

- 한 지점에서 5개 이상의 가지를 만들지 마세요. 이렇게 하면 정보가 장기 기억으로 효과적으로 저장됩니다.
- 정보는 '큰 그림'에서 세부 사항으로 연결되도록 정리합니다. 이는 뇌가 정보를 저장하는 방식과 같습니다.
- 색상, 작은 그림, 다이어그램을 추가하세요. 이를 통해 뇌의 다양한 영역을 자극하고 여러 방식의 사고를 활용할 수 있습니다.

이해력 테스트하기:

- 약 2~3주 전에 작성한 요약문을 다시 보았을 때, 그 내용을 문장으로 바꿔 자신은 물론 다른 사람도 전체 내용을 이해할 수 있도록 다시 설명할 수 있다면 그것이 바로 자신에게 가장 맞는 노트 작성법입니다.
- 이해력과 기억력을 가장 높여 주는 노트 작성법이 바로 여러분에게 가장 적합한 방법입니다.

연습 2 – 이해와 기억을 위한 빠른 정보처리

처리해야 할 정보가 너무 많을 때는 그 양에 압도되어 시작조차 망설이게 되는 경우가 있습니다. 다음은 노트 작성과 속독(자세한 내용은 1f 참조)을 결합하여 이러한 어려운 시기와 과제를 극복하는 데 도움이 되는 방법입니다.

목적을 가지고 시작하세요.

텍스트에서 여러분에게 중요한 정보는 전적으로 해당 텍스트를 읽는 이유에 따라 결정됩니다. 읽는 목적을 답하고자 하는 질문으로 구성하고, 이를 먼저 적어 두세요.

a. **목표 설정하기** – 한 번에 몇 페이지의 교과서 내용을 처리할지 정하는 것부터 시작하세요. 야심을 가지고 생각보다 훨씬 더 많은 분량을 해낼 수 있다는 점을 기억하세요. 한 챕터라고 가정하겠습니다.

b. **사전 지식 떠올리기** – 빈 종이 상단에 읽을 주제에 대해 이미 알고 있는 주요 내용을 적는 것부터 시작하세요.

c. **질문 만들기** – 읽는 동안 답할 질문을 만들어 적어 두세요. 이 글을 읽는 이유는 무엇인지, 무엇을 알아야 하고 알아내야 하는지를 분명히 해야 합니다.

이제 시작할 준비가 되었습니다. 실제 읽기 과정은 3단계로 이루어집니다.

d. **훑어보기** – 먼저, 각 페이지를 빠르게 훑어보세요. 페이지의 모든 단어를 한 줄씩 순서대로 눈으로 따라가되, 읽는 속도보다 훨씬 빠르게 진행하면서 가능한 한 빨리 읽되 모든 단어를 빠짐없이 확인해야 합니다(1차 훑어보기).

이 단계는 읽기 속도를 높이고 단어를 처리하는 시간을 줄이는 데 매우 중요하지만 대부분의 사람이 하지 않는 단계입니다. 뇌는 패턴을 만드는 시스템이며 이 단계는 전체 챕터에 대한 이해의 기초가 되는 패턴을 만듭니다. 모든 텍스트의 첫 단계로 시도해 보면 그 결과에 놀랄 수도 있습니다.

해당 챕터의 모든 페이지를 훑어보면 텍스트의 주요 주제가 무엇인지 파악할 수 있을 것입니다.

e. 빈 종이(가로 방향)에 연습 1에서 선택한 방법을 사용하여 요약을 시작하세요. 지금까지 파악한 주요 주제와 제목을 적으세요.

f. **찾아 읽기** – 이제 다시 챕터의 처음으로 돌아가 챕터 전체를 두 번째로 훑어보세요. 이번에는 그림, 그래프, 표, 기타 그래픽 및 캡션과 같은 모든 시각 자료만 읽으세요.

텍스트뿐만 아니라 시각적으로 표현되는 것이 항상 가장 중요한 정보이며, 데이터에 대한 시각적 해석은 해당 데이터에 대한 저자의 설명보다 더 많은 정보를 제공할 수 있습니다. 이제 모든 페이지를 두 번째로 훑어봤으므로 모든 주요 자료가 무엇에 관한 내용인지 꽤 익숙해졌을 것입니다.

g. 이 작업을 수행하면서 요약문에 더 많은 제목과 관련 아이디어 및 키워드를 추가할 수 있습니다.

이제 처음으로 모든 단어를 처리할 준비가 되었습니다. 책, 논문 또는 학술지 등 논픽션 글쓰기에 대해 알아야 할 것은 그것이 정보를 전달하기 위해 작성된 사실과 견해의 모음이므로 정해진 공식에 따라 작성된다는 점입니다. 그 공식이란 각 섹션의 첫 번째와 마지막 문단 그리고 각 문단의 첫 문장과 마지막 문장이 가장 중요하다는 것을 의미합니다. 하나는 요점을 소개하고 다른 하나는 요약하기 때문입니다. 즉, 이러한 영역에 주의를 기울이면 본문에서 가장 중요한 정보를 효과적으로 찾을 수 있습니다. 텍스트를 읽을 때는 펜 끝으로 텍스트 위를 밑줄 그리듯 따라가며 집중력을 높이고, 계속해서 눈을 움직이게 하는 것이 좋습니다.

h. **집중해서 읽기** – 각 문단의 첫 문장과 마지막 문장을 정확히 이해하며 읽고 그 사이에 있는 단어들을 훑어보세요. 특히 중요한 단어나 구, 문장에 강조 표시를 하세요(3차 훑어보기).

i. 작성한 요약으로 돌아가 적절한 위치에 모든 주요 내용을 추가하세요.

이제 모든 정보에 충분히 익숙해졌으므로 c단계(질문 만들기)에서 작성한 질문에 답할 수 있는 관련 정보에만 집중할 수 있을 것입니다.

j. **필요한 부분만 정독하기** – 다시 돌아가 첫 번째 질문에 대한 답변이 포함된 정보만 꼼꼼히 읽어 보세요. 키워드에 강조 표시를 하세요.

k. 모든 중요한 키워드를 추가하여 요약을 마무리하세요.

마지막으로, 작성한 내용을 자신의 말로(문장 형식으로) 바꾸어 이해도를 테스트해 보세요.

l. **확인하기** – 참고 자료를 덮고, 요약문을 집어 들고 각 부분을 읽어 보면서 그것이 무엇을 의미하는지 소리 내어 설명합니다. 다른 사람이 없더라도 요약의 각 부분을 자신의 말로(이번에는 문장으로) 바꿀 수 있는지 확인하세요.

m. 어려움이 있다면 자료로 돌아가 이해를 명확히 해 줄 주요 단어를 더 찾아 요약에 추가하세요.

n. 요약문을 처음 만든 후 24시간 후에 1단계(확인하기)를 반복하여 다시 테스트하세요.

o. 요약문을 처음 작성한 후 일주일 뒤에는 1단계(확인하기)를 반복하여 다시 테스트하세요.

p. 그리고 처음 요약문을 만든 후 한 달 뒤에 1단계(확인하기)를 반복하여 다시 테스트하세요.

발표 자료에서 요약 노트 만들기

1d – 실시간 및 녹화된 영상과 오디오 발표 자료의 효과적인 요약 노트 작성하기

숙달 수준

선생님의 설명이나 동영상 및 팟캐스트 등의 발표 자료를 효과적으로 요약하고, 핵심 아이디어와 개념을 자신의 언어로 명확하게 설명할 수 있을 때, 해당 ATL 기능을 사용하는 데 있어 전문가 수준에 도달했다고 볼 수 있습니다.

목적:

이 기능은 온라인 동영상, 초청 연사, 강연 등으로부터 학습할 때 사용되는 가장 유용한 기능으로, 언어 습득 수업에서의 듣기 이해 활동에도 유용합니다. 소논문을 작성할 때는 팟캐스트와 TED 강연을 포함한 다양한 자료를 활용해야 하므로 노트 형식으로 요약할 수 있는 능력은 큰 도움이 됩니다. 국제정치, 스포츠, 운동 및 건강 과학, 경제학에 대한 가장 유익한 정보 출처 중 다수는 팟캐스트에서 찾을 수 있습니다.

노트 작성하기:

이 연습을 하기 전에 1c를 완료해 두면 큰 도움이 될 것입니다. 1c에서는 요약 노트를 만드는 대표적인 방법들을 소개하며, 여러 방식을 시도해 보고 자신에게 가장 잘 맞는 방법을 찾도록 권장하고 있습니다. 오디오 자료에서 노트를 작성할 때에도 같은 방법이 효과적일 수 있지만, 그렇지 않을 수도 있으며 더 나은 방식이 따로 있을 수도 있습니다.

이 기능 개발에는 세 가지 부분이 있습니다.

- 첫째, 자신에게 맞는 요약을 만드는 방법을 익혀야 합니다.
- 둘째, 구어로 전달되는 정보 중 요약할 가장 중요한 정보를 정확하게 식별하는 방법을 배워야 합니다.
- 셋째, 요약문을 만들고 그것을 다시 자신의 말로 문장화하는 연습을 해야 합니다.

이것은 구어를 문자로 바꾸는 과정입니다. 그러나 자신이 들은 모든 내용을 그대로 적는 것은 시간 낭비일 수 있으며, 그럴 바에는 차라리 휴대전화로 오디오 녹음을 하는 것이 나을 수 있습니다. 가장 중요한 정보만을 골라내어 체계적인 방식으로 기록해야 나중에 이해하기 쉬울 것입니다. 발표자가 핵심 요점을 구조화해 준다면 더욱 쉽게 정리할 수 있지만 그렇지 않더라도 스스로 작성하는 것은 충분히 가능합니다.

연습 1 – 영상 또는 팟캐스트 내용 요약하기(통제권이 있을 때)

- 먼저, 자신에게 가장 적합한 노트 작성법을 파악한 다음, 그 방법을 영상이나 팟캐스트의 내용 정리에 적용해야 합니다(1c 참조).

- 영상이나 팟캐스트에서 요약할 때의 가장 큰 장점은 '일시정지' 버튼을 사용할 수 있다는 점입니다. 시청하거나 청취하는 도중에 이 버튼을 적절히 사용하면 중요하다고 생각되는 내용을 기록할 시간을 확보할 수 있습니다.
- 화자의 정확한 단어를 그대로 옮기기보다는 핵심 내용을 요약하는 데 집중해야 합니다.
- 계속 연습하세요.

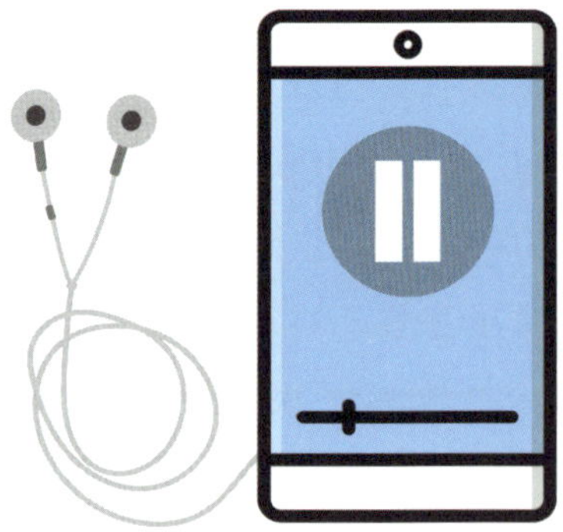

연습 2 – 실시간 구두 발표 내용 요약하기(통제권이 거의 없을 때)

이 기능은 연습을 통해 기를 수 있는데, 아마도 대학에서 요구되는 가장 중요한 기능일 것입니다. 대학에 진학하기 전에 이 기능을 충분히 익혀 두면 그렇지 않은 학생들보다 큰 이점을 갖게 될 것입니다.

이 기능을 향상시키는 가장 좋은 방법은 연습하는 것이며, 다행히도 우리에게는 TED 강연이라는 훌륭한 연습 도구가 있습니다. TED 강연은 18분 길이로 부담 없이 연습하기에 적합합니다. 다만 이 연습을 제대로 수행하려면 일시정지 버튼 사용을 제한하고, 일시정지 없이 전체 강연을 보면서 노트를 작성하는 것이 가능하게 될 때까지 연습하는 목표를 세워야 합니다.

a. 짝과 함께 활동하세요.
b. TED 강연 사이트에 접속하세요.
c. 두 사람 모두 관심 있는 주제의 강연을 찾으세요.
d. 시청하고 듣는 동안 각자 따로 메모하세요.
  i. 1c에서 익힌 가장 효과적인 노트 작성법을 사용하여 핵심 내용을 적으세요.
  ii. 아이디어, 개념, 발표자의 강조점에 귀를 기울이세요. 각기 다른 아이디어는 서로 다른 색의 펜으로 표시하고, 그림을 그려 넣을 수도 있습니다.
  iii. 페이지 위에 화살표나 선을 사용하여 아이디어의 흐름이 잘 드러나도록 표현하세요.
  iv. '이해되지 않는 부분'에 대한 본인만의 표시 기호(예: 여백에 빨간색으로 × 표시)를 만들어 발표자가 이해되지 않는 말을 할 때마다 해당 표시를 남기세요.
e. 일시정지 버튼은 가능한 한 적게 사용하세요.
f. 두 사람 모두 노트 작성을 마치면 서로의 노트를 비교하고, 돌아가면서 주요 내용을 서로에게 설명하세요.
g. 각자 놓친 내용을 요약에 추가하세요.
h. 다른 TED 강연으로 다시 연습하세요.
i. 요약문을 만든 후 24시간 뒤에 다시 노트를 펼쳐 보고, 적어 둔 내용을 자신의 말로 문장화해 보세요. 여전히 내용을 이해하고 기억할 수 있는지 확인하세요.
j. 앞의 확인 과정을 일주일 뒤에 한 번 더 반복하세요.

연습 3 – 실시간 발표에서 들은 말 요약하기(제어할 수 없는 상황에서)

일부 학교 교실이나 많은 대학 강의실에서 바로 이런 상황이 벌어집니다. 강연자가 약 45분간 쉬지 않고 슬라이드를 보면서 이야기하는 것을 듣고 있다고 가정해 봅시다.

이러한 상황에서 일관되게 필기를 잘하는 학생들은 그렇지 못한 학생들에 비해 큰 이점을 가집니다.

선생님이 수업 시간에 말씀하시면서 칠판에 필기를 할 때, 여러분이 내용을 잘 이해하고 오래 기억하기 위해 할 수 있는 가장 좋은 방법은 내용을 전부 받아 적는 것이 아니라, 모든 사실을 정확하게 파악한 뒤에 자신에게 잘 맞는 방식으로 이를 연결해서 적는 것입니다.

a. 이 연습을 잘하려면 학교 수업 시간에 함께할 짝을 정하고 일주일에 한 번 정도 함께 연습하는 것이 좋습니다.

b. 이런 방식으로 수업을 진행하는 선생님과 두 사람이 함께 듣는 수업을 선택해야 합니다.

c. 노트를 작성하기 전에 여러 색상의 볼펜 또는 여러 색이 들어 있는 멀티펜을 준비하세요.

d. 수업을 시작하기에 앞서 선생님이 오늘 수업이 어떤 내용인지 말해 준다면 그것을 페이지 상단에 적으세요.

e. 선생님의 말씀을 잘 듣고 1c에서 익힌 자신만의 요약 노트 방법을 활용하여 가장 중요한 내용을 적으세요. 모든 사실을 정확히 기록하되, 자신이 이해하기 쉬운 방식으로 작성해야 합니다.

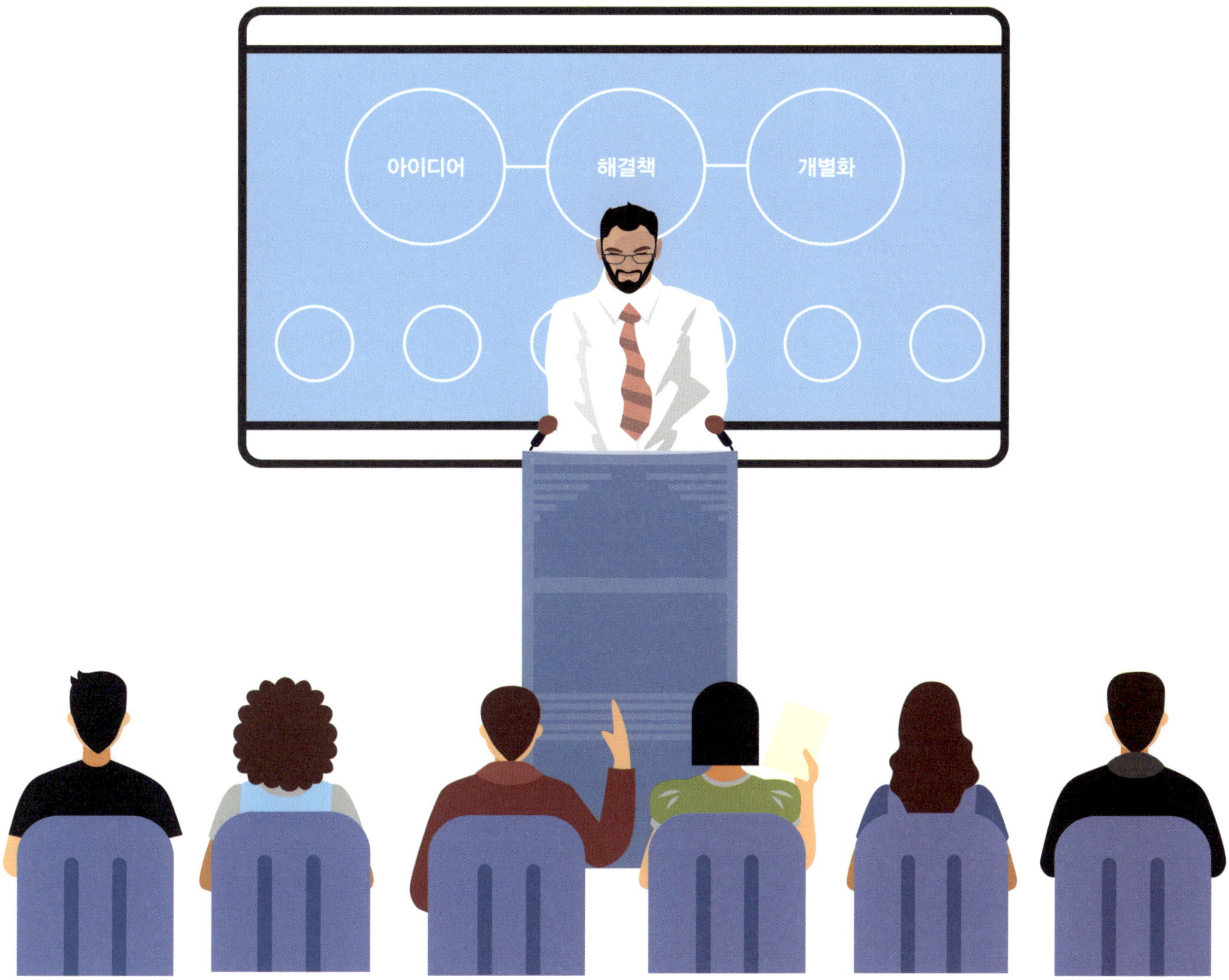

f. 주요 아이디어를 파악하고 선생님이 새로운 아이디어로 넘어가면 다른 색의 펜으로 바꾸어 기록하세요. 이렇게 하면 노트가 더 시각적으로 흥미롭고, 아이디어별로 구분이 되어 산만함을 줄이고, 중요한 아이디어에 더 집중할 수 있게 됩니다.

g. '이해되지 않는 부분'에 대한 나만의 표시 기호(예: 여백에 빨간색으로 × 표시)를 만들어 발표자가 이해되지 않는 말을 할 때마다 해당 표시를 남기세요. 나중에 다시 살펴볼 수 있도록 말입니다.

h. 이해되지 않는 내용이 있다면 손을 들어 질문할 준비를 하세요.

i. 수업이 끝난 뒤에는 짝과 다시 만나 서로 모든 내용을 잘 이해했는지 확인하세요. 두 사람 모두 요약한 핵심 요점을 함께 살펴보고 각자 적은 모든 핵심 요점의 의미를 서로에게 자신의 말로 하나씩 번갈아 가며 설명하세요.

j. 서로의 설명을 듣고 각자 놓친 내용을 서로 보완해 가면서 노트에 추가하세요.

k. 다음 날 시간을 내어 파트 i를 다시 수행하세요. 요약 노트를 보고 서로에게 다시 설명해 보면서 내용을 잘 이해하고 기억하고 있는지 확인하세요.

l. 처음 이 연습을 한 날로부터 일주일 후에 다시 반복하세요.

m. 계속 연습하세요.

속독

1e – 훑어 읽기와 속독법 익히기

숙달 수준

방대한 양의 서면 정보를 빠르고 효율적으로 처리하며, 필요한 모든 내용을 정확히 추출할 수 있다면, 해당 ATL 기능을 사용하는 데 있어 전문가 수준에 도달했다고 볼 수 있습니다.

목적:

짧은 시간 안에 많은 양의 서면 정보를 처리해야 할 때마다 이 기능을 사용해야 합니다. 이는 모든 과목에 적용될 수 있으며 주제별 또는 단원별 테스트 및 시험을 준비할 때 특히 유용합니다. 심리학, 역사, 경제학, 언어와 문학, 연극과 같이 읽기가 요구되는 많은 과목에서는 이러한 기능이 더욱 중요하게 작용합니다.

속독은 효과적인 노트 필기와 밀접한 관련이 있으므로 1c와 1d의 연습과 함께 이 활동을 병행하여 실시하는 것이 좋습니다.

서면 정보를 빠르고 정확하게 처리하기:

훑어 읽기, 찾아 읽기, 속독하기는 효과적인 학습을 위한 핵심적이며 특히 대학 진학을 고려하고 있다면 이는 모두 필수적인 기능입니다. 대부분의 대학 전공에서는 매우 많은 양의 정보를 처리해야 하므로 일반적인 속도로는 모든 내용을 다 읽을 수 없습니다. 하지만 훑어 읽고, 찾아 읽기, 속독하는 방법을 익히면 텍스트를 읽는 데 걸리는 시간을 대폭 줄일 수 있습니다.

'훑어 읽기'는 텍스트 전체를 빠르게 읽어 개요와 중심 내용을 파악하는 것입니다. 그다음 단계인 '찾아 읽기'는 특정 정보를 찾기 위한 목적으로 읽는 것으로, 이 과정에서 핵심 요점을 요약하기도 합니다. '속독하기'는 이 두 가지 방식의 상위 단계로, 개별 단어를 음성적으로 하나하나 인식하지 않고 시각적으로 구나 문장을 한눈에 인식하여 의미를 파악하기 위한 시각적 정보처리 능력을 기르는 것과 관련이 있습니다.

이 기능은 다양한 숙련도 수준으로 나뉠 수 있으며 누구나 배울 수 있습니다. 이 기능에 능숙하게 되려면 꾸준한 연습이 필요하지만 몇 가지 간단한 연습만으로도 현재의 정보처리 속도를 눈에 띄게 향상시킬 수 있습니다.

연습 1 – 신문과 잡지를 활용한 속독 연습

a. 관심 있는 주제에 관한 잡지나 신문 기사 중 페이지 형식이 아닌 단(段) 형식으로 작성된 기사를 찾아보세요.

b. 시작하기에 앞서 이 글에서 어떤 점이 흥미로운지 무엇을 더 알고 싶은지 잠시 생각해 보세요.

c. 첫 페이지의 첫 번째 단의 중앙 위에 손가락을 두고 손가락 바로 위쪽에 시선을 고정하세요. 손가락과 눈을 단의

중앙을 따라 아래로 움직이되 읽을 수 있는 속도보다 빠르게 하지만 눈에 단어가 들어올 만큼 느리게 움직이세요. 단어를 읽으려고 하지 말고 단의 중앙을 따라 단어들을 '본다'는 느낌으로 시선을 유지하세요.

d. 단의 끝에 도달하면 멈추고 지금까지 눈에 들어온 핵심 내용을 마음속으로 정리해 보세요.

e. 다음 단으로 넘어가서 같은 과정을 반복하세요. 아무런 정보도 파악하지 못했다면 속도를 늦추고 너무 많은 정보가 들어오면 더 빠르게 반복해 보세요. 훑어 읽기에 자신에게 맞는 최적의 속도를 찾아야 합니다. 연습을 위한 '훑어 읽기'이자 새로운 것을 발견할 수 있는 기회임을 기억하세요. 손가락 대신 펜이나 연필을 사용해도 좋습니다.

f. 매일 이 연습을 반복하면서 점점 속도를 높여 보세요. 나중에는 몇 초 만에 전체 기사를 훑어보면서 글의 핵심 주제나 필자의 관점을 파악할 수 있게 될 것입니다.

g. 이 기능에 익숙해졌다면 같은 기법을 사용하여 교과서 한 장을 한 번에 한 단씩 또는 한 페이지씩 훑어 읽는 연습을 해 보세요. 이번에는 시작 전에 페이지 상단에 자신이 알고 싶은 질문(예: '감수분열의 원리를 이해하고 싶다.')을 적고, 텍스트를 읽다가 문단이 바뀌는 지점에서 지금까지 훑어 읽기를 통해 파악한 핵심 단어, 아이디어, 사실, 수치 등을 기록해 보세요.

h. 계속 연습하세요.

연습 2 – 소설을 활용한 속독 연습

읽고 싶은 흥미로운 소설이나 다시 읽어도 좋은 익숙한 책을 골라 다음의 속독 기법을 연습해 보세요.

a. 아무 챕터나 처음으로 넘기세요. 연필을 사용하여 해당 챕터의 각 페이지에 세로줄 두 개를 그어 보세요. 첫 번째 세로줄은 페이지 왼쪽 가장자리에서 페이지 너비의 3분의 1 지점에, 다른 세로줄은 페이지 오른쪽 가장자리에서 페이지 너비의 3분의 1 지점에 그어 페이지의 텍스트를 세 개의 단으로 나누세요. 그런 다음, 챕터의 모든 페이지를 이렇게 나누세요.

b. 이번에는 텍스트를 한 줄씩 '읽어보세요'. 이때 각 줄에서 연필로 그은 세로줄이 글자와 교차하는 단 두 지점에만 시선을 고정하세요. 연필이나 손가락 끝을 이용해 시선을 고정하고 다음 단계를 따르세요. 첫 번째 세로줄이 첫 번째 텍스트 줄과 만나는 지점을 응시하고 이어서 시선을 같은 줄의 두 번째 세로줄과 만나는 지점으로 옮기세요. 그런 다음, 시선을 두 번째 줄의 첫 번째 세로줄 지점으로 옮기고 이어서 두 번째 세로줄 지점을 보세요. 이 과정을 페이지의 모든 줄에 걸쳐 위에서 아래로 내려가면서 반복하세요. 텍스트 전체를 읽으려고 하지 말고 각 줄에서 두 지점만 '보는' 방식으로 진행하세요. 우리의 뇌가 시각적으로 내용을 읽어 내는 능력을 믿는 것이 핵심입니다. 눈동자가 자연스럽고 부드럽게 움직이도록 리듬을 만드는 것이 중요합니다.

c. 다음 페이지로 넘어가 같은 방식으로 반복하세요. 이야기의 흐름을 이해하고 따라가고 있다면 속도를 높여 보고, 스토리를 놓치고 있다고 느낀다면 속도를 낮춰 봅니다. 훑어 읽기에 자신에게 맞는 최적의 속도를 찾아야 합니다.

이런 방식의 읽기는 평소의 독서만큼 즐거운 과정이 아닐 수 있습니다. 특히 읽고 싶었던 책이라면 더욱 그럴 수 있습니다. 하지만 이 첫 번째 책은 기법을 익히기 위한 도구일 뿐입니다. 이 연습의 목적은 어떤 과목에서든 읽어야 할 소설을 보다 효율적으로 읽을 수 있도록 속독 능력을 기르는 것입니다.

d. 몇 초 안에 한 페이지 전체를 훑어보고도 이야기의 흐름을 따라갈 수 있을 때까지 이 연습을 반복하며 점점 속도를 높여 보세요.
e. 이 기능에 익숙해졌다면 같은 방법으로 수업 시간에 읽어야 할 소설의 한 챕터를 훑어 읽어 보세요.
f. 이야기 속 에피소드나 사건이 끝날 때마다 훑어 읽기를 통해 파악한 중요한 주제들을 기록해 보세요. 특히 줄거리 전개와 등장인물의 변화에 주목하면 좋습니다.

연습 3 – 교과서를 활용한 속독 연습

이 연습은 대부분의 교과서 저자들이 글을 쓰는 방식의 특성을 활용한 것입니다. 대부분의 교과서는 독자의 흥미를 유발하기 위해 쓰인 것이 아니라 정보를 전달하기 위한 목적으로 쓰였습니다. 따라서 교과서는 대체로 정보량이 많고 복잡해서 학생들이 교과서에 실린 모든 내용이 똑같이 중요하다고 생각하는 경향이 있습니다.

그러나 실제로는 그렇지 않습니다.

다음 연습을 시작하기 전에 반드시 알아 두어야 할 핵심 사항은 다음과 같습니다.

- 대부분의 교과서 저자는 문단을 구성할 때 첫 문장에서 주제를 소개하고, 이어지는 문장에서 그 주제를 뒷받침하는 근거를 제시한 다음, 마지막 문장에서 주요 내용을 요약합니다. 이것이 의미하는 바는 어떤 문단이든 첫 문장과 마지막 문장만 읽고 나머지는 훑어보는 것으로도 필요한 정보를 충분히 파악할 수 있다는 것입니다.
- 단원 전체도 마찬가지입니다. 대부분의 저자는 단원의 첫 문단에서 핵심 주제를 소개하고 마지막 문단에서 요약합니다.
- 교과서에는 그래프, 표, 사진, 기타 시각적 자료들이 매우 많이 포함되어 있으며, 가장 중요한 정보가 이러한 시각 자료에 담겨 있는 경우가 많습니다. 때로는 그래픽 자료만 살펴보아도 그 장의 필요한 정보를 대부분 파악할 수도 있습니다.

이 과정을 완전히 익히고 자신의 것으로 만들기 위해서는 다음의 연습을 주기적으로 반복해야 하며, 이 기능이 자연스럽게 체득되어 짧은 시간 안에 많은 양의 정보를 효율적으로 처리할 수 있을 때까지 연습을 계속해야 합니다.

a. 교과서의 새로운 단원의 시작 부분에서 시작하세요.

b. 해당 단원의 첫 번째 문단과 마지막 문단만 집중해서 봅니다.

c. 모든 페이지를 빠르게 훑어봅니다. 각 페이지의 모든 단어를 눈으로 훑듯이 빠르게 지나가세요. 이때 페이지 맨 위에서 아래로, 단을 따라 또는 텍스트를 가로질러 쓸어 보듯이 읽습니다(앞서 연습 1을 해 봤다면 훨씬 수월할 것입니다). 한 페이지에 약 5~10초 정도만 할애합니다. 만약 해당 단원이 20페이지라면 이 과정은 최대 2분 이내에 완료되어야 하며, 완료 후 다시 첫 페이지로 돌아가세요(1차 훑어보기).

d. 이번에는 단원 전체를 다시 훑어보되, 그림, 그래프, 표, 그래픽 자료, 캡션 등의 시각적 자료에만 집중하세요(2차 훑어보기).

e. 이제 장 전체를 보통 속도로 읽되, 각 문단의 첫 문장과 마지막 문장만 따로 집중해서 읽고 나머지 문장은 빠르게 훑어봅니다. '첫 문장-훑어 읽기-마지막 문장'의 패턴으로 반복해서 읽습니다. 이 과정을 단원이 끝날 때까지 계속 반복하세요. 이 단계에서는 볼펜이나 연필 끝을 따라가면서 읽는 것이 시선을 유지하는 데 도움이 됩니다(3차 훑어보기).

f. 교과서를 덮어 두고, 주변에 다른 사람이 없더라도 소리 내어 해당 단원에서 이해한 내용을 설명해 보면서 자신의 이해도를 점검하세요. 자신의 설명을 녹음해 두고 재생하여 교과서의 내용과 비교해 보는 것도 효과적입니다.

g. 계속 연습하세요.

발표 자료 만들기

1f – 효과적인 멀티미디어 발표 자료 디자인 및 발표하기

숙달 수준

다양한 매체와 형식을 활용하여 어떤 청중의 특성과 요구에 적합한 발표 자료를 설계하고 전달할 수 있을 때, 해당 ATL 기능을 사용하는 데 있어 전문가 수준에 도달했다고 볼 수 있습니다.

목적:

이 기능은 지식 이론 발표, CAS 면담, 소논문 최종 인터뷰에 매우 유용합니다. 많은 선생님께서도 과목 시간에 발표를 요청하실 것이며, 개인이나 그룹에게 아이디어를 전달하고자 할 때에도 필요한 핵심적인 기능입니다.

훌륭한 발표자 되기:

청중과 말로 소통하는 능력은 연습을 통해 향상될 수 있지만, 대개 즉흥적으로는 잘 발휘되지 않습니다. 어떤 청중과도 효과적으로 소통하려면 철저한 준비와 안정된 전달력이 결합되어야 합니다. 기본기를 익히면 어떤 상황에서도 자신 있게 소통할 수 있습니다.

좋은 발표 자료의 디자인을 위해 고려해야 할 요소는 다음과 같습니다.

- 청중 – 무엇을 어느 정도 알고 있으며, 무엇을 기대하고 있는가?
- 과제 – 이 발표 자료는 얼마나 중요한가? 재미를 위한 것인가 아니면 점수, 성적 및 평가를 위한 것인가?
- 자료 및 미디어 – 얼마나 많은 내용이 글로 작성되었는가? 그림, 도표, 다이어그램, 동영상, 슬라이드를 어느 정도 활용할 것인가?
- 발표 방식 – 강의, 질의응답, 실험, 문제 해결 등 어떤 형식으로 진행할 것인가?

연습 1 – 발표 자료 디자인: 준비하기

다른 기능과 마찬가지로, 훌륭한 발표 자료를 디자인하고 전달하려면 꾸준한 연습이 필요합니다. 짧거나 비공식적인 발표일지라도 수업 중 발표 기회를 놓치지 말고 매번 더 잘하기 위해 노력하면서 실수로부터 배워야 합니다.

a. 다음 발표에서 앞에서 제시한 디자인 요소를 활용해 보면서 실제 발표 능력이 얼마나 향상되는지 확인해 보세요.

b. 각 질문을 생각하며 표에 나열된 순서대로 자신의 답을 적어 보세요.

이 발표의 목적을 설명하세요. 이 발표를 왜 하나요? 청중에게 어떤 메시지를 전달하고자 하나요?	나의 목적은……
청중이 누구인지 설명하세요. i. 청중은 누구이며 어떤 특성을 가지고 있나요? ii. 왜 여러분의 발표를 듣고 있나요? iii. 무엇을 듣기를 기대하고 있나요?	나의 청중은……
청중에게 신뢰감을 주세요. 왜 여러분이 이 발표를 하기에 적합한 사람인가요? 여러분의 자격이나 경험은 무엇인가요?	나는……
자신이 얼마나 발표할 예정인지 그리고 질의응답 시간은 언제인지 미리 분명히 알려 주세요(항상 시간을 확인하고 시간을 엄수할 것!).	나의 발표 소요 시간은……
발표 시작에 앞서 청중의 흥미와 주의를 끌 수 있는 도입 장치를 마련하세요. 발표와 관련된 핵심 내용을 강조하는 시각적 장치나 사례를 사용할 수 있습니다(예: 사진, 짧은 영상, 적절한 농담, 인용문, 최근 뉴스 기사, 역사적 사례, 자신 또는 유명인의 이야기 등).	나의 도입 장치는…….
처음부터 끝까지 핵심 내용들을 논리적인 흐름으로 배열해 보세요. 각 아이디어는 다음 아이디어로 자연스럽게 이어지도록 구성합니다.	아이디어 1…… 아이디어 2…… 아이디어 3…… 아이디어 4……

각 핵심 아이디어를 설명하기 위해 하나의 이야기를 사용하세요. 이 이야기는 자신 또는 다른 사람의 삶에서 가져온 예시(현대 또는 역사적 인물의 이야기)일 수 있습니다.	아이디어 1을 뒷받침할 이야기…… 아이디어 2를 뒷받침할 이야기…… 아이디어 3을 뒷받침할 이야기…… 아이디어 4를 뒷받침할 이야기……
이제 각 핵심 아이디어나 이야기를 나타내는 하나의 이미지를 찾으세요(예: 사진, 그래프, 도표, 만화, 짧은 영상). 사람들은 말보다 이미지를 더 잘 기억하기 때문입니다.	아이디어 1 이미지: 아이디어 2 이미지: 아이디어 3 이미지: 아이디어 4 이미지:
발표의 목적을 청중에게 다시 상기시키는 결론을 작성하세요.	결론……
청중이 무엇을 해야 하는지, 즉 주요 아이디어를 실천하기 위한 행동 과제를 제시하세요.	행동 과제 – 여러분이 이제 해야 할 일은 ……입니다.
전체 발표 내용을 기록해 보세요. 모든 문장을 다 적을 필요는 없지만, 발표의 주된 아이디어와 이를 설명할 이야기들을 떠올릴 수 있도록 메모 형식으로 정리하면 됩니다.	각 아이디어마다 순서를 매기고 큐카드를 만듭니다.
큐카드를 보고 발표 연습을 반복하되, 발표 내용과 흐름에 익숙해질 때까지 계속 연습하세요.	계속 연습합니다.

연습 2 – 발표 전달 연습

모든 발표는 대화입니다. 하지만 단순히 한 사람과 나누는 대화가 아닌 여러 사람과 함께하는 대화입니다. 발표자가 대부분의 말을 하게 되는 경우가 많지만 발표는 분명한 대화의 한 종류입니다. 모든 대화에서 의사소통의 질은 전달 방식과 피드백에 의해 결정됩니다. 전달 측면에서는 다양한 화법이 존재합니다. 권위 있게, 감정적으로, 논리적으로, 설득력 있게, 독단적으로 혹은 열정과 에너지를 담아서 말할 수 있습니다. 혹은 그 반대로 담백하게 말할 수도 있습니다. 이처럼 각각의 말하는 방식에 따라 청중은 메시지를 더 신뢰하기도 하고 그렇지 않기도 합니다. 메시지를 효과적으로 전달하려면 청중의 반응과 피드백에도 민감해야 합니다. 즉, 말하는 도중에도 청중이 메시지를 이해하고 있는지 반응을 계속 확인하고, 그에 따라 내용을 조정할 수 있어야 합니다.

a. 긴장이 된다면 발표 시작 후 2~3분 동안의 내용을 생각하지 않고도 외울 수 있을 때까지 충분히 연습해야 합니다. 이렇게 하면 발표를 원활하게 시작할 수 있고, 긴장을 풀면서 나머지 내용을 자연스럽게 기억해 낼 시간을 벌 수 있습니다.

b. 발표의 첫 2~3분 동안 청중의 웃음을 유도할 수 있는 말이나 에피소드를 준비하여 분위기를 부드럽게 만들어 보세요.

c. 발표에서 전달할 주요 내용을 미리 파악하고 큐카드에 눈에 띄게 표시해 두세요.

d. 주요 내용을 한 문장 또는 짧고 강렬한 표현('사운드바이트')으로 정리해 보세요. 요점을 효과적으로 전달하는 데 도움이 됩니다.

e. 주요 내용을 전달할 때는 점점 더 열정적이고 빠르게 전달하는 방식으로 설계해야 합니다. 그리고 반드시 명확하게 내용을 전달하세요.

f. 동작과 감정은 연결되어 있습니다. 청중의 공감을 얻어 내고자 한다면 주요 내용을 말할 때 과감한 손짓과 제스처를 활용하여 강조할 수 있습니다.

g. 청중이 주요 내용에 대해 생각할 수 있도록 중간중간 의도적인 '멈춤'을 포함시키세요.

h. 발표 중에는 청중 전체를 둘러보면서 시선을 자연스럽게 분산시키세요. 잠깐이라도 눈을 마주치는 것은 청중과의 친밀감을 높이는 데 도움이 됩니다.

i. 청중의 표정을 수시로 관찰하세요. 찡그린 얼굴, 고개를 젓는 모습, 혼란스러운 표정 등이 보이면 방금 말한 내용을 다른 표현이나 관점으로 다시 설명할 기회입니다.

j. 시간을 정확히 지키고 절대로 발표 시간을 초과하지 말아야 합니다.

연습 3 – 매체 선택지

'매체(미디어)'라는 단어는 청중에게 메시지를 전달하는 수단(예: 말, 시각 자료, 영상 클립, 애니메이션, 발표)과 메시지를 전달하는 플랫폼(예: 신문, 잡지, 텔레비전, 전화, 인터넷)을 모두 의미합니다.

a. 짝과 함께 활동하세요.

b. 다음에 제시된 각각의 청중에게 전달하고자 하는 요점에 대해 세 가지의 서로 다른 목적이 있다고 상상해 보세요.

   i. 청중이 여러 관점에서 생각할 수 있도록 유도하는 논증적인 구성(논증)

   ii. 청중이 자신의 입장을 받아들이도록 설득하는 글(설득)

iii. 청중에게 영감을 주고, 즐거움을 줄 수 있는 이야기 형식의 글(서사)

c. 각 목적에 가장 효과적으로 메시지를 전달할 수 있는 방법과 그 외에 유용할 수 있는 방법들을 브레인스토밍해 보세요. 각 항목마다 수단, 플랫폼 또는 둘 모두를 포함하여 세 가지 또는 네 가지의 서로 다른 '미디어'를 떠올릴 수 있는지 확인해 보세요.

청중	목적		
	논증	설득	서사
반 친구들			
지구 반대편에 있는 친구			
선생님			
교장 선생님			
부모님			
조부모님			
진학 희망 대학교			
예비 고용주			

연습 4 – 최고에게서 배우기

오늘날에는 TED 강연을 통해 최고 수준의 발표를 접할 수 있습니다. 하루 종일 이야기할 수 있을 정도의 중요한 아이디어를 단 18분 안에 전 세계에 전달해야 한다는 점에서 이 강연 형식은 도전적입니다. TED 강연 형식을 살펴보면 라이브로 진행되며, 발표자가 직접 무대에 서고, 기술적 지원을 받는다는 특징이 있습니다. 슬라이드, 영상, 실제 소품, 시뮬레이션, 홀로그램, 음악, 조명 등을 활용하기도 하지만 한 가지 공통점이 있습니다. 바로 '이야기'를 들려준다는 점입니다. 이러한 이야기는 대개 유머를 포함하거나 주제에 대한 개인적인 감정적 연결을 바탕으로 하며, 때로는 그 두 가지가 모두 담기기도 합니다.

영향력 있는 발표를 디자인하는 요령은 자신이 발표하는 주제와 개인적인 연결고리가 있어야 하고, 그 주제를 바탕으로 좋은 이야기를 구성하는 것입니다. 좋은 이야기는 청중의 흥미를 자극하며, 다음에 무슨 이야기가 나올지 기대하게 만들고, 마지막에는 청중의 호기심을 충족시키는 결말을 제공합니다.

이러한 방식은 다양한 형태로 구성될 수 있으며 TED 강연을 통해 뛰어난 발표들을 보고 배우는 것은 큰 도움이 됩니다.

기술 및 과학 발표 자료 디자인하기

a. 5명이 한 모둠이 되어 TED 강연 웹사이트에 접속하세요.

b. '인공지능(AI)'을 주제로 검색하세요.

c. 흥미로워 보이는 발표를 다섯 개 선정하고 각자 하나씩 맡으세요.

d. 각자 맡은 강연을 주의 깊게 시청하면서 다음 요소들을 분석하세요.

   i. 발표자와 주제 간의 관계

   ii. 발표자와 주제 간의 관계를 실감하게 하는 이야기

   iii. 그 이야기를 통한 호기심 및 기대감 조성 방식

   iv. 이야기의 결말

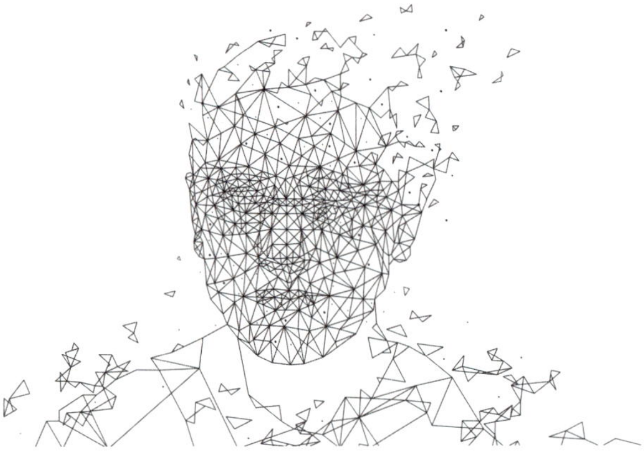

e. 필요한 경우 일시정지 기능을 사용하면서 발표를 시청하고 다음 표를 작성하세요.

AI를 주제로 한 5개의 TED 강연	발표자와 주제 간의 관계	이야기의 내용	이야기를 통한 호기심 및 기대감 조성 방식	이야기의 결말
예: AI가 어떻게 나만의 사운드트랙을 작곡할 수 있는가?	음악가와 엔지니어	AIVA라는 음악 작곡용 AI 만들기	"이 음악이 어떤 소리를 낼까?"라는 질문에 답하기 위해 점점 긴장감을 고조시킴	컴퓨터가 작곡한 음악 한 곡을 들려주며 마무리함
1.				
2.				
3.				
4.				
5.				

f. 모두가 표 작성을 완료하면 각자의 노트를 비교하고 서로의 요점을 공유하세요.

g. 결과에 대해 함께 논의하세요.

h. 발표 자료 디자인의 관점에서 보았을 때 과학/기술 발표에서 가장 효과적인 방식은 무엇이라고 결론 내릴 수 있는지 생각해 보세요.

발표에서 코미디 활용하기

i. 같은 모둠 또는 5명씩 새로운 모둠을 구성하세요.
j. 이번에는 코미디 전문가들이 코미디를 어떻게 구현하는지 살펴보세요.
k. '코미디'와 관련된 주제를 검색하세요.
l. 앞에서 진행한 연습을 반복하세요.

코미디를 주제로 한 5개의 TED 강연	발표자와 주제 간의 관계	이야기의 내용	이야기를 통한 호기심 및 기대감 조성 방식	이야기의 결말
예: 에밀리 러빈–현실과 친구가 되는 법	4기 폐암 극복하기	죽음이 임박했다는 것을 어떻게 받아들이게 되었는지에 대한 이야기	"나는 현실과 좋은 관계를 가져 본 적이 없다."	현실이란 상호작용에 관한 것(예:어떤 대상과의 상호작용)
1.				
2.				
3.				
4.				
5.				

m. 청중과 소통하는 방법에 대해 무엇을 배웠나요?

n. 다음 발표에서는 해당 주제를 자신의 삶과 연결 짓기 위해 어떤 이야기를 활용할 수 있나요?

매체 형식

1g – 매체 형식

숙달 수준
다양한 매체를 통해 메시지를 손쉽게 전달하고, 한 매체에서 다른 매체로 메시지를 정확하게 '전환'할 수 있다면, 해당 ATL 기능을 사용하는 데 있어 전문가 수준에 도달했다고 볼 수 있습니다.

목적:

이 기능을 개발하는 것은 여러 목적에 부합합니다. 많은 과목에서 수업 과제나 내부 평가를 위해 정보를 조사하게 되는데, 어떤 메시지와 어떤 대상에게 어떤 매체를 사용할지 결정할 수 있어야 합니다. 이는 과학 데이터와 뉴스에 담긴 정치적 관점을 분석해야 하는 지식 이론 및 국제 정치 과목에서 특히 중요합니다. 많은 과목에서 다양한 매체를 사용하여 이해한 내용을 공유하도록 권장됩니다. 이 기능은 메시지, 대상 및 의도한 결과에 가장 적합한 매체를 결정하는 데 도움이 될 것입니다.

매체:

'매체(미디어)'라는 단어는 텍스트, 음성, 시각적 이미지, 동영상 클립, 애니메이션, 파워포인트 등 대상에게 메시지를 전달하는 수단과 신문, 잡지, TV, 전화, 소셜 미디어 앱, 블로그, 브이로그, 라이브 스트리밍, 개인 발표 등 메시지를 전달하는 데 사용하는 플랫폼을 모두 일컫습니다.

어떤 수단과 매체를 선택하느냐에 따라 다른 사람들이 메시지를 받아들이는 의미와 의사소통의 효과에 큰 영향을 미칠 수 있습니다.

연습 1 – 목적, 대상, 매체 연결하기

발표에서 매체를 사용하는 방식은 전달할 메시지와 청중의 특성에 따라 달라집니다. 짝과 함께 활동하세요.

a. 이 표의 왼쪽에 있는 각 정보의 전달 목적에 따라 하나의 대상 집단을 선택하고 선을 그어 연결하세요.

b. 다양한 전달 매체에 대해 논의하고 가장 적합하다고 생각되는 매체에 선을 이어서 연결합니다.

c. 메시지의 대상을 변경했을 때 기존 전달 매체도 함께 바뀌어야 하는지 확인해 보세요.

메시지 – 목적		대상		매체
정보 제공		유아		파워포인트 발표 자료
재미		초등학생		강의
교육/학습		중고등학생		실시간 질의응답
광고		대학생		서면 질의응답
코칭		학부모		문자메시지
사회적 연결		노년층		사진 문자
예술 감상		청소년		실시간 문자
정치적 메시지		젊은 직장인		라이브 비디오 스트리밍
				팟캐스트
				다중 사용자 온라인 게임
				블로그 및 브이로그

연습 2 – 대상의 특징, 요구, 매체 연결하기

a. 짝과 함께 다음 각 대상의 주요 특징과 요구 그리고 정보를 전달하는 데 가장 효과적인 매체 형식과 방식이 무엇인지 알아보세요.

	각 대상의 요구와 특징은 무엇인가요?	각 대상과 가장 효과적인 소통을 돕는 매체 형식과 방식은 무엇인가요?
같은 반 친구		
해외에 사는 친구		
소논문 작성에 필요한 정보를 얻을 수 있는 환경단체		

향후 CAS 프로젝트에 대해 논의하기 위해 연락하려는 지역 공동체 단체		
학교에서 개선이 필요하다고 생각하는 사안에 대해 함께 의견을 전달할 모든 선생님		

연습 3 – 멀티미디어 발표 플랫폼 비교하기

멀티미디어는 전통적으로 영상, 정지 이미지, 오디오, 텍스트가 상호작용하여 청중에게 독특한 경험을 제공하는 조합을 의미합니다. 나아가 후각, 미각, 피부로 느끼는 온도, 신체 움직임, 전기 자극 등 다양한 감각을 통해 전달되는 정보까지도 포함할 수 있습니다. 햅틱 인터페이스, 홀로그램, 가상현실(VR) 및 증강현실(AR)의 도입으로 멀티미디어 발표는 청중의 몰입도를 극대화할 수 있으며 현실과 시뮬레이션 세계 사이의 경계를 허물 수 있습니다.

a. 다음에 나열된 모든 멀티미디어 플랫폼 또는 발표 시스템을 조사해 보세요.

b. 각각에 대해 발표 유형, 청중 또는 작업에 가장 적합한 발표 매체로서의 장단점을 설명하세요.

멀티미디어 시스템 또는 플랫폼:	최적 사용 용도:	장점:	단점:
파워포인트, 키노트, 어도비 프리젠터 및 프레지			

블로그 및 브이로그			
라이브 스트리밍			
홀로그램			
가상현실(VR)			
증강현실(AR)			

매체 영향

1h – 매체 영향과 윤리

숙달 수준
다양한 매체가 미치는 영향력을 인식하고, 타인과의 의사소통에서 매체를 윤리적으로 사용할 수 있다면, 해당 ATL 기능을 사용하는 데 있어 전문가 수준에 도달했다고 볼 수 있습니다.

목적:

이 기능을 개발하면 메시지를 전달할 때 그 결과와 윤리적 사용 여부를 고려하여 적절한 매체를 선택할 수 있게 됩니다. 이를 통해 학교와 일상생활 모두에서 매체와 그 영향에 대해 의식적으로 윤리에 기반한 결정을 내릴 수 있게 됩니다. 또한 이 기능은 취업이나 대학 지원, CAS 프로젝트 지원 확보 또는 모의 유엔이나 기타 경쟁 환경에서 중요한 차이를 만들어 낼 수 있습니다.

매체:

'매체(미디어)'라는 단어는 텍스트, 음성, 시각적 이미지, 동영상 클립, 애니메이션, 파워포인트 등 대상에게 메시지를 전달하는 수단과 신문, 잡지, TV, 전화, 소셜 미디어 앱, 블로그, 브이로그, 라이브 스트리밍, 개인 발표 등 메시지를 전달하는 데 사용하는 플랫폼을 모두 일컫습니다.

메시지를 받는 개인에게 미치는 영향은 감정적 몰입에서 비롯됩니다. 미디어 표현에 대한 감정적 반응이 클수록 개인에게 미치는 영향도 그만큼 커집니다. 전체 인구에게 미치는 영향은 도달 범위를 통해 발생하며 정보에 노출된 사람이 많을수록 그 영향력 또한 커집니다. 감정적 몰입도가 높고 도달 범위가 넓을 때 미디어와 메시지는 거대한 사회 변화를 가져올 수 있습니다. 미디어 영향력의 힘을 인식하게 되면 그다음에는 "무엇을 전달할 것인가"라는 윤리적 질문이 따라옵니다.

연습 1 – 매체 윤리

정보가 자신에게 전달되는 모든 방식을 떠올려 보고 각 방식이 사람과 환경에 미치는 영향을 생각해 보세요. 예를 들어, 식품 광고는 일종의 정보 전달입니다. 이러한 광고는 식품 포장지에 인쇄되는 경우가 많은데, 이렇게 되면 나중에 포장지를 버려야 하므로 환경에 폐기물 처리 부담을 주고, 사람들에게는 시간과 노력, 토지를 낭비하게 하는 결과를 초래합니다. 정보 사용 윤리의 관점에서 보면 이러한 방식은 비윤리적인 정보 사용으로 간주될 수 있습니다.

정보를 전달하는 다양한 방식과 각각의 윤리적 함의를 살펴봅시다. 그런 다음, 정보 전달 윤리에 따라 모든 매체를 우선순위 목록으로 정리해 보세요.

우리는 정보를 어떻게 접하게 되는가?	각 정보 전달 방식이 환경에 미치는 영향은 무엇인가?	각 정보 전달 방식이 사람에게 미치는 영향은 무엇인가?	각 매체 방식의 정보 전달 윤리를 고려하여 1부터 10까지 점수를 매겨 보세요. 1점 = 윤리성이 가장 낮음(가장 큰 피해), 10점 = 윤리성이 가장 높음(가장 적은 피해)
신문			
책			
잡지			
식품 포장지			
스팸/광고 메일			
광고판			

이메일			
블로그 및 브이로그			
온라인 오디오 및 비디오 스트리밍			
라디오			
TV			

연습 2 – 소셜 미디어 윤리

2019년 3월 15일 금요 기도 시간, 뉴질랜드 크라이스트처치의 두 이슬람 사원에서 연쇄 총격 테러가 발생했습니다. 이 공격은 소셜 미디어를 통해 생중계되었습니다. 이후 뉴질랜드 총리인 저신다 아던은 소셜 미디어가 테러에 악용되지 않도록 하고, 모든 형태의 혐오 발언이 소셜 미디어를 통해 온라인상에 유포되는 것을 제한하거나 통제할 수 있는 방법을 모색하자고 국제사회에 호소해 왔습니다.

a. 프랑스의 에마뉘엘 마크롱과 뉴질랜드의 저신다 아던이 온라인 혐오를 억제하기 위한 방법을 모색하며 발표한 내용을 시청해 보세요(프랑스어 및 영어): www.youtube.com/watch?v=oAisPfib18o

b. 이 사건과 그 이후의 국제적 호소에 따라 5대 소셜 미디어 플랫폼(아마존, 구글, 마이크로소프트, 페이스북, 트위터)은 해당 목표를 달성하기 위한 다섯 가지 개별 조치와 네 가지 공동 조치에 합의하였습니다. 자세한 내용은 다음 링크에서 확인할 수 있습니다: https://msblogs.thesourcemediaassets.com/sites/5/2019/05/Christchurch-Call-and-Nine-Steps.pdf

c. 앞의 링크 내용을 참고하여 다음 표에 각 조치를 요약하여 작성해 보세요.

아마존, 구글, 마이크로소프트, 페이스북, 트위터는 다음 사항에 동의하였습니다.	
다섯 가지 개별 조치:	**네 가지 공동 조치:**
1.	1.
2.	2.
3.	3.
4.	4.
5.	

d. 이러한 조치들이 다음의 목표를 달성할 수 있다고 생각하나요? 그렇지 않다면 그 이유는 무엇인가요?

i. 이러한 조치들이 3월 15일과 같은 사건의 재발을 방지하는 데 어떤 역할을 하나요?

ii. 또한 소셜 미디어상에서 혐오 표현을 억제하는 데 어떤 역할을 하나요?

e. 소셜 미디어 사용에 제한을 두는 것에 대한 여러분의 생각은 어떠한가요?

f. 윤리에 기반한 소셜 미디어 플랫폼을 만들 수 있는 방법이 있다면 그것은 어떤 방식이어야 하며, 어떻게 운영되어야 할까요?

연습 3 – 다양한 미디어 플랫폼의 영향

짝과 함께 활동하세요.

a. 다음에 나열된 각 미디어 플랫폼을 조사하여 도달 범위를 알아보세요. 매일 얼마나 많은 사람이 이 플랫폼을 보고 사용하나요?

b. 짝과 함께 토의하여 각 미디어가 주는 감정적 몰입 정도를 1부터 9까지 순위로 매겨 보세요(9 – 감정적 몰입이 가장 높은 경우, 1 – 감정적 몰입이 가장 낮은 경우).

c. 다음 표에 나열된 각 미디어가 다음 영역에 미친 주요 영향을 기술해 보세요.

  i. 사람들 간의 의사소통

  ii. 교육

  iii. 사생활

  iv. 가족 생활

	도달 범위	감정적 몰입도	사람들 간의 의사소통	교육	사생활	가족 생활
책						
라디오						
신문						
잡지						
텔레비전						
휴대전화						
인터넷						

연습 4 – 다양한 의사소통 매체의 영향

짝과 함께 활동하세요.

a. 각 의사소통 매체를 조사하여 도달 범위에 대한 자료를 찾아봅시다. 매일 얼마나 많은 사람이 해당 매체를 노출되거나 사용하나요?

b. 짝과 함께 토의하여 각 매체가 주는 감정적 몰입 정도를 1부터 9까지 순위로 매겨 보세요(9 – 감정적 몰입이 가장 높은 경우, 1 – 감정적 몰입이 가장 낮은 경우).

c. 다음 표에 나열된 각 미디어가 다음 영역에 미친 주요 영향을 기술해 보세요.

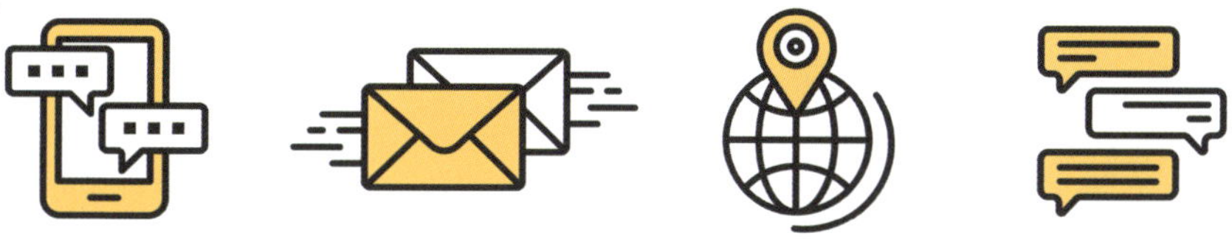

i. 사람들 간의 의사소통

ii. 교육

iii. 사생활

iv. 가족 생활

	도달 범위	감정적 몰입도	사람들 간의 의사소통	교육	사생활	가족 생활
이메일						
문자메시지						
사진 문자						
실시간 문자						
라이브 비디오 스트리밍						
음악 스트리밍						
팟캐스트						
블로그						
브이로그						

ATL 기능에 대한 자기 평가

ATL 기능 숙련도에 대한 학생 자기 평가 - 의사소통							
ATL 기능	초급자 (관찰)	학습자 (모방)	실행자 (실행)				전문가 (공유)
			시작하기	연습하기	향상하기	이해하기	
과학적 글쓰기							
비즈니스 글쓰기							
텍스트에서 요약 노트 만들기							
발표 자료에서 요약 노트 만들기							
속독							
발표 자료 만들기							
매체 형식							
매체 영향							

메모

메모

대인관계 기능

이 책을 읽는 여러분은 현실 세계와 디지털 세계, 두 개의 세상에 살고 있습니다. 이 두 세상은 많은 공통점을 지닌 동시에 수많은 차이점을 갖고 있습니다.

소셜 미디어 플랫폼에서 만들어 내는 '디지털 자아'는 결코 '실제 자아'만큼 복잡하거나 정교할 수 없으며, 단지 자신이 누구인지를 보여 주는 하나의 '단면'에 불과합니다. 이 '단면'을 어떻게 설계하는가는 앞으로 우리가 디지털 시대로 더 깊이 나아갈수록, 특히 미래 진로와 관련하여 그 중요성이 점점 더 커질 것입니다.

실제 자아는 자신의 진정한 자질, 특성, 성격을 의미합니다. 반면 '이상적 자아'는 자신이 되고자 하는 모습입니다. 어떤 사람들은 온라인에서 이상적 자아를 과장된 모습으로 표현하기도 하고 어떤 사람들은 자신의 진정한 실제 모습을 그대로 드러냅니다. 자신을 어떻게 표현하고, 누구와 관계를 맺는가는 오늘날 개인의 성격 형성에 매우 중요한 영향을 미치는 두 가지 요소입니다. 자신이 선택하는 소셜 미디어 콘텐츠가 자신의 사고방식과 정체성에 어떤 영향을 주고 있는지 스스로 인식하는 것이 첫 번째 핵심 기능입니다. 그리고 자신의 사고방식과 정체성을 구성해 가는 방식을 의식적으로 선택하고 설계하는 것이 또 하나의 중요한 기능입니다.

"자신의 평판보다는 인성에 더 많은 관심을 가져라.
인성은 당신이 진정 누구인지를 나타내며, 평판은 단지
다른 사람들이 당신을 어떻게 생각하느냐일 뿐이다."
– 존 우든(John Wooden)

소셜 미디어는 데이터 저장 및 모든 게시물 정보에 대한 접근성이라는 또 다른 잠재적 문제를 안고 있습니다.

이 문제는 개인이나 기업이 한 사람의 개인정보에 어디까지 접근할 수 있는가와 관련되어 있습니다.

- 연습 2a는 여러분의 목표 달성에 도움이 되는 온라인 정체성을 신중하게 구축하는 연습이 될 것입니다.

- 연습 2b는 여러분이 자신의 데이터를 스스로 통제하고, 소셜 미디어 계정을 보다 강력하고 안전하게 설정하는 데 도움이 될 것입니다.

잘 구성된 그룹이나 팀에 소속되어 문제나 도전을 극복하는 과정은 개인에게 큰 힘과 동기를 심어 줄 수 있습니다. 반면에 제대로 작동하지 않는 팀은 매우 실망스러운 경험을 안겨 줄 수 있습니다. 이러한 차이는 종종 구조적이거나 절차적인 문제 혹은 부족한 리더십과 사람 관리에서 비롯됩니다.

다음을 활용해 볼 수 있습니다.

- 잘 기능하는 그룹을 설정하고 유지하는 데 도움이 되는 연습 2d와 2e
- 리더십과 사람 관리 기능을 연습하고 개발하기 위한 연습 2f와 2g
- 공동체 내에서 효과적인 사회 실천 프로젝트를 기획하고 실행하기 위한 연습 2c

자신의 온라인 자아, 리더십, 관리, 팀워크와 관련된 대인관계 기능을 개발하는 것은 CAS 활동, 그룹 4 프로젝트를 포함하여 DP에서의 성공에 크게 기여합니다.

소셜 미디어의 정체성

2a – 소셜 미디어에서의 자기 표현

숙달 수준
자신의 모든 목표를 달성하기 위해 의도적으로 온라인 자아를 설계할 수 있다면, 해당 ATL 기능을 사용하는 데 있어 전문가 수준에 도달했다고 볼 수 있습니다.

목적:

IB 교육의 목적은 세상을 더 나은 방향으로 변화시킬 수 있도록 여러분의 자질, 지식, 기능을 증진하는 것입니다. 이 과정에는 언어 학습, 지식 이론, CAS 그리고 성찰이나 메타인지를 요구하는 과목들을 통해 자신이 누구인지에 대한 강한 정체성을 형성하는 것이 포함됩니다.

여러분은 인류 역사상 온라인 정체성을 만들어 갈 첫 번째 세대입니다. 이 연습은 여러분이 목표를 성취할 수 있도록 온라인 정체성을 스스로 설계하고 형성하는 데 도움을 줄 것입니다.

소셜 미디어의 세계에서는 인지가 전부입니다. 우리 모두는 자발적으로 제공한 정보와 (종종) 무심코 수집된 정보로 구성된 우리 자신에 대한 관점을 세상에 제시하고 있습니다. 오늘날 모든 사람이 자신에 관한 정보의 성격, 질, 양을 통제하는 방법을 배우는 것은 매우 중요합니다. 그 정보는 세상에 공개되기 때문입니다.

연습 1 – 온라인 인격과 자질

정체성(자아)이란 '나는 누구인가'를 설명하는 자질로, 자신을 다른 사람과 구별 짓는 측면입니다. 다양한 환경에서 자신의 긍정적인 자질을 어떻게 표현할 수 있을지 생각해 보는 것은 유용합니다.

IB 학습자상의 열 가지 자질을 예로 들어 봅시다. 다양한 환경에서 각각의 학습자상 자질을 어떻게 보여 줄 수 있나요?

a. 짝과 함께 활동하세요.

b. 여러분과 같은 학생이 각 환경에서 각 자질을 어떻게 보여 줄 수 있을지 실제 사례나 이론적 예시를 들어 생각해 보세요.

자질	친구와의 직접적인 상호작용에서	소셜 미디어 공개 프로필상에서
원칙을 지키는 사람		
배려하는 사람		
열린 마음을 지닌 사람		
지식이 풍부한 사람		
성찰하는 사람		
사고하는 사람		
탐구하는 사람		
도전하는 사람		
소통하는 사람		
균형 잡힌 사람		

c. 열 가지의 IB 학습자상 자질 중에서 공개 소셜 미디어 프로필을 통해 자신의 대표 자질로 드러내고 싶은 두 가지를 선택하세요. 현재 사용 중인 소셜 미디어 채널에서 이러한 자질을 어떻게 표현할 수 있을지 설명해 보세요.

	나는 다음과 같이 소셜 미디어에서 이 자질을 표현할 수 있다.
자질 1:	
자질 2:	

d. 먼저, '3h 가치와 덕목' 연습을 수행하세요.

e. 3h에서 작성한 내용 중 가장 중요한 덕목 두 가지를 선택하여 다음 칸에 적고, c를 반복하세요.

	나는 다음과 같이 소셜 미디어에서 이 덕목을 표현할 수 있다.
덕목 1:	
덕목 2:	

연습 2 – 내가 저지른 실수

여러분은 인류 역사상 처음으로 소셜 미디어를 통해 다른 사람들과 연결되며 성장한 세대입니다. 성장하면서 소셜 미디어에 대해 더욱 잘 알게 되었을 것이고, 다양한 사람과 관계를 맺으면서 수많은 실수를 저질렀을 것입니다. 아마도 이런 실수들은 후배들에게 유익한 교훈이 될 것입니다.

a. 짝과 함께 활동하세요.

b. 자신이 소셜 미디어에서 저질렀던 가장 큰 실수들, 가령 가장 당황스러웠거나, 의도치 않게 드러났거나, 단순히 현명하지 못했던 행동들을 자세한 설명 없이 주요 내용만 간단히 나열해 보세요.

c. 그런 다음, 각 실수에 대해 후배들이 같은 실수를 피할 수 있도록 좋은 조언을 작성해 보세요.

실수:	다른 사람이 같은 실수를 피하기 위해 할 수 있는 일:
1.	
2.	
3.	
4.	
5.	

d. 다른 사람들의 아이디어도 함께 모아 후배들에게 전달할 수 있는 유익한 자료를 만드는 것을 고려해 보세요.

연습 3 – 나는 누구인가?

a. 다음의 네 가지 질문에 대해 최대한 솔직하고 성실하게 답하세요.

어렸을 때부터 즐겨 했던 일:	아무도 보고 있지 않을 때에도 내가 좋아서 하는 일:	내가 꽤 잘하는 일:	내가 비교적 많이 알고 있는 것:

b. 소셜 미디어를 버겁게 느낄 때는 앞의 목록에 새로운 항목을 추가하는 데 집중해 보세요.

"아무도 보고 있지 않을 때의 내 모습과 사랑에 빠지라." – M. G. V. 킹(M. G. V. King)

연습 4 – 디지털 관계

진정한 관계를 맺기 위해서는 서로의 온라인 자아가 아닌 그대로의 진짜 모습을 받아들이고 좋아할 수 있어야 합니다. 이를 실현하는 두 가지 방법은 첫째, 좋은 사람들을 의도적으로 찾는 것이며 둘째, 한 사람과 맺는 실제 관계와 디지털 관계에 동등한 시간을 투자하는 것입니다.

좋은 사람들을 내 삶으로 끌어들이기 위한 팁:

1. 자신을 알라 - 연습 3에서 만든 목록에 새로운 항목을 추가하는 데 집중합니다.
2. '좋아요'는 사람들이 보이는 것을 좋아한다는 것이지 반드시 여러분을 좋아한다는 의미는 아닙니다.
3. 화가 나거나 감정이 격할 때는 절대 게시물을 올리지 마세요. 꼭

해야 한다면 글만 먼저 써 두되 바로 올리지 말고, 감정이 가라앉은 후에 다시 읽어 보고 게시 여부를 결정합니다.

4. 불쾌하거나, 공격적이거나, 잔인한 말 또는 행동은 하지 않습니다. 익명의 계정일지라도, 자신을 추적할 수 없다 하더라도 그렇게 하지 말아야 합니다.
5. 여러분이 되고 싶은 모습으로 성장할 수 있는 곳에 에너지를 쏟으세요. 세상에는 이미 부정적인 것이 너무 많고, 누군가는 상처를 받을 수 있습니다. 그런 것에 시간과 여지를 주지 마세요.
6. 셀카 실력이 아닌 여러분의 사고력과 관심사를 키우세요.
7. 디지털 디톡스를 실천하고 시각적 자극으로부터 주기적으로 휴식을 취하세요. 매주 하루 혹은 매달 일주일 동안 모든 소셜 미디어를 끄고, 그 시간을 연습 3에서 작성한 목록을 다듬고 완성하는 데 사용해 보세요. 놓치는 것이 생각보다 적다는 것을 알게 될 것입니다.
8. 소셜 미디어 사용 시간을 기록해 주는 앱을 사용해 보세요. 그 시간의 일부를 현실 세계의 사람들과 교류하는 데 사용하세요.

"현실은 당신이 휴대전화를 껐을 때 일어나는 일이다." – 랜스 G 킹(Lance G. King)

연습 5 – 어떤 영향을 받을 것인가

소셜 미디어는 비교 심리를 기반으로 작동합니다. 다른 사람과 자신을 비교하는 것은 스스로를 매우 취약하게 만들 수 있습니다. 먼저, 자신이 누구인지 분명히 알지 못한다면 이러한 비교 때문에 괴로움을 겪게 될 수밖에 없습니다. 물론 십 대라면 자신이 누구인지 모르는 게 당연합니다. 지금 여러분은 끊임없이 탐색하면서 스스로를 알아 가는 중입니다. 소셜 미디어를 통해 여러분이 되고자 하는 모습을 찾아 나가는 데 도움을 얻을 수 있습니다.

현실 세계에서 누구를 존경하나요? 그들의 어떤 점이 좋은가요?

a. 연습 3의 각 항목에서 하나씩 골라 조사를 진행하세요. 각 항목을 가장 모범적으로 보여 주는 인물, 즉 해당 분야에 뛰어나거나 전문 지식을 가졌거나 직접 경험한 사람을 한 명씩 찾아보세요. 조사한 인물의 이름을 다음에 적으세요.

1. ....
2. ....
3. ....
4. ....

b. 여러분이 자주 사용하는 모든 소셜 미디어 플랫폼에서 그들을 팔로우하세요.
c. 인상 깊은 사람들에 대해 꾸준히 찾아 읽으세요.
d. 존경하는 사람들을 모으고 그들을 팔로우하는 습관을 들이세요.

소셜 미디어를 학습 도구로 활용하세요.

a. 장래에 직업으로 삼고 싶은 네 가지 역할을 생각해 보고 각 분야의 리더들을 찾아보세요. 평소 자주 사용하는 소셜 미디어 플랫폼에서 각 분야의 리더들을 팔로우하고 그들에게서 배우세요.

장래에 직업으로 삼고 싶은 분야	이 직업 분야의 대표적인 인물
1.	
2.	
3.	
4.	

b. 화가, 시인, 작가, 배우, 음악가, 과학자, 젊은 사업가, 기업가, 스포츠인, 지역사회 지도자, 정치인, 비즈니스 종사자 등 팔로우할 본받고 싶은 사람들을 찾아보세요.

c. 다음에 목록을 작성하고 가능할 때마다 이 목록에 추가하세요.

내가 팔로우할 본받고 싶은 사람	본받고 싶은 이유

여러분이 팔로우하는 수많은 콘텐츠 중에는 자신을 우울하거나 화나게 만드는 것들도 있을 것입니다. 여러분을 웃게 하고, 꿈꾸게 하며, 기분 좋게 만드는 콘텐츠를 찾아보세요. 그러한 콘텐츠에서 영감을 얻어 예술 작품을 창작하거나 새로운 계획을 세울 수 있으며, 나아가 행동의 변화를 이끌어 낼 수도 있습니다. 소셜 미디어를 사용하여 되고 싶은 사람을 그려 보고 소셜 미디어를 통해 여러분의 꿈을 펼쳐 보세요.

연습 6 – 학업 및 미래의 자아

오늘날 자기 자신을 온라인에서 어떻게 표현하는가는 미래에 영향을 미칠 수 있습니다. 따라서 온라인 정체성을 미리 고민해 두는 것은 미래를 위해 의미 있는 일이 될 수 있습니다. 예를 들어, 영국의 한 TV 쇼 출연자는 10년 전인 15세에 올린 트윗이 인종차별적이라는 사실이 최근 밝혀져 해당 쇼에서 하차해야 했습니다. 미래의 고용주들이 내 이력서에서 iloveunicornsandfairies@gmail.com(유니콘요정러버)와 같은 이메일 주소를 볼 때 어떻게 생각할까요?

소셜 미디어상의 프로필과 이메일 주소를 검토하고 필요에 따라 변경하세요.

온라인 자아	전문적인가요? 선생님께 보여 줄 수 있나요?	미래에 문제가 될 가능성은 없나요?
이메일 주소		
소셜 미디어 이름		
소셜 미디어 프로필 사진		
소셜 미디어 게시물		
소셜 미디어 '공유' 및 팔로우		

연습 7 – 다양한 정체성

소셜 미디어에서 여러분은 어떻게 비치고 싶은지 생각해 보세요. 소셜 플랫폼에 따라 자신의 다른 측면을 보여 주나요?

강조하고 싶은 자신의 특성과 다양한 플랫폼에 가장 적합한 게시물의 유형에 대해 생각해 보고, 각 플랫폼에서 어떤 모습으로 비치고 싶은지 적어 보세요.

플랫폼:	다른 사람들에게 비치고 싶은 나의 모습	이를 위해 내가 전달할 정보 유형
페이스북 또는 유사한 플랫폼		

인스타그램 또는 유사한 플랫폼		
링크드인 또는 유사한 플랫폼		
기타:		

연습 8 – 인플루언서 되기

영향력은 온라인상에서 타인의 생각이나 의견에 변화를 일으킬 수 있는 능력을 말합니다. 한 사람의 영향력이 클수록 특정 아이디어를 홍보하거나 제품을 판매하려는 조직이나 다른 친구, 동료들에게 더 매력적인 존재가 됩니다.

만약 지금 또는 앞으로 자신을 전문가, 사상적 리더, 혹은 인플루언서로 알리고 싶다면 무엇보다도 다른 사람들이 흥미를 느낄 만한 자신만의 목소리, 관점, 시각을 갖추는 것이 중요합니다. 이와 더불어 그 메시지를 목표 대상에게 효과적으로 전달할 수 있어야 합니다.

인플루언서가 되기 위한 다섯 가지 핵심 전략은 다음에 나열되어 있습니다.

a. 이를 읽고, 여러분 또는 여러분의 아이디어를 홍보하기 위해 무엇을 할 수 있을지 생각해 보세요.

b. 자신만의 전략을 작성하고 무엇을 어떻게 할 것인지 구체적인 예시와 함께 계획해 보세요.

무엇을	어떻게 – 예시 전략	여러분은 무엇을 할 것인가요?
1. 신뢰를 얻으려면 다른 사람들에게 가치 있는 콘텐츠를 만드세요. 틈새시장을 겨냥하는 것이 중요합니다. 사람들이 말하는 것을 연구하고 자신만의 브랜드를 확립합니다.	인포그래픽, 연구논문 또는 블로그 게시물을 통해 청중의 필요를 충족시킵니다. 조사를 통해 키워드를 분석하고, 목표 대상을 명확히 파악하는 것이 중요합니다. 잘 작성된 이메일, 블로그 게시물, 논문 등을 짧은 팁, 그래픽 또는 동영상으로 제작합니다.	
2. 콘텐츠 게시 전략을 세워 적절한 시간에 공유하는 것이 중요합니다. 목표 대상이 온라인상에서 활동하는 시간을 고려합니다.	잠을 자는 시간에 훌륭한 생각을 게시해 봐야 소용 없습니다. 사람들이 콘텐츠를 확인할 때 새로운 게시글 및 피드를 확인할 수 있도록 그들의 활동 시간을 고려해 게시해야 합니다.	

3. 사상적 리더로서 모든 일의 최전선에 서기 위해 시의적절한 콘텐츠를 게시합니다.	콘텐츠를 게시할 때 자신만의 관점과 생각으로 그 내용과 중요성을 설명함으로써 전문성을 보여 줍니다. 시의적절하고 흥미로우며 유익한 콘텐츠를 올리면 '공유' 횟수가 늘어남에 따라 도달 범위가 확대되고, 더 활발한 참여를 이끌어 낼 수 있습니다.	
4. 같은 생각을 가진 사람들과 유대 관계를 형성하여 유사한 관심사를 공유하는 네트워크를 만듭니다.	숫자가 아닌 관계 구축에 집중합니다. 콘텐츠 교류를 통해 다른 사람들과 소통하다 보면 관계가 더욱 깊어지고, 이는 곧 상대방이 내 콘텐츠를 공유하게 되는 계기가 될 수 있습니다. 이것은 서로에게 이익이 될 뿐만 아니라, 양쪽 모두 더 큰 규모의 청중을 얻는 데 기여합니다.	
5. 청중과 협력하고 소통합니다. 일방적으로 말하기보다는 상호 교류하는 방식으로 소통해야 합니다. 적극적인 참여자가 됩시다.	소셜 미디어의 관계 구축 측면을 잊지 말아야 합니다. 팬, 팔로워 및 잠재 고객이 나와 나의 아이디어에 대해 말하는 것을 경청합니다. 어떤 의견이 오가고 있는지 파악하면 대화에 참여하고 시의적절한 조언이나 정보를 공유할 수 있습니다.	

소셜 미디어의 보안

2b – 자기 데이터 관리와 소셜 미디어에서의 정체성 지키기

숙달 수준

자신의 모든 디지털 데이터에 대한 접근과 사용을 완전히 제어할 수 있을 때, 해당 ATL 기능을 사용하는 데 있어 전문가 수준에 도달했다고 볼 수 있습니다.

목적:

소셜 미디어는 데이터 저장 및 모든 게시물 정보에 대한 접근성이라는 또 다른 잠재적 문제를 안고 있습니다. 이 문제는 개인이나 기업이 한 사람의 개인정보에 어느 정도까지 접근할 수 있는가와 관련되어 있습니다.

다음 연습을 통해 여러분은 자신의 데이터를 스스로 관리하고 소셜 미디어 계정을 보다 강력하고 안전하게 설정할 수 있을 것입니다.

연습 1 – 소셜 미디어 스트레스

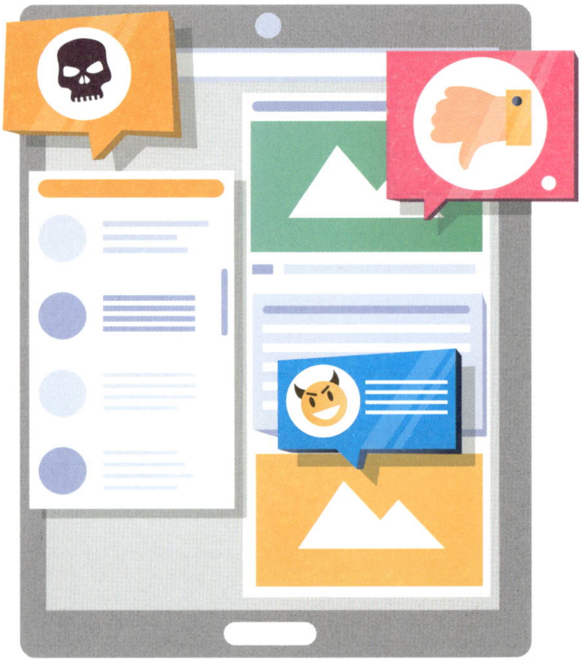

심리적 어려움을 겪게 되었을 때 가장 먼저 취해야 할 전략은 무엇일까요?

누군가에게 자신의 상황을 알리는 것입니다.

소셜 미디어 활동 중 불안감이나 불편함 또는 위협을 느끼나요?

누군가에게 자신의 상황을 알려야 합니다.

누군가로부터 위협적이거나 악의적인 메시지를 받았나요?

화면을 캡처하여 믿을 수 있는 사람에게 알려야 합니다.

소셜 미디어를 사용하다 보면 편협한 시각을 갖게 될 수 있습니다. 이로 인해 상황이 감당하기 어렵게 되었다면?

누군가에게 자신의 상황을 알려야 합니다.

온라인만이 유일하게 안전한 공간이라고 느끼나요?

온라인상의 믿을 만한 사람에게 알려야 합니다.

누구에게 자신의 상황을 털어놓을 수 있을지 생각해 보세요.

a. 짝과 함께 활동하세요.

b. 앞과 같은 상황에서 도움을 요청할 수 있는 학교 및 지역사회 내에서 믿을 만한 사람들의 이름과 이메일 주소를 알아 두세요.

c. 학교나 가정에서 상담사 또는 건강 관련 전문가의 도움을 구하세요. 온라인상에서 소셜 미디어 스트레스를 전문적으로 다루는 신뢰할 만한 서비스를 검색해 보세요.

d. 담임선생님, 사서 선생님, 교장 선생님, 부모님께 다음 정보를 여쭤 보고 표에 기재하세요.

이름	담당 역할 및 직접 지원받을 수 있는 도움	이메일 주소	전화번호	연락 가능한 시간

e. 이 연습 활동을 완료한 다른 학생들과 함께 모여 노트를 비교하세요.

f. 모든 관련 인물의 종합 목록을 만드세요.

g. 전교생에게 취합한 정보를 제공할 수 있도록 동의를 구하세요.

h. 이 목록을 학교 학습관리시스템(LMS)에 디지털 형태로 올리거나 인쇄 후에 코팅하여 각 교실에 부착할 수 있습니다. 학생들에게는 가정용 축소 버전을 나누어 주세요.

연습 2 – 개인정보보호법

대부분의 국가에는 정보 보호법이나 개인정보보호법이 있지만 일반 대중은 이에 대해 잘 모르는 경우가 많습니다. 이러한 법률들은 대체로 최근에 제정된 경우가 많습니다. 여러분 국가의 관련 법률은 어떤가요?

a. 현재 여러분의 국가의 정보 보호법과 개인정보보호법에 대해 알아보세요.

b. 학생으로서 관련 있는 법률(예: 사이버 폭력 방지법)을 선택하고, 그 명칭과 내용을 자신의 말로 설명해 보세요. 각 법률의 목적이 무엇인지, 무엇을 방지하려는 것인지 설명하세요.

법률명	설명

연습 3 – 해킹으로부터의 보안

2016년 사이버 범죄로 발생한 비용은 6천억 달러에 달하는 것으로 추정됩니다. 개인 보안이 철저하지 않으면 해킹에 취약할 수 있습니다. 개인 디지털 보안을 강화하기 위한 몇 가지 방법은 다음과 같습니다.

비밀번호:

- 비밀번호는 숫자, 영문(대문자 포함), 구두점 및 특수 기호를 포함해야 합니다.
- 사전에서 찾을 수 있는 단어를 사용하지 않습니다.
- 흔하지 않은 외국어 단어를 몇 개 배운 뒤, 모음을 숫자로 대체하고(예: e=3, o=0, i=1) 대문자로 시작합니다.
- 사용하는 플랫폼마다 서로 다른 비밀번호를 설정합니다.
- 은행과 주요 이메일 계정에는 가장 강력한 비밀번호를 사용합니다.
- 다양한 비밀번호를 보관할 가장 안전하고 해킹 염려가 없는 곳은 수첩이나 일기장입니다. 하지만 이 경우에도 분실이나 노출에 각별히 주의해야 합니다. 다른 방법으로는 휴대전화에 잠금 기능을 설정하고 모든 비밀번호를 저장해 두는 것을 고려해 볼 수 있습니다.
- 새 플랫폼에 가입할 때, 출생증명서의 이름이 아닌 다른 이름으로 계정을 만들고 콘텐츠를 비공개로 설정합니다.
- 온라인 계정이 잠겼을 때는 생년월일, 주소, 첫 차량 모델, 첫 반려동물 이름, 어머니의 별명 등 개인정보를 확인하

는 보안 질문이 제시되는 경우가 많습니다. 이 정보를 온라인에서 공개적으로 찾을 수 있다면 누구나 계정에 접근할 수 있을 것입니다. 그러므로 일부 정보는 공개하지 않거나 오프라인으로 관리해야 합니다.

- 계정이 해킹당했는지 확인하려면 'haveibeenpwned.com'에 접속하세요. 해킹된 계정이 있다면 비밀번호를 변경하거나 계정을 삭제해야 합니다.

연습 4 – 개인 데이터의 무단 사용으로부터 보안 유지하기

우리가 이용하는 소셜 미디어 플랫폼이 만약 무료라면 그 플랫폼이 팔고 있는 진짜 상품은 다름 아닌 '우리 자신'이라는 점을 반드시 인식해야 합니다. 좀 더 구체적으로 말하자면 플랫폼의 상품은 바로 여러분의 데이터입니다. 모든 소셜 미디어 플랫폼의 주요 수입원은 광고이며, 광고는 고객 데이터에 대한 접근에 많은 비용을 지불합니다. 여러분의 데이터가 상품으로 판매되지 않기를 원한다면 다음 단계를 취해야 합니다.

- 플랫폼 사용을 시작하기에 앞서 '항상' 개인정보 설정을 확인하세요. 자신의 위치 정보, 마이크 및 카메라 접근, 얼굴 인식 기능, 맞춤형 광고 전송, 제삼자와의 데이터 공유는 비활성화해야 합니다. 만약 서비스 개선 목적으로 데이터를 전송할 경우에는 익명으로 처리하세요.

- 여러 개의 이메일 주소를 만들어 플랫폼마다 다른 이메일을 사용하세요.
- 사용하지 않을 때는 카메라 위치 서비스 접근 기능을 끄세요.
- 2주마다 캐시와 쿠키를 삭제하세요.
- 브라우저에서 제삼자 쿠키를 차단하고 '추적 금지' 요청을 보내도록 설정하세요.
- 온라인 검색 시에는 이메일 계정과 연결되지 않은 익명 상태를 유지하도록 항상 비공개 브라우징 모드를 활용하는 것이 좋습니다.
- 검색 엔진의 검색 기록 저장 기능을 비활성화하세요.
- Duckduckgo.com과 같이 검색자의 개인정보 보호를 강조하는 검색 엔진을 사용하세요.
- 사용하려는 모든 플랫폼이 어떻게 작동하는지 먼저 배우세요. 코딩을 배우고, 보안과 하드웨어에 대해 배우세요.
- 자신의 대체 방법을 개발하세요.
- 더 나은 세상을 만들기 위해 노력하세요.

여러분의 개인정보는 보호받을 권리가 있습니다.

사회적 행동

2c – 사회적 이익을 가져오는 행동 취하기

숙달 수준

사회적 필요를 쉽게 파악하고 사회적 이익을 창출을 위해 행동할 수 있다면, 해당 ATL 기능을 사용하는 데 있어 전문가 수준에 도달했다고 볼 수 있습니다.

목적:

이는 CAS 프로젝트를 계획하고 수행하는 데 필요한 기능입니다. CAS 과정에서는 자기 자신과 친구들의 질문과 호기심을 자극하는 관심사를 깊이 조사하여 연구합니다. 또한 직접 활동을 계획하고 수행하며, 이 과정을 성찰함으로써 자신이 미칠 수 있는 영향력에 대한 이해를 기르게 됩니다.

다음 연습들은 CAS 프로젝트의 기초를 다지는 것으로, 사회적 필요를 충족시키기 위한 효과적인 사회적 행동을 다룹니다.

연습 1 – 사회적 필요 인식하기

대부분의 사회에서 발생하는 사회적 필요는 자원의 불균등한 분배에서 비롯되는데 이러한 사회의 특징은 다음과 같습니다.

- 취약계층: 식량, 의복, 주거지 등 기본적인 자원이 부족해 불이익을 받는 사람들
- 낭비되는 자원: 식당에서 버리는 음식물, 폐 포장재, 남는 의류, 오래된 컴퓨터 장비 등
- 부족한 자원: 깨끗한 물과 공기, 깨끗하고 쾌적한 환경, 안전한 이웃, 유용한 기술 등

여러분이 공부하는 과목을 떠올려 보세요. 지식 이론을 포함한 여섯 과목 모두에서 평등, 자원 분배, 자원 관리, 윤리 그리고 사회의 역할과 같은 개념을 탐구했을 것입니다.

사회적 필요를 인식하려면 IB 학습자상 또는 다른 윤리적 행동 체계에서 비롯된 윤리적 원칙을 자신 주변에 적용하여 불이익이 발생하는 지점을 파악해야 합니다. 이것이 CAS 단계 중 조사 단계에 해당합니다.

a. 모둠으로 활동하세요.

b. 여러분이 사는 마을이나 도시를 떠올려 보고, 사회적 필요, 낭비되는 자원 및 부족한 자원의 예를 가능한 한 많이 찾아 다음 표에 작성해 보세요.

소외된 사람들		낭비되는 자원		부족한 자원	
어떤 사람들인가요?	무엇이 필요한가요?	어떤 자원인가요?	어디에서 발견되나요?	어떤 자원인가요?	어디에 필요한가요?

연습 2 – 사회적 행동을 위한 아이디어 생성하기

사회적 필요와 자원을 파악했다면 이제 이것들을 연결할 창의적인 방법을 생각해야 합니다. 이는 사회적 필요를 해결하기 위해 효과적이고 윤리적인 행동을 실천하는 것을 의미합니다. 이 과정은 사회적 필요를 파악하고, 필요한 자원을 찾아 두 가지를 직접 또는 간접적으로 연결하는 것을 포함합니다.

이는 CAS 단계 중 조사에서 준비 단계로 넘어가는 과정입니다.

a. 재분배 – 앞에서 확인한 낭비되는 자원 중 하나를 필요 영역 중 하나와 연결할 수 있는 가능한 방법을 생각해 보세요.

b. 자원 조달 – 특정한 사회적 필요를 충족시키기 위해 필요한 자원이나 이것을 구할 수 있는 곳을 생각해 보세요.

c. 창조 – 낭비되는 자원을 사용하거나, 자원 부족을 극복하거나, 특정 취약계층의 필요를 충족시키는 창의적인 방법 한 가지를 생각해 보세요.

연습 3 – 사회적 필요를 해결하기 위한 행동 취하기

이제는 CAS 준비 단계에서 행동 단계로 넘어갑시다. 모둠으로 연습 2에서 선택한 가장 실용적인 아이디어를 활용하여 다음 단계에 따라 목표 달성을 위한 계획을 세우고 실행해 보세요.

a. 여러분의 목표:

여러분이 취해야 할 단계 (순서대로)	각 단계의 마감일	각 단계에 필요한 자원	필요한 자원을 얻을 수 있는 곳
1.			
2.			
3.			
4.			
5.			
6.			

b. 이제 실행에 옮기세요.

c. 계획을 구성하고 역할을 분담한 후에 실행하세요.

d. 1단계부터 시작하세요.

e. 각 단계를 진행하면서 마주치는 문제와 걸림돌을 다음 표에 적고 각각을 극복하기 위한 해결책을 기록하세요. 성찰은 CAS 단계에서 매우 중요합니다.

단계	예상치 못한 걸림돌이나 문제	시도할 해결책	결과	결론
1				
2				
3				
4				
5				
6				

f. 효과적인 사회적 행동을 취하는 것이 쉽지 않다는 점을 항상 기억해야 합니다. 쉬운 일이라면 이러한 사회적 필요는 존재하지 않았을 것입니다.

g. 자원의 필요를 충족시키거나, 누군가의 어려움을 덜어 주기 위한 모든 행동은 언제나 가치 있는 일입니다.

디지털 그룹

2d – 특정 목표를 달성하기 위한 효과적인 디지털 협력관계 만들기

숙달 수준

디지털 환경에서 또래와 전문가를 비롯한 다양한 대상과 자신 있게 소통하고 공유하며 협업할 수 있다면, 해당 ATL 기능을 사용하는 데 있어 전문가 수준에 도달했다고 볼 수 있습니다.

목적:

그룹 4 프로젝트와 지식 이론 발표는 DP에서 협업이 중요한 대표적인 예시입니다. 교실 밖 협업 그룹에는 스포츠, 음악, 문화 또는 학술 그룹 등이 포함될 수 있습니다.

IB는 학습을 사회적이고 협력적인 과정으로 보기 때문에 효과적인 협업 그룹을 구성하고 유지하는 능력은 매우 중요합니다. 특히 온라인 환경에서의 협업 방식은 학교 안팎에서 좋은 성과를 내는 데 필수적입니다. 취업 후에는 다양한 프로젝트에서 여러 팀이나 그룹과 함께 일하게 될 것이며, 이러한 기능이 매우 중요할 것입니다.

설명:

디지털 그룹이나 팀에서 협업하면 다른 학교, 도시, 문화 및 국가의 사람들과 함께 일할 수 있습니다. 다양한 그룹과 협업하는 것이 항상 쉽거나 모두에게 잘 맞는 것은 아닐 수 있습니다. 하지만 이는 어떤 문제에 대한 폭넓은 경험과 관점을 모으는 최적의 방법이며, 작업 부담을 줄이면서 그룹 목표를 달성하는 데 매우 생산적인 방법이 될 수 있습니다.

연습 1 – 디지털 그룹 설정

이 연습의 목적은 온라인 협업을 연습하며 사용해 본 다양한 방법과 매체의 장단점 및 디지털 그룹 작업의 이점과 문제점을 명확히 파악하는 것입니다.

a. 먼저, 조사하고자 하는 프로젝트나 문제 또는 관심 영역에 대한 명확한 개요가 필요합니다. 여기에는 기한과 달성 목표가 포함되며, 이는 선생님께 제공받거나 직접 구상할 수 있습니다.

b. 그 후에는 목표 달성을 위해 협업하고자 하는 그룹을 구성해야 합니다. 따라서 첫 번째 질문은 그룹 구성원을 어떻게 찾을 것인가입니다.

해결해야 할 문제 또는 프로젝트의 제목	
프로젝트의 세부 사항, 상세 설명 또는 채점 기준	
완료 기한	
관심 있는 사람들을 찾기 위해 사용할 인터넷 플랫폼	

c. 몇몇 관심 있는 사람들이 모이면 그룹의 규범을 정하고 모든 구성원의 동의를 얻어야 합니다. 예를 들면 다음과 같습니다.

i. 모든 구성원이 같은 플랫폼을 사용하여 아이디어를 논의할 수 있도록 미리 정한 시간(예: 일주일에 한 번)

ii. 그룹 회의 외에 모든 구성원과 정보를 공유하는 시스템

iii. 가능하면 모든 회의에 참석하겠다는 약속

iv. 완료 기한 및 일정

v. 참여 규칙은 자체적으로 만들 수 있지만 몇 가지 제안 사항은 다음과 같습니다.

- 모든 그룹 구성원은 매 회의마다 기여할 기회를 갖습니다.
- 모든 관점에 귀를 기울입니다.
- 모든 참여를 소중히 여깁니다.
- 모든 결정은 합의에 의해 이루어집니다.

d. 각 그룹의 구성원이 자신의 강점, 관심 분야 그리고 이 프로젝트에 참여하게 된 계기를 밝히도록 합니다. 효과적인 그룹 형성 및 유지에 대한 자세한 내용은 2e를 참조합니다.

e. 그런 다음, 누가 다음과 같은 역할을 맡을지 그룹 내에서 역할을 정하는 것이 유용할 수 있습니다.

i. 회의 주최자

ii. 정보 관리자

iii. 자료 조사 담당자

iv. 작성자 등

또한 이러한 역할이 고정되어 있는지 아니면 그룹 구성원 사이에 돌아가면서 맡을 것인지의 여부도 결정합니다.

f. 그룹을 조직하는 또 다른 방법은 전체 프로젝트를 세분화하여 각 구성원에게 특정 작업을 할당하고, 그 결과를 보고하도록 하는 것입니다.

연습 2 – 유지 관리 및 지원

디지털 그룹이 형성되면 서로 돕고 정보를 효율적으로 공유할 최적의 방법을 찾는 것이 중요합니다. 공동으로 문서 작업을 하다 보면 모든 변경 사항을 동기화하고, 잘못된 버전이 이메일로 전달되거나 유실되는 등의 문제가 발생하기 쉽습니다. 적절한 온라인 도구를 활용하면 시간과 수고를 덜 수 있지만 시중에 나와 있는 모든 도구에 능숙한 사람은 없습니다. 각 프로젝트를 진행하면서 그룹의 구성원들이 반드시 작성해야 할 중요한 문서가 있습니다. 이 문서에는 프로젝트 중 활용했던 모든 디지털 도구와 플랫폼을 나열하고, 특히 유용했던 것들을 선별하여 기록해야 합니다.

a. 다음의 문서를 공유 문서로 설정하고 그룹의 구성원 모두가 가능한 한 자주 내용을 추가하도록 권장하세요.

	웹사이트, 미디어, 앱 등의 이름 및 URL	장단점
서면 정보를 공유하기에 가장 좋은 플랫폼		
디지털 비디오 클립을 공유하기에 가장 좋은 플랫폼		
전체 그룹과 대면 소통에 가장 좋은 플랫폼		
기타 사항		

연습 3 – 과제 위임

CAS 프로젝트와 지식 이론 그룹 발표는 지속적인 협업을 권장하도록 설계되었습니다. 이는 과제를 완료하여 팀워크의 이점을 발견하는 데 도움이 됩니다. 이러한 프로젝트는 주도성과 인내력과 같은 자질을 발휘하면서 협력, 문제 해결 및 의사결정과 같은 기능을 사용하도록 유도합니다. 때로는 친구들과 함께 작업하고, 때로는 잘 모르는 반 친구들과 그룹으로 협업하게 됩니다. 효과적인 그룹의 핵심 기능 중 하나는 업무 위임 또는 분담입니다.

연습 1에서 설정한 디지털 협업에서는 완료해야 할 과제와 지켜야 할 마감일이 있으므로 그룹이 프로젝트를 완수하기 위해서는 효과적인 위임이 중요합니다.

완료해야 할 특정 과제가 있을 때는 그룹을 소집하여 모두가 내용을 정확히 이해하도록 조율한 후, 다음 표를 활용해서 효과적으로 업무를 위임하는 방법을 익히세요. 다음 표에 따라 각 단계에 대해 논의하고 합의한 후, 진행 상황에 맞춰 표를 작성합니다.

a. 프로젝트의 이름을 정하고 마감일을 명확히 적으세요.

b. 완료해야 할 모든 작업을 완료 순서대로 나열하세요.

c. 각 작업을 완료하는 데 걸리는 시간을 추정하세요.

프로젝트 이름: 완료 마감일:				
모든 작업의 논리적 순서 나열	작업별 예상 소요 시간	작업별 완료일	작업별 가장 빠른 시작 시점	담당자

d. 각 작업마다 완료일을 정하세요. 언제까지 완료해야 하나요?

e. 두 가지 유형의 작업이 있음을 주목하세요.

  i. 이 작업들은 완료 기한만 지킨다면 언제든지 시작할 수 있습니다. 즉, 시작일은 유동적이지만 마감일은 준수해야 합니다.

  ii. 다른 작업이 완료된 후에야 시작할 수 있는 작업으로 시작일과 완료일 모두 동일하게 중요합니다. 앞의 표에서 모든 유형 ii 작업을 강조 표시하세요.

f. 유형 ii 작업은 프로젝트 일정을 구성하는 중요 작업입니다. 각 중요 작업의 시작 날짜 및 시간을 계산하여 앞의 표에 작성하세요.

g. 그룹의 구성원들에게 자신의 강점을 고려하여 정해진 일정 내에 수행할 수 있다고 생각하는 모든 작업 옆에 이름을 적도록 요청하세요.

h. (리더가 있는 경우) 그룹의 리더의 주도하에 또는 그룹 구성원 간의 합의를 통해 각 작업의 담당자를 결정하세요.

i. 자신이 맡은 특정 작업을 다른 색으로 강조 표시하세요.

연습 4 – 스터디 그룹 만들기

존 헤이티의 '학습의 가시화'(2008) 연구에 따르면 학생들의 학업 성과를 높이는 가장 효과적인 전략은 학생들이 서로를 가르칠 기회를 마련해 주는 것입니다. 이는 스터디 그룹을 형성하는 것을 의미합니다.

스터디 그룹은 디지털 협업일 뿐만 아니라 서로 가르칠 기회를 갖는 정기적인 대면 모임도 필요합니다.

a. 학업 성적 향상에 관심이 있는 학생 3~5명을 모집하여 다음 표에 정보를 작성하게 하세요. 이렇게 하면 그룹의 구성원 모두가 서로의 정보를 공유할 수 있습니다.

그룹 구성원	학업적 강점 – 가장 잘하는 과목	개선이 필요한 학업 영역 – 가장 어려운 과목
1.		
2.		
3.		
4.		
5.		
6.		

다양한 능력, 강점 및 약점을 가진 스터디 그룹을 만들도록 노력하세요. 첫 번째 모임 중에 다음을 수행하세요.

b. 매주 최소 1시간 동안 만날 수 있는 시간과 장소를 정하세요.

우리는 ________________ 에서 만날 것입니다.

c. 그룹의 구성원 모두에게 어떤 과목에서든 성공하는 데 도움이 되었던 자료를 최소한 하나씩 다음 표에 추가하도록 요청하세요.

d. 다음 표를 공유 디지털 문서로 전환하고, 그룹의 구성원들에게 어떤 과목에서든 유용한 것을 발견할 때마다 추가하세요.

과목	웹사이트, 비디오 클립, 소프트웨어, 앱 등의 이름 및 URL	각 자료의 장점(및 단점)
1.		
2.		
3.		
4.		
5.		
6.		

e. 그룹의 구성원들이 어떤 과목이든 이해하지 못하는 부분에 대해 서면 또는 실시간으로 질문할 수 있도록 채팅 서비스(모든 플랫폼)와 연동된 공유 디지털 문서를 설정하세요. 서면 문서의 경우에는 다음과 같은 시작 문구를 사용할 수 있습니다.

- 이해가 되지 않는 것은 ________________ 입니다.
- 내가 어떻게 ________________ 할 수 있나요?
- 내가 ________________ 하려면 무엇을 해야 하나요?
- 내가 알아야 할 것은 ________________ 입니다.
- 내가 도저히 이해가 안 되는 것은 ________________ 입니다.
- 선생님(또는 교과서)께서 ________________ 라고 말씀하실 때 그것은 무슨 의미인가요?

f. 대면으로 만날 때마다 먼저 e의 질문을 다루고, 모든 그룹 구성원에게 의견이 있는지 물으세요.

g. d의 표에 제시된 그룹 구성원들의 모든 질문과 그에 대한 답변은 영구적인 기록으로 남겨야 합니다.

h. 각각의 대면 그룹 모임에서 각 그룹의 구성원 각자에게 다음을 요청하세요.

1. 어려움을 겪고 있거나 이해하지 못하는 내용을 설명하세요.
2. 지난주 수업에서 잘 이해했다고 느끼는 내용을 전체 그룹에 가르치세요.

i. 특정 과목이나 주제 또는 과제를 이해하는 학생과 그렇지 않은 학생을 짝지어 주세요. 서로 이해한 내용을 공유하기 위해 함께 활동하도록 하세요.

팀

2e – 효과적인 그룹과 팀 구성 및 유지

숙달 수준

친구들과 협력 그룹을 형성하고 유지하면서 효과적으로 자신의 몫을 해낼 수 있다면, 해당 ATL 기능을 사용하는 데 있어 전문가 수준에 도달했다고 볼 수 있습니다.

목적:

DP에서는 협력 기능을 연습하고 발전시킬 수 있는 많은 기회가 있습니다. 예를 들어, 소논문 연구의 일환으로, 그리고 지식 이론 발표 준비 과정에서 협력 기능을 개발할 수 있습니다. 과학 과목에서는 실험실 과제, 그룹 4 프로젝트, 연구 조사의 발전 및 데이터 수집 등에서 협력 기능에 대한 평가가 이루어집니다. 연극 과목은 학생들이 공연에서 다양한 역할을 맡을 때 높은 수준의 협력을 요구합니다.

연습 1 – 최근의 협력

최근 학교에서 협력 학습에 참여했던 경험을 떠올려 보세요. 어떤 과목이든 상관없이 짝을 이루거나 그룹의 일원으로 함께 작업했던 경험 말이죠. 학습목표를 성공적으로 달성한 때와 그렇지 못했던 때를 떠올려 비교해 보세요.

효과적인 협력의 세 가지 핵심 측면인 대인관계형 의사소통, 갈등 해결, 과제 관리에 대해 생각해 보세요. 그리고 각각의 측면에서 본인의 경험을 바탕으로 효과적인 예시와 비효과적인 예시를 하나씩 들어 설명해 보세요.

핵심 측면	효과적인 것은 무엇인가요?	효과적이지 않은 것은 무엇인가요?
대인관계형 의사소통		
갈등 해결		
과제 관리		

연습 2 – 효과적인 그룹 및 팀 구성하기

모든 그룹이나 팀에는 다양한 기능과 능력을 가진 사람들이 있으며 그룹이 잘 작동하기 위해 필요한 특정 역할도 있습니다. 가장 효과적인 그룹이나 팀은 모든 구성원의 강점을 생산적으로 최대한 활용하고 모든 구성원의 약점을 균형 있게 조정하는 그룹입니다.

다음에 선생님께 그룹 과제를 받게 된다면 공동의 목표를 달성하기 위해 노력할 강력하고 헌신적인 팀을 만드는 것을 목적으로 이 과정을 활용해 보세요.

먼저, 그룹에서 완료해야 할 과제가 무엇인지 명확히 정의해야 합니다.

- 무엇을 해야 하는지, 어떤 질문에 답해야 하는지 파악하세요.
- 과제나 프로젝트를 언제까지 완료해야 하나요?
- 과제를 성공적으로 완수했다고 판단하는 기준은 무엇인가요? 선생님이 기대하는 것은 무엇인지, 어떻게 채점 · 평가되는지, 가장 중요한 평가 기준은 무엇인지 확인하세요.

a. 과제를 완수하기 위해 모둠에서 맡을 역할을 정하세요. 팀원 수만큼 역할을 만들고, 각 역할에 필요한 책임과 업무를 설명하세요.

b. 다음 표에 제시된 역할을 활용하거나, 여러분이 직접 역할을 만들어 사용해도 됩니다.

역할	역할 설명
팀장	모든 팀원이 과제에 집중할 수 있도록 이끕니다.
질문 기획자	선생님의 질문을 구체적인 하위 질문들로 세분화한 다음, 이를 조사자에게 전달하여 필요한 정보를 찾도록 합니다.
조사자	질문에 답하기 위한 정확한 정보를 찾습니다.
기록자	조사자가 찾은 중요한 내용을 요약하여 기록합니다.
작성자	기록자가 정리한 핵심 내용을 바탕으로 초안 문서를 작성합니다. 이해가 부족한 부분을 찾아 내고, 질문 기획자에게 추가 정보가 필요한 부분을 전달합니다.

c. 다음 표의 1열에 자신을 제외한 다른 모든 팀원의 이름을 적으세요.

d. 그다음 '타인이 생각하는 강점' 열에 다른 모든 팀원의 강점이라고 생각하는 것을 적으세요. 특히 이 프로젝트에 유용할 수 있는 강점을 적으세요(예: 사람들을 조직하기, 아이디어 내기, 명확하게 글쓰기, 자료 조사하기 등).

e. 표를 돌려 가며 팀원 모두가 서로의 강점이라고 생각하는 것을 두 번째 열에 적으세요.

팀원 이름	타인이 생각하는 강점	자신이 생각하는 강점
1.		
2.		
3.		
4.		
5.		
6.		

f. 팀 전체가 논의하여 팀의 역할을 프로젝트 전체 기간 동안 유지할지, 아니면 역할을 교대로 바꿀지를 결정하세요. 역할을 교대로 바꾸기로 결정했다면, 얼마나 자주 바꿀지도 정하세요.

g. 전체 그룹이 논의하여 팀장을 맡을 사람을 선정하세요. 팀장의 첫 번째 임무는 각 역할을 누가 맡을지 결정하는 것입니다.

h. 팀장은 각 팀원에게 역할을 배정하세요.

i. 팀장은 모든 사람이 각자의 과제를 완수하는 데 필요한 자료와 자원을 갖추도록 하세요.

j. 팀장은 작업 일정(언제까지 무엇을 완료해야 하는지)을 정하세요.

k. 팀은 첫 번째 과제부터 작업을 시작하세요.

l. 팀장은 모든 팀원이 맡은 과제를 제대로 수행할 수 있도록 지도하고 관리하세요. 팀 과제가 모두 완료되면, 과정이 얼마나 성공적이었다고 생각하는지에 대해 모든 팀원이 피드백을 나누어야 합니다. 다음 연습 3을 참고하여 이를 잘 수행하는 방법을 확인하세요.

m. 이어서 팀장이 과제 배정, 팀원들의 집중력 유지 그리고 팀원 지원에 대한 역할을 얼마나 잘 수행했는지 논의하세요.

연습 3 – 피드백 주고받기

온라인 공유 도구를 활용한 협업에 익숙해지면 서로의 작업을 검토하고, 편집하며, 평가하면서 도움을 주고받아야 합니다. 이 과정은 처음에는 몇몇 사람이 불편하게 느낄 수 있지만 그룹에서 최상의 결과를 얻기 위해서는 모두가 신뢰할 수 있는 견고한 과정이 되어야 합니다. 먼저, 피드백 체계를 구축해야 합니다.

다른 사람에게 줄 수 있는 피드백은 긍정적 피드백, 중립적 피드백 그리고 변화를 위한 피드백의 세 가지 유형으로 나뉩니다. 모두 동등하게 유용하며 각 유형의 피드백을 주고받는 데 능숙해야 합니다. 그룹의 구성원끼리 피드백을 주고받는 목적은 모두가 더 잘할 수 있도록 성과를 향상시키는 것입니다.

피드백의 규칙은 사실에 충실하고, 감정적인 반응을 피하며, 항상 그룹의 결속력과 목표를 염두에 두는 것입니다.

피드백 연습: 그룹의 모든 구성원이 이 연습을 실시합니다.

a. 짝과 함께 서로의 학습지나 필기 노트를 교환하세요.

b. 짝이 작성한 내용을 검토하고, 무엇을 어떻게 썼는지 또는 문서의 시각적 구성에 대해 피드백을 주세요. 그다음에 상대방이 어려분의 글에 대한 피드백을 줄 때 경청하세요.

c. 잊지마세요! 모든 유형의 피드백에 유일하게 허용되는 응답은 "고마워."라고 말하는 것입니다. 그 외에 다른 말은 필요하지 않습니다. 자신을 설명하거나, 변명하거나, 정당화하려 하지 말고 그저

"고마워."라고만 말하세요.

d. A 학생이 먼저 시작하여 B 학생의 글에서 좋았던 점 한 가지를 말합니다.

e. B는 "고마워."라고 답합니다.

f. 이번에는 중립적인 피드백, 즉 사실에 기반한 의견을 제공하며 같은 연습을 반복합니다.

g. 이번에는 변화를 위한 피드백, 즉 상대방이 작성한 작업을 개선하기 위해 바꿔야 한다고 생각하는 것에 대해 같은 연습을 다시 반복합니다.

h. 매번 "고마워."라고 말하는 것을 잊지 말아야 합니다.

여러분이 모두 좋은 피드백 체계를 활용할 수 있다면 훨씬 더 많은 성과를 달성할 수 있을 것입니다.

연습 4 – 동료 평가

현재 진행 중인 작업에 대해 서로 명확하고 정확한 피드백을 주고받으면 모두 함께 발전할 수 있습니다. 피드백은 상대방에 대한 판단 없이 좋은 점과 개선할 수 있는 점에만 초점을 맞추어야 합니다. 다른 학생들의 피드백과 도움은 학생들의 성과를 향상시키는 데 매우 효과적인 방법으로 입증되었습니다. 자세한 내용은 2d 연습 4를 참조합니다.

a. 다른 학생들이 피드백을 줄 수 있도록 그룹의 구성원들에게 현재 진행 중인 작업을 보여 줄 준비가 되어 있어야 합니다. 디지털 환경에서 이를 효과적으로 수행하려면 문서에 대한 다음과 같은 서면 피드백 절차를 수립해야 합니다.

b. 예를 들어, 사전 허가 없이는 누구도 작업의 어떤 부분도 복사할 수 없습니다.

c. 워드를 사용할 때는 '변경 내용 추적' 기능을 활용해 모든 피드백이 해당 팀원에게 정확히 제공되도록 하세요. 이 기능은 부적절한 댓글이나 온라인 괴롭힘을 방지하는 데 매우 중요합니다.

d. 모든 피드백은 건설적이어야 하며 그룹의 목표 달성을 돕는 것을 목표로 합니다.

e. 모든 그룹의 구성원의 기여는 동등하게 가치가 있다는 것을 잊지 마세요.

f. 부적절한 댓글이 있으면 해당 구성원에게 그룹을 떠나도록 요청해야 합니다.

리더십

2f – 리더십 자세, 자질, 모델 및 행동

> **숙달 수준**
> 자신감을 가지고 팀을 이끌며 구성원들에게 동기를 부여할 수 있고, 다른 사람들로부터 자연스럽게 리더로 인정받을 때, 해당 ATL 기능을 사용하는 데 있어 전문가 수준에 도달했다고 볼 수 있습니다.

목적:

리더십은 어떤 사람들에게는 자연스러운 것이고 또 어떤 이들에게는 학습되는 기능입니다. 이 기능은 CAS 프로젝트를 수행하고 조직하거나 그룹 공연 또는 발표와 같이 공통의 목표를 달성하기 위해 팀이나 그룹이 구성될 때 유용하게 활용됩니다. 오늘날 리더들이 보여 주는 가장 중요한 기능 중 일부는 공감하기, 다른 사람의 관점과 아이디어를 적극적으로 경청하기, 다른 사람의 참여 장려하기, 논의 전개하기, 합의 도출하기, 의사결정하기 등이 있습니다.

리더십은 정치, 비즈니스, 종교, 스포츠, 예술 등 지역사회의 모든 집단 활동 영역에서 중요하며 충분히 발전시킬 가치가 있는 기능입니다.

연습 1 – 리더십 태도

모범을 보이는 리더십은 다른 사람들에게 무엇이든 가능하다는 것을 보여 주기 위해 가장 힘들고 어렵거나 큰 책임이 따르는 일 또는 아무도 맡으려 하지 않는 일을 기꺼이 긍정적으로 수행하는 것을 의미합니다. 이를 위해 리더는 자신의 두려움과 불확실성을 극복하고 '할 수 있다'는 긍정적인 태도를 일상생활 속에서 보여 주어야 합니다. 이를 위한 가장 좋은 방법은 기회가 있을 때마다 연습하는 것입니다.

자신의 삶에서 리더십을 보여 줄 수 있는 기회에는 어떤 것이 있나요?

a. 다음의 각 상황에서 1열에 다른 사람이 하고 싶어 하지 않는 일 하나를 찾은 뒤, 그 일을 완수하기 위해 자발적으로 할 수 있는 일에 대해 생각해 보세요.

b. 또한 과제를 완료하거나 스스로 과제를 완료하는 데 있어 가장 큰 어려움이 무엇일지 생각해 보고, 그 어려움을 극복하기 위해 할 수 있는 일 한 가지를 설명하세요.

리더십 발휘하기:

아무도 하고 싶어 하지 않는 일	나는 무엇을 할 수 있나요?	이를 수행하는 데 있어 가장 큰 걱정이나 두려움은 무엇인가요?	그것을 극복하기 위해 무엇을 할 것인가요?
학교에서, 교과 수업에서			
교실 밖 학교에서			
CAS에서			
집에서			
학교 밖 스포츠나 예술 활동에서			
리더십을 발휘할 수 있는 다른 장소를 떠올려 보세요.			

연습 2 – 누구를 따르겠는가?

어떤 면에서 훌륭한 리더의 특성은 공감 능력, 친절함 그리고 상식적인 판단 등 완벽한 형제나 자매의 모습과도 같습니다. 즉, 자신이 신뢰할 수 있고 조언을 따를 수 있는 사람입니다. 리더는 다른 사람들이 자연스럽게 따르고 싶어 하는 사람입니다.

a. 짝과 함께 이러한 특성이 무엇일지 브레인스토밍하고 1열에 나열하세요.

b. 그런 다음, 다른 두 열을 채우세요.

'이상적인' 형제자매의 특성을 나열하세요.	이 특성을 보여 주는 행동의 예로 무엇이 있나요?	각자가 이와 같은 특성을 보여 줄 수 있는 방법은 무엇일까요?
예: 공감	나의 걱정을 들어주고 판단하지 않으면서 긍정적인 해결책을 찾을 수 있도록 도와줍니다.	저학년 학생들을 위한 버디 시스템(2인 1조)을 조직하고, 적극적인 경청의 가치와 공감을 보여 주는 방법을 시연합니다.

연습 3 – CAS 주기를 활용한 사회적 활동 이끌기

리더는 또한 비전을 가진 사람입니다. 리더는 세상의 미래를 자신이 바라는 모습으로 상상하고, 당면한 문제를 해결하면서 사람들을 더 나은 세상으로 이끌기 위해 행동합니다.

a. 여러분이 사는 지역사회, 학교, 거리, 마을 또는 도시 등 속해 있는 공동체를 살펴보세요. 누군가 또는 특정 집단의 삶을 힘들게 하는 문제나 요소를 찾아낸 다음, CAS 봉사 학습 주기를 떠올려 봅니다(자세한 내용은 2c 사회적 행동 참조).

b. 앞으로 어떻게 개선되면 모두에게 더 잘 쓰일지 생각해 보세요.

c. 다음 표의 각 단계를 순서대로 작성하세요.

  i. 비전을 설정하세요. 가능성에 대한 아이디어, 개념 그리고 이미지를 구체적으로 그려 보는 것입니다.

  ii. 다른 사람들이 그 아이디어를 공유할 수 있도록 구상한 이미지를 말이나 그림으로 표현하세요.

  iii. 문제의 본질에 대한 정보와 증거를 수집하세요. 조치가 필요한 상황인지 판단해 보세요. 어떻게 알 수 있나요?

  iv. 문제를 완화하고 비전을 현실로 만들기 위한 계획을 세우세요.

  v. 계획을 차근차근 세우세요.

  vi. 다른 사람들로부터 여러분의 계획에 대한 지지를 얻으세요.

  vii. 계획의 첫 단계를 실행하기 위해 무엇을 해야 하는지 파악하세요.

  viii. 실행에 옮기세요.

내가 가진 비전	
나의 비전이 달성된다면 해결될 문제	
현재 이 문제의 영향을 가장 많이 받는 사람(집단)	
내가 수집한 이 문제에 대한 데이터	
내가 생각하는 이 문제의 해결책	
문제 해결 및 비전 달성을 위해 취해야 할 단계	1.
	2.
	3.
	4.
	5.
첫 번째 단계를 실행하기 위해 필요한 것	누구와 대화하고, 누구에게 도움을 요청해야 하나요?
	어떤 자원이 필요한가요?
	첫 번째 단계는 언제까지 완료해야 하나요?
첫 번째 단계가 완료되면 그 다음 단계는 무엇인가요?	

연습 4 – 그룹 역학

리더가 이끄는 그룹이 항상 기대한 대로 움직이는 것은 아닙니다. 다양한 성격 유형이 존재하며, 이상적인 팀은 이러한 다양한 유형의 사람들이 조화를 이루고 있어야 합니다. 훌륭한 리더는 팀원 간의 역학 관계를 효과적으로 관리하면서 팀을 이끌어야 합니다. 또한 팀원들이 상황에 맞춰 다양한 역할에 유연하게 적응할 수 있도록 지원해야 합니다.

다음에서 설명하고 있는 성격 유형에 대해 살펴보세요.

a. 자신은 어떤 유형이라고 생각하나요? '팀원' 칸의 적절한 위치에 자신의 이름을 적으세요.

b. 팀원 중 이러한 설명에 해당하는 사람이 있다고 생각하나요? 해당 인원의 이름을 '팀원' 칸의 적절한 위치에 적으세요.

c. 서로 책을 교환하여 다른 팀원들이 작성한 내용을 살펴보세요.

d. 친구들이 자신의 의견에 동의하는지 확인하세요.

e. 동의하지 않아도 괜찮은가요?

f. 자신의 성격을 다양한 상황과 역할에 맞게 조정할 수 있다고 생각하나요?

그룹 역할 유형		팀원
추진가	역동적이고, 외향적이며, 논쟁적이거나 참을성이 없을 수 있습니다.	
실행가	일을 처리하고 토론과 아이디어를 실질적인 활동으로 전환합니다.	
종결자	목표 지향적이며 맡은 일을 끝까지 해내는 것을 선호합니다.	
조정자	침착하고, 긍정적이며, 카리스마가 있습니다.	
지지자	다른 구성원들에게 지원과 격려를 제공합니다.	
조사자	강한 소통 능력을 가지고 있으며 외부 사람들과의 협상과 정보 및 자원 수집에 능합니다.	
완벽주의자	모든 작업이 완벽하게 될 때까지 결코 만족하지 않습니다.	
발상가	아이디어를 생성하는 혁신적이고 개성이 강한 팀 구성원입니다.	
평가자	성찰적이고, 사려가 깊으며, 다른 구성원들과 다소 거리를 둘 수 있습니다.	
학술가	다양한 분야의 전문 지식을 가지고 있습니다.	
배려자	팀의 목표보다 팀 구성원들의 안녕에 더 관심이 있는 사람입니다.	

g. 다음의 유명 인사들에게 가장 적합하다고 생각되는 그룹 역학 유형을 적으세요. 이 목록에 모든 유형이 포함되지 않을 수 있습니다.

h. 자신만의 예를 추가하세요.

유명 인사	성격 유형
세리나 윌리엄스	
프리다 칼로	
에마뉘엘 마크롱	
일론 머스크	
마원	
코피 아난	
마더 테레사	
에바 페론	
넬슨 만델라	
말랄라 유사프자이	

i. 이 모든 사람을 한 팀에 모은다면 아마도 팀이 잘 기능하지 않을 것이라고 예상할 수도 있습니다. 이들이 함께 좋은 팀으로 융합될 수 있는 가상의 상황을 생각해 볼 수 있나요? 여기에 작성해 보세요.

연습 5 – 갈등을 해결하는 리더

갈등은 단순한 의견 불일치 이상입니다. 갈등은 한쪽 또는 양쪽 당사자가 위협(실제 위협 여부와 상관없이)을 인식하는 상황입니다. 우리는 객관적인 사실 검토 없이 상황에 대한 인식에 기초하여 갈등에 대응합니다. 우리의 인식은 삶의 경험, 문화, 가치관, 신념에 의해 영향을 받습니다. 갈등은 강한 감정을 유발합니다. 하지만 갈등은 성장의 기회이기도 하며, 관계에서 갈등을 해결할 수 있을 때 신뢰가 쌓이게 됩니다.

갈등 상황에서 리더가 가장 먼저 해야 할 일은 격양된 감정을 가라앉히고 문제를 합리적으로 다루는 것입니다. 이는 때로 어려울 수 있지만 분석적 접근이 도움이 될 수 있습니다.

- 다음 연습에서는 리더가 갈등 해결 과정의 중재자 또는 조력자 역할을 맡게 됩니다. 역할극을 하거나 개인이나 그룹 간의 실제 갈등을 다룰 수 있습니다.
- 소규모 또는 학급 규모의 그룹으로 활동하세요. 한 사람이 중재자 역할을 맡아야 합니다. 중재자는 과정을 이끌면서 중재를 통해 리더십을 발휘하세요. 나머지 참가자들은 다음 질문에 대한 답변을 제공하세요.
- 먼저, 두 사람 또는 두 그룹이 첨예하게 대립하는 관점을 가졌지만 모두 해결 의지가 있는 문제를 찾아야 합니다. (예: 가장 좋아하는 스포츠, 최고의 음악 장르)
- 그 후 중재자는 양측에게 다음 분석을 진행하면서 각 단계에서 답변을 명확히 설명하도록 요청하세요.
- 관련된 모든 사람은 자신의 책에 다른 그룹의 구성원의 답변을 적으세요.
- 중재자는 토론을 이끌면서 양측과 협력하여 각 질문에 대한 명확한 답변을 얻으세요.

	개인(또는 그룹) A의 관점	개인(또는 그룹) B의 관점
문제를 설명하세요. 여기서 사실은 무엇인가요?		
이 문제에 대해 어떤 감정을 느끼는지 설명하세요. 특히 어떤 측면에서 가장 격렬한 감정이 드나요?		
이 문제에 대해 갈등이 있다고 생각하는 이유는 무엇인가요?		
갈등의 어떤 측면에 대해 양측 모두가 동의하나요?		
자신의 필요를 완전히 충족시킬 수 있는 이 문제의 해결책은 무엇인가요?		
발생할 수 있는 최악의 상황은 무엇인가요?		
이 갈등의 어떤 측면에 대해 책임을 질 준비가 되어 있나요?		
각 당사자는 상대방이 갈등의 감정적인 부분을 해소하기 위해 무엇을 할 수 있을지 설명하세요.	상대방이 할 수 있는 일은 ……입니다.	상대방이 할 수 있는 일은 ……입니다.

상대방이 설명한 행동을 취할 준비가 되어 있나요?		
갈등의 어떤 측면에 대해 협의할 준비가 되어 있나요?		
만약 모든 것이 가능하다면, 어떤 창의적인 해결책을 떠올릴 수 있을까요?		
이 갈등을 극복하는 데 양측이 모두 동의하는 행동이나 앞으로 나아갈 방법은 무엇인가요?		
이 과정이 갈등을 다루는 방법으로 유용했나요?		

- 이 과정에서 리더의 역할을 수행하는 데 얼마나 어렵다고 느꼈나요?

- 이번 연습을 통해 배운 점을 앞으로의 갈등 상황을 해결할 때 활용할 수 있는 점은 무엇인가요?

연습 6 – 롤 모델

롤 모델은 삶의 여러 측면에서 도움이 되며 우리가 존경하고 발전시키고자 하는 특성을 가진 위대한 사람들입니다. 스포츠, 예술, 정치, 비즈니스, 산업 및 가정에서 우리에게 영감을 주는 많은 리더가 있습니다.

a. 짝과 함께 활동하세요.
b. 각 분야에서 각자 존경하는 한 사람의 이름을 말하세요.
c. 특히 이 사람들의 어떤 점을 존경하는지 설명하세요.
d. 각 롤 모델에게서 존경하는 자질을 학교나 가정에서 발휘하기 위해 자신이 실천할 수 있는 한 가지 행동을 생각해 보세요.

다음 분야에서 한 명의 롤 모델을 지명하세요.	각 롤 모델에 대해 존경하는 점을 설명하세요.	그렇게 되기 위해 무엇을 할 수 있나요?
스포츠:		
예술:		
정치:		
음악:		
비즈니스:		
학교:		
역사:		
가족:		

연습 7 – 위대한 명언

a. 짝과 함께 활동하세요.

b. 리더십에 대한 다음 명언을 살펴보고 각 명언이 갖는 의미를 자신의 말로 설명하세요.

c. 다른 조의 답과 비교하여 여러분의 의견과 일치하는지 확인하세요.

d. 해석의 차이점을 살펴보고 그 의미에 대해 합의점을 찾을 수 있는지 확인해 보세요.

1. "위대한 리더는 마지막에 먹는다." – 스티븐 사이넥

2. "어떤 이는 위대하게 태어나고, 어떤 이는 위대함을 성취하며, 어떤 이는 위대함을 떠안게 된다." – 윌리엄 셰익스피어

3. "나는 양이 이끄는 사자의 군대를 두려워하지 않는다. 나는 사자가 이끄는 양 떼를 두려워한다." - 알렉산더 대왕

4. "훌륭한 지도자는 할 일을 다하고 목표를 이루었을 때 사람들이 '우리가 해냈다.'라고 말하게 한다." - 노자

5. "리더십의 기능은 더 많은 추종자가 아니라 더 많은 리더를 만드는 것이다." - 랠프 네이더

6. "리더십은 인기 경쟁이 아니라 자아를 문 밖에 두는 것이다. 이 게임의 이름은 직함 없이 이끄는 것이다."
- 로빈 샤르마

7. "오케스트라를 이끌고 싶은 사람은 군중에게 등을 돌려야 한다." - 맥스 루케이도

사람 관리

2g – 관리 특성 및 유형, 의견 조율과 대외관계

숙달 수준

어떤 상황에서든 적절한 관리 방식으로 팀을 자신감 있게 이끌 수 있다면, 해당 ATL 기능을 사용하는 데 있어 전문가 수준에 도달했다고 볼 수 있습니다.

목적:

이 기능은 교실 안팎의 교육 모든 영역에서 유용합니다. 팀 과제를 수행하거나 과외 활동에 참여하면서 이 기능을 연습하고 발전시키다 보면 결국 완벽하게 숙달될 수 있을 것입니다.

설명:

좋은 관리자는 모든 팀원이 자신감을 갖고, 각자의 경험, 기술적 능력 그리고 팀의 목표 달성에 기여하는 노력을 소중히 여기도록 돕는 사람입니다. 관리자로서 성공하기 위해서는 때때로 성격 특성으로 오해되기도 하는 특정 기능들을 함양하는 것이 중요합니다.

연습 1 – 자신을 아는 것

a. 학교에서 최근 작업한 두 그룹 프로젝트와 학교 밖에서의 두 가지 예를 생각해 보세요.

b. 맡았던 역할과 더불어 다른 팀원들이 자신을 어떻게 인식했을지 생각해 보세요. 물론 정확히 알 수는 없겠지만, 각각의 상황에서 팀원들에게 자신이 어떻게 비쳤을 것이라고 생각하나요?

	그룹의 성격은 무엇이었나요? 어떤 목적이었나요?	그룹의 다른 구성원이 자기 그룹에 대한 기여를 어떻게 인식했다고 생각하나요?
학교에서의 프로젝트 1		
학교에서의 프로젝트 2		
학교 밖에서의 프로젝트 3		
학교 밖에서의 프로젝트 4		

c. 배우면 도움이 될 만한 사람 관리 기능은 무엇이라고 생각하나요?

연습 2 – 관리 기능과 특성

좋은 관리자는 인내심과 뛰어난 의사소통 능력을 갖춰야 합니다. 또한 타인과 원만한 관계를 형성하고 유연하면서 신뢰를 줄 수 있어야 하며, 상대방에게 관심을 갖고 적극적으로 경청할 줄 알아야 합니다. 더불어 훌륭한 판단력과 공감 능력, 체계적인 조직력 그리고 열린 마음을 지닌 사람이어야 합니다.

a. 그룹이나 팀으로 활동할 때 자신은 어떤 관리 기능과 특성을 발휘했다고 생각하나요? 어떤 모습이었는지 설명해 보세요.

기능 또는 특성	이를 보여 주었나요? 예/아니요	어떻게 보여 주었나요?
인내심		
원만한 대인관계		
유연한 사고		
신뢰성		
다른 사람에 대한 관심		
적극적인 경청		
좋은 판단력		
공감		
조직 능력		
열린 마음		

b. 이는 IB 학습자상의 자질과 명확하게 부합합니다. 과목 수업에서 이러한 특성과 능력을 보여 줄 기회가 얼마나 많았나요?

관리 기능을 연습하고 발휘할 기회가 적다고 느낀다면 선생님께 말씀드리세요!

연습 3 – 관리 유형

최고의 관리자는 다양한 상황에 맞춰 관리 방식을 유연하게 조절할 수 있습니다. 대부분의 관리자는 자신이 선호하는 유형이 있지만, 상황에 따라 전환할 수 있어야 합니다. 어떤 관리 유형을 채택하든 탁월한 관리 기능은 성공에 필수적입니다.

a. 다음의 관리 유형을 살펴보고 각각의 장단점에 대해 생각해 보세요. 더불어 각 관리 유형이 가장 효과적인 상황은 언제인지도 고려하세요.

유형	장점	단점	이 유형이 가장 효과적인 상황
독재형: 관리자가 사람들에게 무엇을 해야 할지 지시합니다.			
자문형: 결정을 내리기 전에 피드백을 구합니다.			
설득형: 의사결정 통제권은 유지하면서도 사람들이 관리자의 결정이 최선인 이유를 이해하도록 설득하는 데 모든 노력을 기울입니다.			
민주형: 팀원들의 실질적인 이해관계가 있는 다수에 의해 결정이 이루어집니다.			
혼란형: 의사결정 구조를 명확히 하지 않고 모든 권한을 팀원들에게 넘깁니다.			
자유방임형: 관리자는 리더보다는 멘토에 가깝습니다. 팀원들이 어떻게 나아갈지에 대한 결정을 내리고, 필요할 때 관리자의 지도를 구할 수 있습니다.			

b. 여러분은 어떤 관리자인가요? 어떤 관리 유형들을 조합하여 나만의 사람 관리 유형을 만들고 싶은가요?

c. 어떤 관리 유형을 더 연습하고 싶은가요? 그리고 어떤 노력을 할 건가요?

d. 앞으로 CAS 활동, 그룹 4 프로젝트, 지식 이론 계획, 스포츠 팀 또는 연극 제작 등을 통해 팀을 관리하게 될 때 자신의 관리 유형에 대해 생각해 보세요. 어떤 관리 유형을 적용하고 싶은가요? 왜 그 유형이 주어진 상황에 가장 적절하다고 생각하나요?

연습 4 – 합의와 협상

합의를 통한 의사결정은 그룹의 구성원들이 공동으로 결정을 내리고 그 결정을 적극적으로 지지하기로 합의하는 협력적인 의사결정 방식입니다. 좋은 관리자는 합의 도출과 협상을 통해 팀원들에게 권한을 부여하고 '참여'와 동기를 향상시킵니다.

3~4명의 친구와 함께 오늘 내려야 할 결정에 대해 생각해 보세요. 점심을 먹으러 어디로 갈지, 어떤 음악을 들을지, 지식 이론 발표를 위해 어떤 주제를 선택할지, 집에 갈 때 어떤 경로를 택할지 등 무엇이든 될 수 있습니다.

a. 다 같이 둘러앉으세요.

b. 그룹 관리 기능을 연습하고, 토론을 관리할 사람을 정하세요.

c. 그 후 각자 차례로 무엇을 선호하는지 그 이유를 설명하세요. 모두 각자의 차례가 끝날 때까지 듣기만 하세요.

d. 관리자는 구성원들에게 추가 의견이 있는지 확인하고 토론을 진행하세요.

e. 모든 구성원이 자신의 의견이 충분히 반영되었다고 느낄 때 관리자는 논점을 정리하고 협상과 타협을 통해 다수가 지지하는 합의된 결정을 이끌어 내야 합니다.

f. 안건이 명확한 합의에 이르지 못할 경우 관리자는 공개 투표를 진행해야 합니다.

g. 모든 구성원이 자신의 의견을 제시하며 이 결정 과정에 참여했으므로 결과가 마음에 들지 않더라도 그 과정을 존중해야 합니다.

모든 과정을 마친 후 관리자는 그룹의 각 구성원에게 피드백을 요청해야 합니다.

h. 결정이 내려진 후 어떤 느낌이 들었나요?

i. 이 과정을 통해 결정된 행동을 실천할 동기가 생겼나요?

j. 합의를 통해 의사결정을 내리는 데 본질적인 문제가 있나요?

k. 이 과정을 자신에게 맞게 수정하되, 모든 그룹의 결정에 한동안 이 방식을 적용하여 의사결정이 개선되는지 확인해 보세요.

연습 5 – 대외관계

대외관계는 대중의 인식과 정보 전달을 관리하는 활동입니다. 사람과 관련된 문제가 생길 때는 언제나 다양한 해결책이 존재합니다. 어떤 방법은 효과적인 사람 관리 결과를 낳는 반면, 어떤 방법은 그렇지 않습니다. '실패한 대외관계' 사례들을 분석하면 사람을 관리하는 데 필요한 중요한 교훈들을 배울 수 있습니다.

a. 짝과 함께 활동하세요.

b. 지난해에 발생한 '실패한 대외관계' 사례들을 온라인에서 검색하고 상위 5개를 선택하세요.

c. 각 사례를 함께 분석하면서 무엇이 잘되었고 무엇이 잘못되었는지 설명하세요.

d. 무엇을 다르게 할 수 있었는지 그리고 결과에 어떤 영향을 미쳤을 것이라고 생각하는지 설명하세요.

5가지의 실패한 대외관계 사례: 제목 및 간략한 세부 정보	올바르게 수행된 점	잘못 수행된 점	다른 접근 방식 및 예상 효과
1.			
2.			
3.			
4.			
5.			

e. 성공적인 대외관계와 정보 확산을 관리하기 위한 다섯 가지의 최고의 팁은 무엇인가요?

i. ....

ii. ....

iii. ....

iv. ....

v. ....

다른 학생들과 공유하고 그들도 같은 생각을 가지고 있는지 확인하세요.

f. 모두가 동의하는 상위 다섯 가지의 핵심 조언을 도출하세요.

g. 학교에서 사용할 상위 다섯 가지의 조언에 대한 포스터를 만들어 보세요.

ATL 기능에 대한 자기 평가

ATL 기능 숙련도에 대한 학생 자기 평가 - 대인관계							
ATL 기능	초급자 (관찰)	학습자 (모방)	실행자 (실행)				전문가 (공유)
			시작하기	연습하기	향상하기	이해하기	
소셜 미디어의 정체성							
소셜 미디어의 보안							
사회적 행동							
디지털 그룹							
팀							
리더십							
사람 관리							

메모

메모

자기 관리 기능

메타인지

모든 학습의 핵심은 바로 '메타인지'입니다. 메타인지란 학습자가 자신의 학습 과정을 인식하고 이해하며, 그 과정을 스스로 통제하는 능력과 경향을 아우르는 개념입니다(Derry & Murphy, 1986). 성취도를 향상시키는 데 성공적인 메타인지적 개입 중 하나는 계획, 정보 조직, 목표 설정, 일정 및 시간 관리와 같은 자기 관리 기능에 대한 직접적인 지도입니다(Wang, 1993). 카로이와 그라이너(Karoly & Greiner, 2011)의 연구에 따르면 자기 모니터링, 자기 보상 그리고 계획 전략을 훈련받은 학생들은 대부분의 학업 성취도 평가에서 다른 집단보다 월등히 뛰어난 성과를 보였습니다. DP에서는 DP 과목과 핵심 과정을 통해 메타인지 능력을 입증해야 하는 경우가 많은데, CAS와 소논문에서 특히 그렇습니다.

- 연습 3a를 통해 모든 ATL 기능과 자신의 특성을 스스로 평가하면서 자기를 더 잘 인식할 기회를 얻을 수 있습니다.
- 연습 3b는 지금까지의 학습 경험을 분석하고, 그 통찰력을 바탕으로 앞으로 더욱 의도적이고 효과적으로 학습할 수 있도록 돕는 메타인지적 과정입니다.

조직화

시간 관리는 자기 관리 또는 자기주도학습의 주요 특징으로 자주 연구되어 왔습니다(McCombs, 1986). 그러나 브라운(Brown, 1991)에 따르면 고등학생들은 시간 관리의 중요성을 잘 이해하면서도 실제 실천에는 어려움을 겪는 경향이 있습니다. 시간 관리는 단독적인 영향 요인으로 연구된 사례가 드뭅니다. 몇 안 되는 개별 연구들은 효과적인 시간 관리 실천이 스트레스를 완화하고(Lay & Schouwenburg, 2008), 학업 성과를 향상시키며(Campbell & Svenson, 1992), 공부 방법으로 자주 제안되는 전략인 '전략적 학습'에 크게 기여한다는 것을 보여 줍니다(Kirschenbaum & Perri, 2014). 정규 수업 과제, 내부 평가, 또는 시험 준비 등 DP 과정에서 이 기능들은 필수적입니다.

- 연습 3c는 여러분이 당면한 모든 과제는 물론, 매일 그리고 매주 주어진 시간을 효과적으로 관리하도록 도울 것입니다. 또한 연습 3d는 삶의 어떤 목표이든 세우고 계획하며 달성하는 데 유용한 시스템을 제공할 것입니다.
- 연습 3e는 시험에 앞서 학습 시간을 구성하는 방법을 보여 주고 연습 3f는 시험장에서 최상의 성과를 얻는 방법에 대한 팁을 제공합니다.

- 연습 3i와 3j는 압박과 스트레스를 관리하고, 미루는 습관을 극복하며, 인내심을 기르기 위한 다양한 전략을 제공합니다.

인성 기능

학습에 대한 회복탄력성을 기르고, 좌절과 어려움에 효과적으로 대처하며, 다시 일어서서 변화를 만들고 인내하는 법을 배우는 것이 바로 자기 관리형 학습자가 되는 길입니다. 자기조절 및 자기결정적 학습 방식을 사용하는 학생들은 그렇지 않은 학생들보다 학업성취도가 높을 뿐만 아니라, 자신의 과제에서 더 큰 개인적 만족감을 느끼고 미래 성과 향상을 위해 적응적으로 변화하려는 경향이 있습니다(Pintrich, 2000; Ryan & Deci, 2000; Zimmerman, 2000).

- 연습 3g, 3k, 3l, 3m은 어떤 장애물이든 극복하고, 어떤 상황에서든 스스로 동기를 부여하며, 실수로부터 배우는 데 필요한 효과적인 전략들을 제시합니다.

메타인지

3a – 메타인지 1: ATL 기능 숙련도에 대한 자기 평가, 자기 평가의 정확성

숙달 수준

자신의 ATL 기능 향상 수준을 정확히 판단하고, 이것이 학습에 미치는 영향을 이해할 수 있다면, 해당 ATL 기능을 사용하는 데 있어 전문가 수준에 도달했다고 볼 수 있습니다.

목적:

자신의 향상되는 ATL 기능 숙련도를 정확하게 판단하는 방법을 배우는 것은 그 자체로 매우 중요한 기능이며, 다음의 과정을 주기적으로 수행하면 발전시킬 수 있습니다. 이 기능의 기초가 되는 것은 메타인지라고 불리는 사고방식입니다. 자기 평가는 메타인지적 지식, 즉 다양한 상황에서 자신이 어떻게 생각하고 느끼고 반응하면서 학습하는지에 대한 자기 지식이나 자기 인식을 개발하는 훌륭한 방법입니다.

이 연습에서는 기준에 따라 자신의 ATL 기능 숙련도를 판단하는 방법을 구체적으로 살펴보고, 다음 연습에서는 정확한 판단을 내리는 방법에 대해 살펴봅니다.

ATL 기능의 자기 평가:

모든 ATL 기능의 발전에는 네 가지 단계가 있습니다.

초급자 (관찰)	학습자 (모방)	실행자 (실행)	전문가 (공유)
다른 사람이 사용하는 기능이 무엇인지 식별할 수 있습니다.	다른 사람의 기능 수행 방식을 모방할 수 있습니다.	필요할 때마다 해당 기능을 연습하고 사용할 수 있도록 노력합니다.	해당 기능을 자연스럽게, 또 자율적으로 사용합니다. 다른 사람에게 해당 기능을 가르칠 수 있습니다.

이 책의 각 기능 연습 페이지는 숙달진술문으로 시작합니다. 이는 각 특정 기능을 사용하는 데 있어 숙련자 또는 전문가가 되기 위해 목표로 삼아야 할 성과가 무엇인지를 나타냅니다. 숙련도 발달은 전문가 수준까지 네 가지 뚜렷한 단계를 거치며, 실행자 수준은 네 가지 하위 단계로 더 세분화됩니다.

모든 ATL 기능 발달단계별 자기 평가 기준은 다음 루브릭에 제시되어 있습니다. 이를 활용하여 각 ATL 기능의 발전을 정기적으로 계획할 수 있습니다.

1단계 – 초급자 (관찰)	2단계 – 학습자 (모방)	3단계 – 실행자 (실행)				4단계 – 전문가 (공유)
		시작하기	연습하기	향상하기	이해하기	
나는 다른 사람들이 해당 기능을 사용할 때 사용 방식이 어떻게 나타나는지 알고 있다.	나는 다른 사람이 해당 기능을 사용하는 것을 따라 할 수 있다.	나는 스스로 해당 기능을 사용하기 시작했다.	나는 익숙한 상황에서 혼자 해당 기능을 사용하고 있다.	나는 익숙하지 않은 상황에서 해당 기능을 사용하는 데 점점 더 나아지고 있다.	나는 필요할 때마다 해당 기능을 사용할 수 있다.	해당 기능을 먼저 생각하지 않고 사용할 수 있다.
나는 해당 기능을 단계별로 나눌 수 있다.	나는 해당 기능을 한 번에 한 단계씩 사용한다.	나는 여전히 해당 기능을 의식적으로 한 단계씩 사용하고 있다.	나는 이제 해당 기능의 모든 단계를 함께 적용하기 시작했다.	나는 보통 해당 기능을 과거에 사용했던 방법을 참고하지 않고 사용할 수 있다.	나는 과거에 사용했던 방법을 참고하지 않고 해당 기능을 자신있게 사용할 수 있다.	나는 다른 학생에게 해당 기능을 사용하는 방법을 가르칠 수 있다.
나는 혼자 해당 기능을 사용할 때 많은 실수를 하고 질문도 많이 한다.	나는 여전히 실수를 하고 도움을 요청하지만 내 실수를 바로잡는 데 점점 능숙해지고 있다.	나는 약간의 도움을 받아 내 실수를 바로잡을 수 있다.	나는 내 실수를 스스로 바로잡을 수 있다.	나는 내 실수를 빠르게 바로잡을 수 있다.	나는 대부분의 실수를 즉시 바로잡을 수 있다.	나는 내가 한 실수를 즉각적으로 바로잡을 수 있다.
나는 해당 기능을 사용하는 데 많은 도움이 필요하다.	나는 익숙한 상황에서 약간의 도움으로 해당 기능을 사용할 수 있다.	나는 해당 기능을 사용하는 데 가끔 도움이 필요하다.	나는 익숙한 상황에서 해당 기능을 사용하는 데 더 이상 도움이 필요하지 않다.	나는 익숙하지 않은 상황에서 해당 기능을 사용하는 데 가끔 도움이 필요하다.	나는 해당 기능을 사용하는 데 거의 도움이 필요하지 않다.	나는 익숙하지 않은 상황에서도 다른 사람의 도움 없이 해당 기능을 사용할 수 있다.

ATL 기능에 대한 자기 평가 방법:

여러분은 개발 중인 ATL 기능에 대해 1~2주마다 정기적으로 자기 평가를 수행해 볼 수 있습니다. 해당 자기 평가는 각 장의 마지막 페이지에서 찾아볼 수 있습니다.

자기 평가는 최대한 정직하고 정확하게 수행해야 합니다. ATL 기능을 채점하거나 점수를 매길 필요는 없지만, 각 기능을 습득하기 위해 자신의 진척도를 판단하는 것은 자신감을 키우는 데 유용합니다. 이것을 정기적으로 수행하면 정확하게 자기 평가하는 방법을 배우게 되며, 이는 모든 독립적인 과제를 위한 핵심 기능입니다.

연습 1 – 자기 평가 연습

이 책에서 ATL 기능 관련 연습을 최소 한 가지 완료한 뒤 해당 장의 마지막에 있는 ATL 기능에 대한 자기 평가 페이지로 이동하세요. 이 페이지는 다음과 같은 형식으로 구성되어 있습니다.

ATL 기능 숙련도에 대한 학생 자기 평가							
ATL 기능	초급자 (관찰)	학습자 (모방)	실행자 (실행)				전문가 (공유)
			시작하기	연습하기	향상하기	이해하기	

a. 연습 중이던 ATL 기능이 나올 때까지 첫 번째 열을 아래로 스크롤하세요.

b. 해당 ATL 기능이 설명된 책의 페이지를 찾아 페이지 상단의 '숙달 수준' 제목 아래에 쓰인 내용을 살펴보세요. 숙달진술문은 해당 기능을 완전히 익히고 전문가 수준에 도달하기 위해 목표로 삼아야 할 성과 수준을 제시합니다.

c. 여러분의 현재 수행 능력과 기능 숙련도를 숙달 수준에 설명된 내용과 비교해 보세요. 현재 자신의 기능 숙련도에 대한 증거가 무엇인지 생각해 보세요. 정직하게 평가하세요. 이 평가는 다른 사람이 보는 것이 아니라 온전히 여러분 자신의 발전을 위한 것입니다.

d. 앞에 제시된 자기 평가 루브릭을 활용하여 해당 ATL 기능의 발달 수준을 확인한 뒤, 자기 평가표의 해당 칸에 체크(V) 또는 엑스(X) 표시와 표시와 함께 날짜를 기입하세요.

e. 해당 기능 섹션의 연습을 더 해 보세요.

f. 다양한 과목에서 ATL 기능을 사용하여 연습해 보세요.

g. 선생님, 학교 친구 또는 부모님에게 여러분의 기능 사용 숙련도에 대한 그들의 생각 및 피드백을 받아 보세요.
h. 기능을 사용하는 방식을 계속해서 조금씩 조정하여 자신의 성과를 지속적으로 향상시키세요.
i. 일정 시간이 지난 후(예를 들어, 일주일, 이주일 또는 한 달 정도) 기능 숙련도가 향상되었다고 생각되면 자기 평가 프레임워크로 돌아가 날짜와 함께 올바른 칸에 새로운 체크 표시를 하세요.
j. 전문가 수준에 도달할 때까지 계속 노력하세요.
k. 그런 다음, 다른 사람이 당신과 같은 수준에 도달할 수 있도록 도와주세요.

정확한 자기 평가:

이것은 학습과 일반적인 삶에서 중요한 질문 중 하나입니다. 주변 세계에 미치는 자신의 영향을 어떻게 정확하게 판단할 수 있나요? 여러분은 무엇을 잘하나요? 어떤 점이 부족하다고 생각하나요? 다른 사람들이 여러분을 어떻게 본다고 생각하나요? 여러분은 다른 사람들과 같은 시각으로 자신을 바라보고 있나요? 그것을 어떻게 알며, 어떻게 확인할 수 있나요? 자신에 대한 정확한 피드백을 받는 것이 가능하기는 한가요?

소셜 미디어는 분명 우리 모두가 자기 자신을 보는 방식에 큰 영향을 미치며 여러분의 정체성의 이러한 측면을 다루는 것은 매우 중요합니다. 가능한 한 빨리 ATL 기능 연습 2a 및 2b, 즉 소셜 미디어의 정체성과 보안을 살펴보세요. 이번 연습을 통해 개발될 메타인지의 본질은 자신과 자신의 성과를 정확하게 평가하는 능력을 기르는 데 있습니다.

이것은 자기비판이 아니라 정확한 데이터를 얻으려는 노력입니다. 정확한 데이터를 확보하면 좋은 선택을 할 수 있습니다. 정확한 데이터는 그것을 뒷받침할 증거가 있어야 합니다.

그리고 우리는 신뢰하는 사람들로부터만 정확한 데이터를 얻을 수 있습니다. 우리는 언제나 우리의 최선의 이익을 위해 행동할 것이라고 믿는 사람들을 신뢰합니다. 이 연습을 완전히 수행하려면 신뢰하는 한 사람을 찾아야 합니다.

연습 2 – 행동, 인성 및 성격

인격과 성격이 곧 여러분이라는 존재를 이루는 중요한 부분이라면, 행동은 그저 여러분이 하는 일일 뿐입니다. 이 둘은 별개이지만 사람들은 종종 타인의 행동을 보고 그들의 성격이나 인격을 판단합니다. 이 연습의 목표는 다른 사람들이 여러분을 어떻게 보는지 더 깊이 이해하고 이를 여러분 스스로에 대한 평가와 비교해 보는 것입니다.

a. 행동 특성 목록 1과 2를 훑어보면서 각 목록에서 자신에게 해당된다고 생각하는 특성을 최대 10개까지 선택하세요. 선택한 특성에 체크 표시를 하세요. 원한다면 표 하단에 자신만의 특성을 추가할 수 있습니다.
b. 그런 다음, (편안하게 느낄 경우에만) 신뢰하는 한 사람에게 여러분에 대한 평가를 부탁해 보는 것도 좋습니다.
c. 그 후 (상대방도 여러분이 평가하는 것에 대해 매우 편안하게 느낀다면) 상대방을 위해 똑같이 하세요.
d. 결과를 논의하고 각자에 대한 가장 정확한 설명이 무엇인지 결정하세요.

행동 특성 1	나: 나는 가끔 이런 방식으로 행동한다고 생각한다.	친구: 나는 내 친구가 가끔 이런 방식으로 행동한다고 생각한다.	행동 특성 2	나: 나는 가끔 이런 방식으로 행동한다고 생각한다.	친구: 나는 내 친구가 가끔 이런 방식으로 행동한다고 생각한다.
모험적인			논쟁을 좋아하는		
용감한			오만한		
유능한			생각이 다른		
창의적인			두려워하는		
자신감 있는			까다로운		
양심적인			충동적인		
신뢰할 수 있는			배려심 없는		
격려하는			수동적인		
재미있는			강압적인		
공정한			주저하는		
거침없는			무례한		
관대한			비꼬는		
도움을 주는			자기중심적인		
상상력이 풍부한			단정하지 못한		
독립적인			사교성이 떨어지는		
친절한			엄격한		
꼼꼼한			시무룩한		
낙관적인			무뚝뚝한		
끈기 있는			교활한		
사교적인			생각 없는		
신뢰하는			제멋대로인		

e. 어떤 분야에서든 정확한 자기 평가가 얼마나 어려운지에 대해 어떤 결론을 내릴 수 있을까요?

메타인지

3b – 메타인지 2: 메타인지적 인식을 활용한 현재 성과를 개선하기

숙달 수준

자신의 학습 과정을 자연스럽게 인지하고 지속적으로 개선하려고 노력할 수 있다면, 해당 ATL 기능을 사용하는 데 있어 전문가 수준에 도달했다고 볼 수 있습니다.

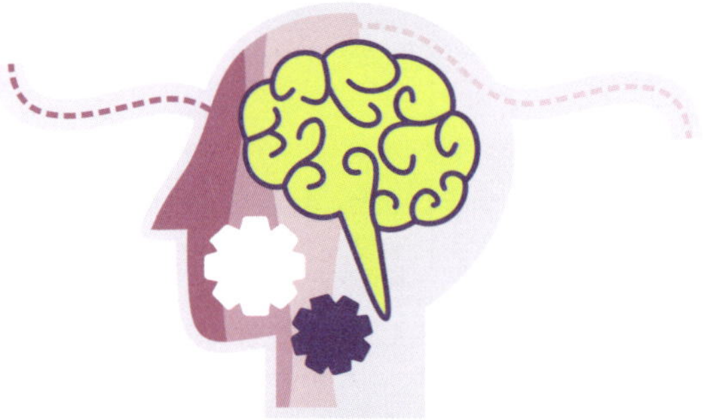

목적:

메타인지는 모든 학습 향상의 기초가 되는 과정입니다. 모든 과목과 모든 상황에서 자신의 사고 및 학습 과정을 인식한다면 그 과정을 개선하기 위해 노력할 수 있습니다. 그 과정을 개선하면 모든 과목의 등급, 점수 및 성적 또한 향상될 것입니다.

메타인지:

메타인지란 자신의 생각에 대해 생각하는 것을 의미합니다. 이 개념은 다소 복잡할 수 있습니다. 결국 자신의 생각을 이용해 자신의 생각을 탐구하는 것은 바로 자신이기 때문입니다. 하지만 이는 누구나 더 잘 인식하고 향상시킬 수 있는 과정입니다.

메타인지 기능의 가장 유용한 목적은 학습을 향상시키는 것입니다. 이러한 기능들을 사용하여 자신의 학습 방법에 대해 더 명확하게 파악하고, 그 방법을 바꾸고 개선할 수 있습니다. 다음 연습에서는 이 방법과 더불어 여러분이 선택한 삶의 어떤 영역에서든 성과를 향상시키는 방법을 배우게 될 것입니다.

먼저, 두 가지 질문에 대한 답을 적어 보세요.

내가 가장 잘하는 것은 .... 입니다.

내가 가장 많이 아는 것은 .... 입니다.

연습 1을 통해 여러분은 과거의 성공적인 학습 경험을 되짚어 보고, 그때의 사고 과정을 분석하여 자신만의 성공 방식을 더 잘 이해하게 될 것입니다. 자기 자신에게 효과적인 것을 찾는 것입니다.

연습 2에서는 앞서 얻은 이해를 활용하여 여러분이 선택한 영역에서 성과를 향상하는 데 도움을 줄 것입니다. 이 두 가지 연습을 완료하는 데에는 몇 주 또는 그 이상이 걸릴 수 있습니다.

약간의 노력이 필요하지만 이 두 가지 연습을 하면 선택한 영역에서 성과를 향상시킬 수 있을 뿐만 아니라, 자신이 배우고 싶은 어떤 것이든 효과적이고 효율적으로 자신의 능력껏 최선을 다해 배울 수 있는 학습 시스템을 이해하고 사용하게 될 것입니다.

오른쪽 그림은 경험적 학습 주기를 나타내는데 다음에 제공되는 모든 연습에 대한 분석적 프레임워크로 사용될 것입니다.

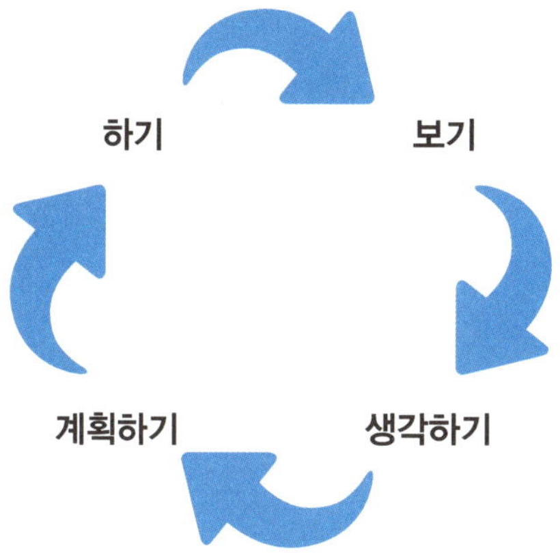

연습 1 – 지금은 어떻게 하고 있나요?

질문 1: 직접 선택하기

먼저, 여러분이 과거에 어떤 새로운 것을 성공적으로 배웠던 때를 떠올려야 합니다. 어떤 것이든 상관없습니다.

a. 이 주기를 사용하여 분석할 만한 이전의 학습 경험을 선택하세요. 이를 위해서는 직접 경험을 통해 무언가를 성공적으로 배웠던 자신의 경험을 선택해야 합니다. 즉, 한때는 서툴렀지만 스스로 노력하여 점차 익숙해지고 숙련된 것을 의미합니다. 이는 이전에 당신이 '가장 잘하는 것'으로 기록했던 내용과 일치할 수도 있습니다.

몇 가지 예를 들자면, 다음과 같은 활동 등을 배우는 것입니다.

- 자전거 타기, 스케이트보드 타기, 말 타기
- 서핑하기, 스케이트 타기, 수영, 스키 타기, 수상스키 타기
- 목공용 끌, 용접기, 원형 톱, 재봉틀과 같은 도구 사용하기
- 비디오카메라, 로봇, 현미경, 특정 소프트웨어 패키지 작동하기
- 악기 연주, 컴퓨터 게임, 엑스박스 또는 플레이스테이션 게임하기
- 그림 그리기, 페인팅하기, 노래하기, 춤추기, 연기하기, 저글링하기
- 럭비, 축구, 넷볼, 농구, 수구, 체조, 육상, 발레하기
- 공부 잘하기, 시험 통과하기, 잘 배우기
- 다른 사람들과 잘 지내는 법, 친구 사귀는 법, 동정심

많고, 배려심 있고, 사려 깊게 되는 법

– 자신의 사업을 시작하고 운영하는 방법

b. 자, 이제 선택해야 합니다. 다음 문장을 완성하세요.

이 분석에서 활용할 나의 지난 학습 경험은 다음과 같습니다.

이어지는 질문에서는 이 분야에서 학습하고 성과를 향상시킨 방법에 대해 분석하게 됩니다. 이 질문들을 통해 당신은 마치 자신의 행동을 되감아 보듯, 과거 행동의 세부 사항을 되짚어 보게 될 것입니다. 그 당시 배우고 성과를 높이던 당신의 모습을 떠올리려면 여러분의 기억력과 상상력을 활용해야 합니다. 이 연습의 목표는 자신의 사고방식에 더 익숙해지고, 성과 향상을 뚜렷한 단계로 나누어 선택한 어떤 분야에서든 자신의 성과를 향상시키는 데 이 모델을 적용할 수 있도록 하는 것입니다.

질문 2: 전제 조건

이제 여러분이 선택한 것을 배우기 이전에 어떤 상태였는지 분석해 보세요. 이를 위해서는 다음의 모든 질문에 답해야 합니다. 단, 단어 몇 개만 사용하세요.

이것을 배우기 전에…….

a. 이 분야에서 이미 어떤 기능들을 가지고 있었나요?

b. 왜 이것을 배우고 싶었나요? 배우고 싶었던 계기는 무엇이었나요?

c. 이것을 할 수 있을 것으로 생각하게 된 계기는 무엇인가요?

d. 이것을 할 수 있다는 가능성에 대해 어떤 느낌이었나요?

e. 여러분의 상황은 어떠했으며 이것을 배울 수 있게 된 이유는 무엇이었나요?

f. 배움을 시작하기 전에 그것을 끝까지 해내려는 의지가 어느 정도였으며, 얼마나 결연했나요?

g. 난이도가 어느 정도라고 생각했나요? 얼마나 많은 노력이 필요하다고 생각했나요?

h. 이것을 배우는 데 얼마나 걸릴 것으로 생각했나요?

i. 이것을 어느 정도 수준으로 숙달할 계획이었나요?

j. 이것을 배우고 나면 또 어떤 것들을 할 수 있을 것으로 기대했나요?

질문 3: 경험적 학습 주기 사용하기 ('보기' 단계부터 시작):

이것을 제대로 배우기 시작했던 바로 그 첫 순간을 떠올려 보세요.

a. 능숙해지기 전에는 어떤 상태였는지 설명하세요. 무엇을 했고, 어떻게 했는지 설명해 보세요.

b. 그때 다른 사람이 여러분의 모습을 보고 있었다고 상상해 보세요. 능숙해지기 전, 다른 사람들이 여러분을 봤다면 어떤 모습이었을지 설명해 보세요.

질문 4: '생각하기' 단계

이것을 더 잘하는 법을 배우기 시작했을 때:

a. 여러분이 했던 시도 중 향상에 실제로 도움이 되었던 것은 무엇이었나요?

b. 여러분이 했던 시도 중 향상에 실제로 도움이 안 된 것은 무엇이었나요?

c. 이것을 배우는 초기 단계에서 어떤 느낌이었나요?

d. 다른 사람들이 하는 것 중 효과가 있어 보였던 것은 무엇이었나요?

질문 5: '계획하기' 단계

처음 이 일을 시작하거나 몇 차례 시도한 뒤, 실력 향상을 위해 무엇을 했는지 설명해 보세요. 무엇을 바꾸는 데 집중했나요?

a. 집중하기로 결정한 것들을 적어 보세요.

b. 바꾸기로 결정한 사항을 설명하세요.

c. 다음 경험은 어떨 것이라고 예상했나요?

질문 6: '하기' 단계

a. 그러한 변경을 한 후 실제로 어떤 일이 일어났는지 설명하세요.

b. 여러분의 발전을 어떻게 측정했나요?

c. 발전을 경험하는 것은 어떤 기분이었나요? 이러한 경험이 미래에 대한 동기부여와 자신에 대한 기대에 어떤 영향을 주었나요?

d. 그 이후로 무엇을 하기로 결정했나요?

e. 이것을 배운 실제 경험이 질문 2에서 설명한 기대와 어떻게 일치했는지 설명하세요.

질문 7

a. 자신과 학습 사이의 관계에 대해 무엇을 알게 되었나요? 무언가를 잘 배울 때까지 끈기 있게 노력하기 위해 자신에게 필요한 것이 무엇인지 설명하세요.

b. 학교 과목도 같은 방식으로 배울 수 있다고 생각하나요?

연습 2 – 성과 향상시키기

질문 1: 직접 선택하기

이제 연습 1에서 사용했던 것과 동일한 4단계 모델을 적용하여 연습 1에서 선택한 영역과는 다른 어떤 영역에서 현재의 성과를 향상시켜야 합니다. 현재 하고 있는 일 중에서 좋은 성과를 내고 싶은 것을 선택해야 합니다. 이는 학업 분야(예: 과제, 시험 성적 향상)일 수도 있고 특정 기능 분야(예: 기타, 춤, 노래 실력 향상)일 수도 있습니다. 또한 넷볼, 축구, 하키와 같은 스포츠 분야나 그 외 자신이 선택한 어떤 영역이든 해당될 수 있습니다. 그리고 달성하고자 하는 성과 향상 수준을 결정해야 합니다. 어떻게 향상을 측정할 건가요? 매우 구체적으로 작성하세요.

다음의 세 문장을 완성하세요. 각 문장은 몇 단어로만 작성하세요.

a. 나는 다음 분야에서 나의 성과를 향상시키고 싶습니다.

b. 구체적으로 내가 이루고자 하는 성과는 다음과 같습니다.

c. 다음을 충족하면 목표를 달성했다고 확신할 수 있습니다.

질문 2: 보기 단계

향상시키고 싶은 이 분야에서 현재 자신의 능력을 설명하세요.

a. 나는 무엇을 쉽게 할 수 있나요?

b. 무엇이 더 어렵나요?

c. 아직 하지 못하는 것은 무엇인가요?

향상을 위해 노력하는 여러분의 모습을 다른 사람이 지켜보고 있다고 상상해 보세요.

d. 다른 사람이 여러분에게서 어떤 모습을 볼지 자세히 설명하세요.

e. 어긋나거나, 서투르게 혹은 형편없이 처리했을 때 정확히 어떤 일이 발생하나요?

질문 3: '생각하기' 단계

여러분이 선택한 분야에서 기대 수준 이상으로 뛰어난 성과를 낸 사람을 찾아보세요. 그 사람에게 성과 달성을 위해 어떤 노력을 했는지 자세히 물어보고, 여러분의 역량 향상을 위해 무엇을 할 수 있을지 조언을 구한 다음 다음 질문에 답하세요.

a. 해당 분야에서 뛰어난 성과를 낸 사람은 누구인가요?

b. 그 사람은 어떤 방식으로 성과를 이루어 냈나요?

c. 그 사람은 여러분의 성과를 높이기 위해 여러분이 무엇을 바꿔야 한다고 생각하나요?

여러분이 선택한 분야에서 더 높은 성과를 달성하는 가장 좋은 방법으로 알려진 것은 무엇인지 조사해 보세요.

d. 찾은 참조 자료를 인용하세요.

e. 참조 자료에서 권장하는 효과적인 성과 달성 방법을 설명하세요.

질문 4: '계획하기' 단계

질문 2에서 언급한 자신의 성과를 질문 3에서 다룬 접근 방식과 비교한 후, 다음을 수행하세요.

a. 어떤 부분에서 차이가 있나요? 권장되는 방식과 다르게 행동하고 있는 점은 무엇인지 설명하세요.

b. 성과를 향상시키기 위해 무엇을 바꿀 수 있는지 생각해 보세요.

c. 무엇을 할 것인지 단계별로 설명하세요.

d. 언제 할 것인지 정하세요.

e. 각 단계를 성공적으로 완료했는지 어떻게 알 수 있는지 설명하세요.

f. 전반적인 성과 향상을 어떻게 측정할 것인지 서술하세요.

질문 5: '하기' 단계

이제 실행에 옮길 시간입니다!

a. 성과 향상 전략을 실행하면서 반드시 그것에 대한 증거를 수집해야 합니다. 예를 들어, 관찰자, 코치, 선생님, 부모님의 피드백이 담긴 메모, 관련 사진, 점수 카드 등이 될 수 있습니다.
 이 모든 것을 실행한 후에 다음 질문에 답하세요. 그 전에는 답하지 않습니다.

b. 실제로 무엇을 했는지 정확하게 설명하고, 취한 모든 조치를 단계별로 적으세요.

c. 질문 1의 목표와 질문 4의 지표를 비교하여 성과에 어떤 변화가 있었는지 설명하세요.

질문 6.

목표했던 성과 향상을 달성했나요?

그렇지 않다면 연습 1의 답으로 돌아갑니다. 다음의 질문 7을 보고 새로운 것을 성공적으로 배우기 위해 무엇이 필요한지 살펴보세요. 이전에 배운 것을 새로운 학습에 어떻게 적용할 수 있을까요?

a. 그리고 이 새로운 것을 숙달할 때까지 끈기 있게 배우려면 자신에게 어떤 동기부여가 필요할까요?

b. 이제 이 연습의 '보기' 단계로 돌아가서 성과를 향상시키기 위해 할 수 있는 다른 변경 사항을 찾으면서 과정을 반복하세요.

c. 각 질문에 다시 답하고, 원하는 성과 향상에 도달할 때까지 과정을 다듬으세요. 그것이 바로 학습입니다.

질문 7.

a. 이 과정이 어떻게 진행되었다고 생각하는지, 그리고 현재 성과를 더 높이고 싶은 동기는 무엇인지 설명해 주세요.

b. 이와 같은 방식으로 배우고 싶은 다른 것들은 무엇인가요?

시간 및 과제 관리

3c – 단기 목표 달성 - 주어진 일, 과제, 기한

숙달 수준

시간을 효율적으로 사용하여 단기 목표를 달성할 수 있다면, 해당 ATL 기능을 사용하는 데 있어 전문가 수준에 도달했다고 볼 수 있습니다.

목적:

DP에서는 시간을 가장 잘 관리하는 학생들이 가장 성공적인 경우가 많습니다. 여러분은 과제, 내부 평가, 에세이, 퀴즈, 시험, CAS, 소논문, 지식 이론 등 놀라울 정도로 많은 양의 다양한 과제를 처리해야 합니다. 이 모든 것을 하면서도 여러분의 일상생활 또한 소홀히 해서는 안 됩니다!

이 시간 관리 기능은 학교뿐만 아니라 대학 및 직장에서 모두 매우 유용할 것입니다.

시간:

시간은 한정된 자원입니다. 시간을 더 만들어 낼 수는 없기 때문에 주어진 시간을 어떻게 사용하는지가 매우 중요합니다. 당면한 업무부터 장기적인 목표까지 염두에 두고 있는 모든 목표를 최대한 효율적이고 효과적으로 달성하기 위해 시간을 사용하고 싶을 것입니다. 하지만 휴식, 친구, 인간관계, 가족 등 인생에서 정말 중요한 것들을 위해 목표지향적이지 않은 시간도 일정에 포함시키고 싶을 것입니다.

이 연습은 완료해야 하는 모든 과제, 정기적으로 참석해야 하는 학교 안팎의 활동, 해야 하는 집안일, 지켜야 하는 책임 등 당면한 모든 과제를 관리하는 데 도움이 됩니다. 이 책의 다른 연습들은 삶의 모든 영역에서 장기적인 목표를 달성하는 데 도움이 됩니다.

첫 번째 연습은 드와이트 아이젠하워(Dwight D. Eisenhower)가 개발한 사고 체계를 기반으로 하며 스티븐 커비(Stephen Covey)에 의해 대중화되었습니다. 여기에는 가까운 미래에 해야 할 모든 과업을 긴급한 것과 중요한 것으로 구분한 다음, 우선순위를 효과적으로 정하고 시간을 효율적으로 사용하면서 자신의 성취를 가로막는 장애물을 극복하는 방법에 집중하는 방법을 배우는 것이 포함됩니다.

연습 1 – 시간 및 과제 관리

a. 다음의 표를 작성하고 다음 주 안에 완료해야 하거나 완료하고 싶은 학교 과제, 작업, 마감일, 집안일을 모두 적으세요.

b. 이제 특정 스포츠, 예술, 음악, 여가 활동 등 다른 교외 활동을 포함하세요.

c. 요일을 표시하고 모든 작업을 나열하세요.

	1일 차:	2일 차:	3일 차:	4일 차:	5일 차:	6일 차:	7일 차:
학교 과제							
가족 관련 과업 및 집안일							
기타 과업							

이제 다음 표에 이 모든 작업을 나열하고 각 작업의 중요성와 긴급성에 대해 두 가지 결정을 내릴 것입니다.

- **중요한** 작업은 목표를 달성하는 데 도움이 되는 작업으로, 이러한 작업의 성취는 다른 사람보다 본인에게 더 중요합니다.
- **긴급한** 작업은 다른 사람이 목표를 달성하는 데 도움이 되는 작업으로, 이러한 작업의 달성은 본인보다 다른 사람에게 더 중요합니다.

d. 왼쪽 열에 각 작업을 개별적으로 나열한 다음 각 작업에 대해 두 가지 결정을 하여 체크 표시를 하세요.

i. '중요' 또는 '중요하지 않음' – 이 과제를 달성하는 것이 목표 중 하나를 달성하는 데 도움이 되는 일인가 아니면 그렇지 않은 일인가? 적절한 칸에 체크 표시를 하세요.

ii. 그리고 '긴급한 작업'인가, '긴급하지 않은 작업'인가 – 이 작업을 달성하는 것이 다른 사람의 목표 달성에 도움이 되는 일인가 아니면 그렇지 않은 일인가? 적절한 칸에 체크 표시를 하세요.

과제	중요도 – 하나를 선택하세요.		긴급도 – 하나를 선택하세요.	
	중요함	중요하지 않음	긴급함	긴급하지 않음

지금까지 무엇을 발견했나요?

많은 작업이 중요하면서도 긴급하다고 생각되나요?

괜찮습니다. 아직 과정을 끝내지 않았으니 말입니다.

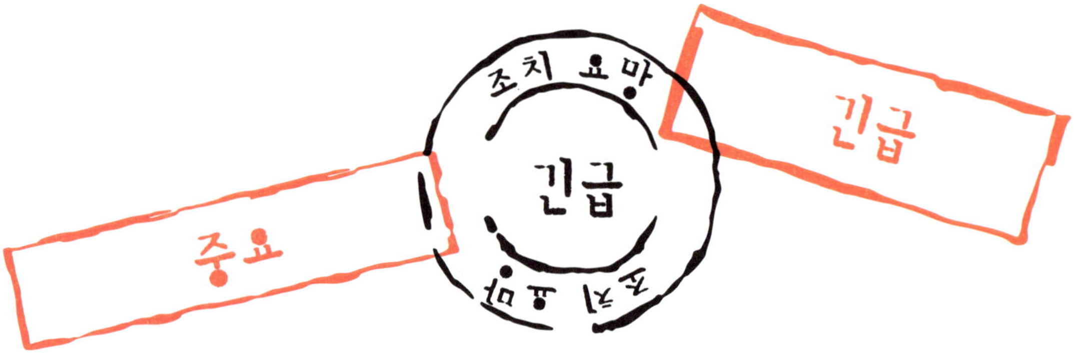

e. 이제 다음의 올바른 칸에 각 작업을 다시 작성하세요. 각 작업에는 네 가지 가능성이 있습니다.

- 중요하고 긴급한 작업
- 중요하지만 긴급하지 않은 작업
- 중요하지 않지만 긴급한 작업
- 중요하지도 않고, 긴급하지도 않은 작업

아이젠하워 매트릭스

1 중요함 / 긴급함

과제:

과제:

과제:

과제:

과제:

과제:

과제:

과제:

과제:

2 중요함 / 긴급하지 않음

과제:

과제:

과제:

과제:

과제:

과제:

과제:

과제:

과제:

3 중요하지 않음 / 긴급함

과제:

과제:

과제:

과제:

과제:

과제:

과제:

과제:

과제:

4 중요하지 않음 / 긴급하지 않음

과제:

과제:

과제:

과제:

과제:

과제:

과제:

과제:

과제:

이 분석의 의미는 다음과 같습니다.

- 1번 영역의 작업은 가장 많은 압박감을 유발합니다. 이 영역은 마치 보일러실과 같습니다. 여기서는 실질적인 작업이 이루어지며, 목표를 달성하고 앞으로 나아가는 데 중요한 역할을 합니다. 계획과 조직이 잘되어 있다면 이 영역을 관리할 수 있지만 조직이나 계획이 느슨하게 되면 이 영역은 막판 위기 영역, 즉 '밤샘 작업'의 영역이 될 수 있습니다.
- 3번 영역의 작업은 가장 많이 미루는 작업이기 때문에 가장 많은 스트레스를 유발합니다. 다른 사람들은 여러분이 하는 것보다 더 중요하게 여기고, 시간을 많이 소모하며, 자기 동기부여가 전혀 되지 않고, 시간 낭비처럼 느낍니다.
- 4번 영역의 작업은 대부분 시간 낭비, 시간 채우기, 시간 소모, 생산성이 전혀 없는 활동이지만, 이를 2번 영역으로 전환하여 계획하고 정리하고 자신에게 중요한 일, 휴식이나 스트레스 해소용으로 만들면 역으로 스트레스를 상쇄하는 데 도움이 되는 매우 좋은 시간 활용이 될 수 있습니다.
- 2번 영역은 모든 마법이 일어난 곳입니다! 이 작업은 다른 사람에게는 중요하지 않고 자신에게만 중요한 작업으로, 3번 영역과 1번 영역에서 끝나는 작업의 수를 줄여 압박감과 스트레스를 줄이는 데 도움이 되므로 본인에게 중요합니다.

  2번 영역 작업의 예는 다음과 같습니다.

  i. 모든 과제와 프로젝트를 완료할 수 있도록 시간을 잘 관리하기 - 연습 3 참조
  ii. 매주 또는 매일 '해야 할 일' 목록 만들기 - 모든 항목을 포함시키고 완료되면 지우기 - 연습 5 참조
  iii. 항상 노트와 펜 또는 연필을 가지고 다니면서 좋은 아이디어를 모두 적고, 매일 밤 검토하기
  iv. 목표를 달성하는 데 도움을 줄 수 있는 사람들과의 관계 구축에 시간을 투자하기
  v. 새로운 ATL 기능 배우기 - 성공과 직접적인 관련이 있는 몇 가지 통제할 수 있는 것들 - 자신에게 동기를 부여하고, 미루는 습관을 극복하고, 실패하는 방법을 배우기. 이 모든 연습은 이 책에서 찾아볼 수 있습니다.
  vi. 계획적으로 시간을 들여 의도적으로 스트레스를 해소하고 휴식을 취하되, 요가, 명상, 마음챙김, 긴 산책, 소설 읽기 등 가능한 한 최선의 방법으로 해야 한다는 것을 잊지 마세요.

	긴급함	긴급하지 않음
중요함	**1번 영역: 위기 대응** • 마감 기한이 정해진 작업 • 위기 상황 • 압박 문제 • 압박 속에서 성취	**2번 영역: 질적 시간** • 예방 – 조직화 – 관계 구축 • 시스템 개발 • 계획된 여가 활동 및 스트레스 해소
중요하지 않음	**3번 영역: 방해 요소** • 일부 과제 • 필수 읽기 자료 • 최신 상태 유지 • 일부 회의 • 몇 가지 의무 사항	**4번 영역: 시간 낭비** • TV, 비디오, 소셜 미디어 • 일부 이메일 • 일부 전화 통화 • 기분 좋은 활동

연습 2 – 전략적 조치를 취하여 부하 줄이기

a. 다음의 표를 작성한 후 3번 영역과 1번 영역의 모든 과업을 나열하세요.

b. 각 과업의 출처를 확인하세요. 이 과업은 어떻게 생겨났나요?

c. 과거에 이러한 과업을 예방하거나 더 잘 관리할 수 있는 방법이 있었는지 생각하세요.

d. 그런 다음 (2번 영역) 지금 시작할 수 있는 일 중 해당 과업을 더 잘 관리하거나 특정 과업이 다시 발생할 가능성을 줄이거나 없애는 데 도움이 될 수 있는 한 가지를 각각 한 가지씩 생각하세요.

나의 3번 영역과 1번 영역 과업:	각 과업이 어떻게 생겨났는지 출처를 기록하세요.	각 과업을 더 잘 관리하거나 다시 발생하지 않도록 하기 위해 무엇을 할 수 있을지 생각해 보세요.

e. 모든 것을 없앨 수는 없지만 전략적인 조치를 취함으로써 스스로에 대한 부담을 줄일 수는 있습니다. 지금부터 도움이 될 것 같은 행동을 시작하겠습니까?

f. 자신의 삶을 더 잘 통제하고 목표를 성취할 때까지 이 전체 연습을 정기적으로 반복하세요.

연습 3 – 스트레스 감소를 위한 과제 관리

대부분의 학생이 과제를 완료하면서 겪는 가장 큰 문제는 일을 마지막 순간까지 미루는 것입니다. 이렇게 하면 압박감을 느끼고, 스트레스를 받으며, 공황 상태에 빠지기 시작하다가 결국 '밤샘 작업'을 해서 끝내게 됩니다. 불행히도 일을 미루는 이러한 방식은 최상의 성과를 내지 못하게 하고 기대하는 점수를 받기 어렵게 만듭니다. 그 결과 실망감과 스트레스가 가중되어 부정적인 악순환에 빠질 수 있습니다.

충분한 시간을 가지고 모든 측면을 철저히 조사하며 글쓰기를 체계적으로 계획하고 실행할 때 비로소 최상의 결과물을 얻을 수 있습니다. 미루는 습관을 극복할 수 있는 비결은 바로 체계성입니다. 물론 누구나 체계적으로 계획하라고 말하지만 막상 어떻게 시작해야 할지 구체적인 방법을 알려 주는 경우는 많지 않을 것입니다. 이것은 학교생활에서 생존하고 성공하는 데 도움이 되는 가장 중요한 ATL 기능 중 하나입니다.

a. 1년의 전체 달력을 구매하거나 직접 만드세요(이는 종이 달력이어야 합니다. 디지털 달력은 종이 달력만큼 효과적이지 않을 수 있습니다). 달력은 적어도 A2 크기여야 하며 학사 일정 전체를 담고 있어야 합니다. 또한 집에서 학교 과제를 하는 책상에 붙일 만큼 커야 하며 여러분의 모든 계획과 목표를 빠짐없이 기록할 수 있을 만큼 충분한 공간이 있어야 합니다.

b. 먼저, 다음을 적습니다.

i. 달력에는 전체 학사 일정과 모든 학기 시작 및 종료 날짜, 공휴일은 물론, 주요 스포츠 행사, 사교 행사, 그리고 이미 확정된 모든 테스트 및 시험 날짜를 기입하세요.

ii. 선생님께서 과제를 내주시면 제출 기한을 휴대전화에 입력한 다음, 집에 오자마자 자신의 연간 계획표에 옮겨 적으세요.

iii. 모든 과제를 여러 단계로 나누고 일정을 계획하세요.

c. 과제를 완료하는 데 꼭 필요한 단계는 무엇이며, 각 단계에 전체 시간의 몇 퍼센트 정도를 할애해야 할지 스스로 분석해 보세요.

1단계 – 조사하기: 필요한 정보를 찾으세요. 어떤 과제에서든 조사 단계가 차지하는 비율은 어느 정도인가요? 전체 시간의 25%인가요, 10%인가요? 40%인가요? 직접 정해서 여기에 적으세요. ....%

2단계 – 정보 처리하기: 수집한 모든 정보를 읽고 유용한 인용문들을 선별하여 정리하세요. 그리고 각 자료의 주요 내용을 간결하게 요약하세요.

..........%

3단계 – 과제 계획하기: 과제 목표를 충족시키고 자신의 관점을 잘 제시할 수 있도록 아이디어를 논리적인 흐름으로 배열하세요.

..........%

4단계 – 글쓰기: 항상 가장 오래 걸리는 단계입니다. 모든 조사 내용, 핵심 내용, 인용구를 종합하고 잘라 붙인 모든 자료를 자신의 말로 다시 쓰되, 근거가 확실한 자신만의 주장을 전개하세요.

..........%

5단계 – 교정하기: 수정하여 제출하세요.

..........%

다음 과제를 받으면 다음의 단계를 수행해 보세요.

d. 마감일을 달력에 적으세요.

e. 앞의 c에서 정한 백분율에 따라 마감일까지 남은 모든 시간을 나누세요.

f. 과제의 각 단계의 완료 날짜를 달력에 표시하세요.

각 과제에 대해 최종 마감일 하나만 두는 대신 이제 다섯 개의 세부 마감일을 만들었습니다. 각각의 세부 마감일은 최종 마감일에 이르는 단계별 이정표와 같아서 스트레스를 덜 유발할 것입니다.

g. 이제부터는 어떤 과제이든 각 단계의 완료일을 자신만의 중요한 마감일로 정해 보세요. "내일까지 제출해야 해!" 하면서 스스로에게 긴급함을 부여하면 훨씬 집중해서 해낼 수 있을 것입니다.

h. 모든 과제의 마감일과 모든 스포츠, 교과 외 활동 및 사교 행사를 포함한 주간 일정을 만드세요.

i. 매주 또는 매일 '해야 할 일' 목록(연습 5 참조)을 만들고 일들을 처리하세요! 완료된 항목은 목록에서 지우세요.

j. 밀린 과제에 대해 매일 조금씩이라도 반드시 하세요!

k. 중요한 과제를 성공적으로 완료한 것에 대해 스스로에게 어떤 형태로든 축하하는 것을 항상 잊지 마세요.

연습 4 – 모든 과목의 마감일 정리하기

a. 체계적으로 정리하려면 좋은 데이터가 필요합니다.

b. 모든 평가, 과제 및 시험 날짜를 미리 알려 주는 것은 선생님의 책임입니다.

c. 이 정보가 없으면 체계적으로 정리할 수 없습니다.

d. 각 선생님께 다음 표를 채우는 데 필요한 정보를 요청하세요.

과목	학교 과제 및 시험	마감일	IB 내부 평가 및 시험	시험 일정
언어/문학				
언어 습득				
개인과 사회				
과학				
예술				
지식 이론				
CAS				
소논문	1. 2. 3. 4. 5. 6. 7.			

e. 날짜를 받으면 연간 계획표에 옮겨 적으세요.

연간 계획표에 모든 정보를 담으면 어떤 부분이 겹치는지 그리고 가장 중요하게는 과제 부담이 가장 심한 기간이 언제인지 쉽게 확인할 수 있을 것입니다. 다른 과목 선생님들은 종종 자신의 평가 일정이 다른 과목과 어떻게 충돌하는지 알지 못하며 이러한 소통 부족과 사전 계획 부족으로 인해 고통받는 것은 학생들의 몫입니다.

f. 모든 정보를 취합한 후에는 자신과 다른 학생들에게 부담이 될 지점이 어디인지 파악하세요.

g. 몇몇 학생을 모아 관련된 선생님들께 의견을 전달하고 학생들의 부담을 줄이기 위해 평가 중 일부를 조정할 수 있는지 문의하세요.

선생님들은 보통 이런 학생들의 요청에 매우 호의적이며 종종 이러한 접근 방식을 훌륭한 자기 관리 및 리더십의 예로 인정해 주실 것입니다.

연습 5 – '해야 할 일' 목록 만들기

'해야 할 일' 목록이란 특정 시간 안에 끝내야 할 모든 일을 모아 놓은 것을 의미합니다. 하루에 한 번, 이틀에 한 번, 또는 일주일에 한 번씩 새로 만들 수 있습니다. 그것은 여러분에게 달려 있지만 매일 재검토하고 업데이트해야 합니다. 지금 바로 만들어 보세요.

a. 빈 종이 맨 위에 '해야 할 일'이라고 쓴 다음 지금 해야 할 모든 과제를 목록으로 작성해 보세요. 이때 '숙제'처럼 막연하게 적지 말고 '생물 과제 조사하기'나 '축구 연습'처럼 구체적인 과제나 활동 단위로 자세히 써야 합니다.

b. 그런 다음, 각 항목 옆에 날짜를 적으세요. 즉, 언제 그 일을 할 것인지(예: 넷볼 연습) 또는 언제까지 각 항목(예: 연극 수업 과제)을 완료하고 싶은지 적습니다.

c. 그다음 각 항목 옆에 각 과제를 완료하는 데 걸릴 것으로 추정되는 시간을 적으세요. 현실적으로 적습니다.
목록에 있는 과제는 아마도 두 가지 유형일 것입니다. 즉, 다른 사람이 정한 시간에 하는 음악 레슨이나 스포츠 연습과 같은 예정된 과제와 마감일만 있는 학교 과제와 같은 예정되지 않은 과제입니다.

d. 모든 예정된 과제에 대해서는 일기장으로 가서 올바른 시간에 모두 적혀 있는지 확인하세요. 집이나 학교 밖에서 하는 일이라면 그곳에 가고 다시 집에 오는 데 충분한 시간을 포함했는지 확인합니다.

e. 모든 예정되지 않은 과제에 대해서는 우선순위를 정하세요. 가장 중요한 과제, 즉 가장 긴급하고 자신에게 가장 중요한 과제를 1번으로 하고 두 번째를 2번으로 하는 식으로 번호를 매기세요.

f. 지금 바로 과제 1번부터 시작하세요! 각 과제가 완료될 때까지 끈기 있게 노력하는 방법에 대해서는 3i를 참조하세요.

g. 어떤 과제이든 끝내자마자 '해야 할 일' 목록에서 지우세요.

h. 매일 '해야 할 일' 목록을 업데이트하거나 새로 만드세요.

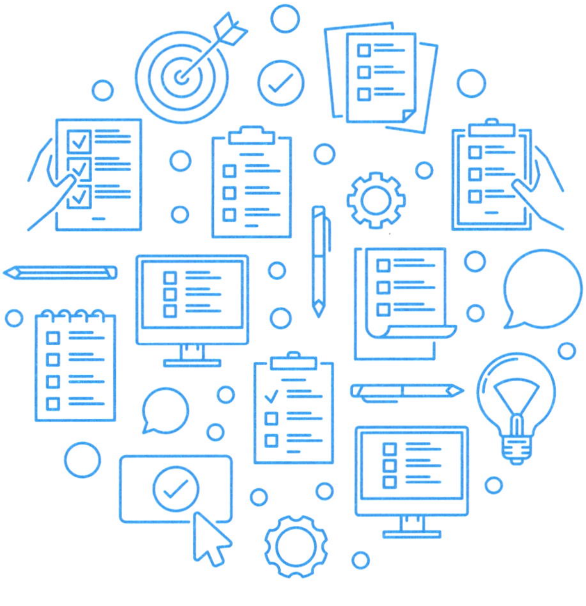

장기 목표 달성하기

3d – 장기적인 목표를 성공적으로 달성하기 위한 효과적인 목표 설정 과정의 활용

숙달 수준
항상 명확한 목표를 가지고 있으며, 그 목표를 달성하기 위해 필요한 모든 단계를 실행할 수 있을 때, 해당 ATL 기능을 사용하는 데 있어 전문가 수준에 도달했다고 볼 수 있습니다.

목적:

이것은 목표 달성을 돕는 가장 중요한 기능 중 하나입니다. DP 학습을 포함한 삶의 모든 영역에 걸친 모든 목표에 적용됩니다.

여러분의 인생에서 가장 중요한 것은 무엇인가요:

이 기능을 개발하려면 매우 구체적인 연습 한 가지를 성실하게 수행해야 합니다. 이 연습을 꾸준히 해내면 삶의 어떤 분야에서든 당신이 간절히 바라는 목표를 설정하고 달성하는 방법을 배우게 될 것입니다.

하지만 이 목표 설정 연습을 시작하기에 앞서 먼저 이 질문에 답해야 합니다. 인생에서 가장 중요한 것은 무엇인가요?

가족, 친구, 건강 그리고 열정입니다. 이것들은 모든 사람의 삶에서 가장 중요한 것들이지만 불행히도 다른 목표를 달성하기 위해 정신없이 서두르다 보면 종종 잊는 것들입니다.

이 목표 설정 연습을 시작하기 전에 잠시 멈춰서 이 네 가지를 고려하고, 새로운 목표를 설정하기 전에 먼저 각각에 의도적으로 시간과 노력을 기울이고 있는지 확인하기 바랍니다.

장기 목표 달성하기:

삶의 모든 측면에서 목표를 설정하는 것은 누구나 쉽게 할 수 있지만 목표를 달성하는 데 필요한 모든 단계를 밟는 것은 조금 더 복잡합니다. 이것은 학업, 사회, 스포츠, 음악, 개인적인 성장 등 어디에서든, 무엇을 개선하고자 하든 성과 향상을 위한 핵심 전략입니다. 목표를 설정하고 명확히 작성하는 것은 중요하지만 목표를 이루기 위해 필요한 모든 단계를 실행하는 것이 절대적으로 중요합니다. 그렇다면 어떻게 실행에 옮길 수 있을까요? 먼저, 성과 향상은 지금까지 해 온 것과는 다른 방식으로 행동하는 것임을 인식해야 합니다. 만약 이미 하고 있는 일이었다면 목표를 설정할 필요조차 없었을 것입니다. 목표를 달성하려면 필요한 것이 있습니다.

1. 불만 사항 인식하기
2. 새로운 목적 개발하기
3. 변화를 가져오는 데 필요한 동기를 부여하기 위해 가치와 신념을 조정하기

4. 과거에 이 목표를 달성하기 위해 행동을 취하지 못했던 이유를 파악하기
5. 새로운 실행 계획 수립하기
6. 지금 바로 실천하세요!!

연습 1 – 목표 달성하기

a. A3 용지에 6행 12열의 큰 표를 작성하고 각 상자에 몇 가지를 적을 수 있는 충분한 공간을 확보한 후, 표의 제목을 추가하세요.

영역	목표	최고의 목적	가치	신념	고통	즐거움	비용 (대가)	이점	감정	행동	습관

b. 첫 번째 열에는 새로운 목표를 달성하고 싶은 삶의 다섯 가지 다른 영역을 적으세요(예: 학교에서의 학업, 스포츠, 관계, 공연 예술, 신체적 · 정서적 영역).

c. 두 번째 열에는 각 영역에 대해 지금 분석하고 달성 계획을 세울 목표 하나를 적으세요.

d. 세 번째 열에는 해당 목표를 달성하려는 이유를 적으세요. 이 목표가 가져올 결과가 무엇이며, 당신이 진정으로 그것을 원하는 이유는 무엇인지 그리고 그다음에는 무엇으로 이어질지 계속해서 질문하면서 파고들어 보세요. 각 목표에 대해 최상의 결과에 도달할 때까지 앞에서 던진 질문을 계속해서 스스로에게 해 보세요. 그것이 여러분의 최종 목적입니다. 각 목표에 대한 하나의 최종 목적을 적으세요. 그것들이 모두 일치하는지 확인하세요. 모든 최종 목적을 달성할 수 있을까요? 모든 최종 목적이 서로 일치하도록 필요에 따라 목표를 변경하세요.

e. 목표를 달성하기 위해 무엇을 가치 있게 여기고, 무엇을 믿어야 할지 생각해 보아야 합니다.

   i. 가치: 이것은 각 목표를 달성하기 위해 삶에서 어떤 것들을 중요하게 여겨야 하는지를 의미합니다. 꾸준함, 인내, 결단력, 노력을 가치 있게 여기나요? 아니면 휴식, 느긋함, 내일로 미루는 것을 가치 있게 여기나요? 둘 다 때로는 유용하지만, 각 목표를 달성하는 데 도움이 되도록 어떤 것을 더 중요하게 여겨야 할까요? 4번째 열에 각 목표에 대한 하나 이상의 중요한 가치를 적으세요. 목록을 살펴보세요. 모두 서로 잘 맞나요?

   ii. 신념: 목표를 달성하기 위해 필요한 믿음을 정의해야 합니다. 가장 기본적으로 각 목표를 달성하는 것이 가능하다는 믿음이 필요합니다. 그 밖에 무엇이 있나요? 목표를 달성할 시간, 에너지, 동기를 찾을 수 있다는 믿음도 필요할 수 있습니다. 그 밖에 무엇이 있나요? 5번째 열에 각 목표를 달성하기 위해 무엇을 믿어야 하는지를 적으세요.

f. 동기부여 요인: 동기부여는 목표를 달성하기 위한 에너지를 만드는 것입니다. 그렇다면 모든 목표를 달성하는 데 필요한 에너지는 어떻게 생성하며, 왜 이 목표를 이미 달성하지 않았나요? 이미 달성한 목표가 아니라 새로운 목표인 이유는 무엇인가요?

모든 인간은 즐거움을 추구하려는 욕구와 역경을 피하고자 하는 욕구에 의해 동기를 부여받습니다. 과거에 자신의 목표를 달성하지 못해도 괜찮았던 이유는 무엇이며, 그 과정에서 느꼈던 즐거움과 피하고자 했던 역경은 무엇이었나요? 이 두 가지 중요한 요소를 파악했다면 이제 그 동기 부여의 방향을 전환하여, 현재 변화를 만들고 목표를 달성하지 못했을 때 여러분의 삶에서 발생할 수 있는 최악의 역경이 무엇인지 그리고 새로운 목표에 전념하고 이를 달성함으로써 미래에 얻게 될 즐거움이 무엇인지 고려해야 합니다.

이제 6~10열에 각 목표에 대해 다음을 적으세요.

i. 과거에 이 변화를 만들고, 이 목표를 달성하는 것과 관련하여 겪었던 역경은 무엇인가요? 예를 들어, 최선의 노력, 시간 관리의 어려움, 사회생활의 부족, 신체적 및 정신적 고통, 체계적으로 정리해야 하는 부담 또는 공부와 같은 것들이 있을 수 있습니다.

ii. 과거에 이 목표 달성을 끝까지 해내지 않아서 얻었던 즐거움은 무엇인가요? 예를 들어, 여유롭게 쉬는 것, 긴장을 풀고 스트레스를 받지 않는 것, 압박감을 느끼지 않는 것, 자신만의 시간을 더 가지는 것, 영화를 더 자주 보는 것, 사회적 활동을 더 많이 하는 것 등이 있을 수 있습니다.

iii. 이 목표를 지금 달성하지 않을 경우 당신에게 닥칠 수 있는 최악의 결과는 무엇인가요? 예를 들어, 실망감, 의욕과 동기의 부족, 건강 악화, 게으름, 낮은 성적, 저조한 수행, 과목 낙제, 대학 생활 실패, 실업, 가난 그리고 영원히 외롭게 사는 것 등이 있을 수 있습니다. 가능한 한 최악의 상황을 상상하여 각 목표를 달성할 수 있는 동기를 강화하세요.

iv. 모든 목표를 끝까지 달성했을 때 얻을 수 있는 최고의 혜택은 무엇일까요? 새로운 잠재력, 더 많은 기회, 더 나은 미래, 과목 합격, 대학 졸업 자격 취득, 좋은 직업, 더 많은 인간관계, 더 높은 목표 달성 능력, 다른 사람을 도울 수 있는 능력 향상, 지역사회, 친구 및 가족에게 이익을 줄 수 있는 능력 등이 있을 수 있습니다. 혜택을 가능한 한 생생하게 상상하여 목표 달성을 위한 동기를 강화하세요.

v. 각 목표를 달성했을 때 어떤 기분이 들까요? 만족감, 회복탄력성, 결단력, 용기, 가치 있음, 모험심, 동기부여가 됨, 건강함, 똑똑함, 재능 있음, 편안함, 안도감 등인가요?

g. 실행 – 변화는 실행을 통해서만 이루어집니다. 이제 목표를 달성하기 위해 어떤 행동을 해야 할지 고민해 보세요. 각 목표에 대해 할 수 있는 일, 해야 할 일, 반드시 해야 할 일을 정리하세요. '반드시 해야 할 일', 가장 중요한 것에 집중하세요. 11열에 각 목표를 달성하기 위해 반드시 해야 할 행동이 무엇인지 적으세요. 실행할 모든 사항을 목록으로 작성하세요.

h. 습관과 의식 – 목표를 달성하기 위한 가장 효과적인 방법 중 하나는 매일 목표에 한 걸음 더 다가설 수 있도록 습관이나 의식을 만드는 것입니다. 12열에 목표 달성을 위해 매일 실천할 수 있는 작고 구체적인 행동을 하나 작성하고, 하루도 빠지지 않고 실천할 것을 다짐하세요.

i. 지렛대 – 물리학에서 알 수 있듯이 충분히 긴 지렛대와 그것을 지탱할 수 있는 점(지점)이 있으면 매우 무거운 무게를 움직일 수 있습니다. 목표를 달성하기 위해서는 스스로에게 힘을 실어 줘야 합니다. 이를 실현하는 주요 방법은 세 가지입니다. 하나는 스스로에게 말하거나 시각화하는 내적 방법이고, 다른 하나는 타인의 영향을 활용하는 외적 방법입니다. 목표별로 살펴보면 다음과 같습니다.

i. 언어 – 자신에게 동기를 부여하고 목표 달성을 향해 꾸준히 나아갈 수 있도록 돕는 문구를 작성하세요. 한 문장이나 짧은 단어들로 이루어진 슬로건을 만들어 모든 목표에 걸쳐 사용할 수 있도록 하세요.

ii. 시각화 – 목표를 달성하는 순간의 자신을 상상해 보세요. 눈을 감고 목표를 이루는 그 순간을 머릿속에 그려 보세요. 그 순간 무엇을 하고 있는지, 자신에게 혹은 다른 사람에게 무엇을 말하고 있는지, 자신의 모습은 어떠한지, 그리고 어떤 감정을 느끼고 있는지 구체적으로 상상하세요. 이 이미지를 매일 몇 분씩 떠올려 강화하고 마음속에 확고히 새기세요.

iii. 다른 사람들 – 가능한 한 많은 사람에게 자신이 이루고자 하는 목표에 대해 이야기하고, 그 목표를 달성하는 데 도움과 지원을 요청하세요.

시험 공부 계획표 세우기

3e – 총괄평가 준비를 위한 효과적인 학습 계획표 세우기

숙달 수준
효과적인 학습 시간표를 세우고 이를 철저히 지킬 때, 해당 ATL 기능을 사용하는 데 있어 전문가 수준에 도달했다고 볼 수 있습니다.

목적:

여러분은 대부분의 DP 과목에서 시험을 통해 평가받게 됩니다. 시험을 가장 효과적으로 준비하기 위해 시간을 체계적으로 조직하는 능력은 최고 수준의 성과를 내는 데 결정적인 차이를 가져올 수 있습니다. 많은 학교에서는 최종 시험 1년 전에 모의고사나 연습 시험을 치르게 되는데, 이때가 이 기능을 연습하기에 좋은 시기입니다.

시험 계획 수립하기:

효과적으로 공부하고, 총괄평가(시험)를 준비하기 위해 충분히 공부하는 것은 시험 성과와 궁극적으로 성적에 가장 큰 영향을 미칠 수 있는 두 가지 중요한 요소입니다. 이를 도울 수 있는 핵심 전략 중 하나는 시험 공부 일정표를 만드는 것입니다. 다른 하나는 시간표를 지키며 인내하는 것입니다(첫 번째 연습은 다음을 참조하고, 두 번째는 3j를 참조하세요).

연습 1 – 시험 공부 계획표 만들기

a. 이 활동은 개별적으로 하는 것이 가장 좋지만 아이디어를 공유할 수 있도록 파트너와 함께 작업하는 것을 권장합니다.

b. 기말고사 시작 3개월 전에 그날부터 기말고사가 끝난 후까지의 모든 날짜가 표시된 종이나 마분지로 된 달력을 구매하거나 직접 만드세요. 모든 날짜를 기입하고, 주말, 방학, 운동 경기 일정 등에는 색칠을 하세요. 벽에 붙여 두고 싶을 만큼 보기 좋게 만드세요.

지금 바로 시작하세요. 이 과정을 완료하기 전까지 이 연습의 다음 부분을 읽는 것은 의미가 없습니다.

c. 온라인에서 시험 일정을 찾아 모든 시험을 달력에 옮겨 적으세요. 각 시험이 오전 시험인지 오후 시험

인지 표시하세요.

d. 이제 두 가지 중요한 결정을 내려야 합니다.

i. 이 시험들을 위해 어느 정도 공부를 할 예정인가요? '예' 또는 '아니요'로 답하세요. ....

ii. 만약 그렇다면 언제 공부를 시작할 예정인가요? 지금 바로 시작할 예정인가요? 날짜를 기입하세요.

....

질문은 다음과 같습니다. 시작일부터 마지막 시험일까지 매일 공부를 할 것인가요, 아니면 쉬는 날을 정할 것인가요? 저자가 주고 싶은 조언은 다음과 같습니다.

e. 지금 바로 학습 계획을 시작합니다. 오늘 바로 말입니다.

f. 지금부터 첫 시험일까지 매주 하루는 시험 공부를 쉬는 날로 정해 표시해 두세요. 일주일에 하루는 온전히 쉬는 겁니다. 하지만 단 하루만입니다.

g. 만약 지금부터 첫 시험 사이에 방학이 있다면 그중 며칠은 공부하지 않는 날로 표시할 수 있습니다. 휴식이 필요하지만, 방학 중 절반 이상을 쉬어서는 안 됩니다.

h. 공부하지 않을 날들을 결정했다면 이제 공부할 각 날에 몇 시간의 학습 시간을 투자할 수 있을지 결정해야 합니다.

i. 쉬지 않고 계속 공부하는 것에 대해 이야기하는 것이 아닙니다. 충분한 휴식은 반드시 취해야 합니다. 예를 들어, 하루 종일 공부할 수 있는 날, 즉 휴일이나 주말 같은 날이 있다면 쉽게 6시간 동안 공부를 할 수 있습니다. 다소 많게 들릴 수도 있지만, 실제로는 여유로운 점심 식사 전 2시간, 여유로운 저녁 식사 전 추가 2시간 그리고 저녁에 2시간에 불과합니다. 그런 식으로 생각하면 6시간의 공부를 달성하고도 하루 대부분의 시간을 자유롭게 보낼 수 있습니다.

j. 요령은 지금부터 마지막 시험이 끝날 때까지 매일 공부 시간을 최우선 순위로 두고 정말 하고 싶은 다른 일들을 하기 전에 공부를 먼저 끝내는 것입니다. 노력은 여러분이 통제할 수 있는 몇 안 되는 요소 중 하나이며 노력은 시간으로 측정될 수 있다는 것을 기억하세요.

k. 이제 달력에서 공부할 수 있는 각 날에 할애할 수 있는 학습 시간을 기입하세요. 모든 시험 사이사이에도 공부할 시간이 있다는 것을 기억하세요. 마지막 시험 직전까지 학습 시간을 기입하세요.

l. 이제 시간표에 배정한 총 학습 시간을 모두 더하세요. 그 숫자를 다음 표의 마지막 행, 두 번째 열에 적으세요.

m. 다음 표의 첫 번째 열에는 모든 시험 과목을 우선순위에 따라 나열하세요. 가장 많은 시간과 노력을 들여 공부해야 하는 과목을 목록의 최상단에, 가장 적은 시간이 필요한 과목을 목록 하단에 배치하고, 나머지 과목들은 그 사이에 정렬하세요. 지금 바로 표를 완성해 보세요.

전략적 공부:

우선순위에 따른 시험 과목	과목별 공부 시간

총 공부 시간:	

n. 총 공부 시간을 모든 과목에 배분하세요. 총 공부 시간을 과목별로 나누되, 목록 상단의 과목에 더 많은 시간을 할애하고, 아래로 갈수록 적은 시간을 배정하세요. 총 공부 시간이 l에서 계산한 총 시간과 동일한지 확인하세요.

o. 마지막으로, 남은 것은 각 과목을 언제 공부할지 정하는 것입니다.

p. 다시 달력으로 돌아가서 매일 어떤 과목을 공부할지 기입하세요. 각 과목의 학습 시간을 시간표 전체에 걸쳐 1~2시간 단위로 배분하는 것이 적절합니다. 하루에 한 과목당 2시간을 초과하거나 1시간 미만으로 공부하지 않는 게 좋습니다. 따라서 하루에 1시간이 가능하다면 한 과목만 공부하고, 2시간이 가능하다면 각 1시간씩 두 과목을, 4시간이 가능하다면 각 2시간씩 두 과목을 공부할 수 있습니다. 각 과목을 적어도 매주 한 번씩 공부하고, n에서 계획한 학습 시간만큼만 각 과목에 배분하도록 하세요.

q. 이제 시간표가 완성되었으니 색칠한 후 보기 좋게 꾸며 보세요. 주로 공부하는 책상 앞에 잘 고정하세요.

r. 매일 시간표를 보고 성공적으로 완료한 학습일을 지워 나가세요.

s. 만약 계획했던 공부를 다 끝내지 못했다면 반드시 그 학습 시간을 다른 날, 예를 들어 쉬는 날 중 하루로 옮겨서라도 보충하여 완료하세요.

해야 할 공부를 미루거나 하는 데 어려움을 겪고 있다면 압박감 및 스트레스 관리에 대한 3i 항목과 꾸준함, 인내력 및 미루는 습관 극복에 대한 3j 항목을 반드시 수행하길 바랍니다.

연습 2 – 충분한 시간이 있는지 확인하기

각 과목에 필요한 정확한 학습 시간은 해당 과목의 모든 학습 자료를 직접 확인하기 전까지는 알기 어렵습니다. 자료를 살펴본 후에 이어서 제시될 다음 연습문제를 통해 각 과목에 적절한 시간을 배분했는지 확인해 보세요.

a. 학습할 각 과목의 교육과정이나 강의 계획서를 선생님께 받아 보고 각 과목별로 시험 전에 복습해야 할 총 주제 수를 합산하세요.

b. 각 과목별로 공부해야 할 총 주제 수를 앞의 n에서 계산한 해당 과목의 총 학습 가능 시간으로 나누어 보세요. 이

렇게 하면 시간당 몇 개의 주제를 소화해야 하는지, 즉 필요한 학습 속도(주제/시간)를 알 수 있습니다.

물론 모든 주제의 분량이나 필요한 작업량이 같지는 않습니다. 따라서 이 추정치는 정확한 값은 아니지만 매우 유용하게 활용될 수 있습니다.

c. 학습 시간표에 따라 공부를 시작할 때, 정해 둔 학습 시간 동안 실제로 몇 개의 주제를 다루는지 기록해 두세요.

d. 실제 학습 속도와 b에서 계산한 이론적 학습 속도를 비교하세요. 시험 전에 필요한 모든 주제를 다룰 시간이 현재 계획에 충분한지 계산해 보세요.

e. 만약 어떤 과목에 할당된 시간이 시간표에 충분하지 않다면 두 가지 선택을 할 수 있습니다. 정보를 더 빨리 처리하거나(1f 참조), 해당 과목의 학습 시간을 시간표에 더 추가해야 합니다.

f. 만약 필요한 학습 시간보다 여유가 있다면 잠시 쉬어 가는 시간을 가져도 좋습니다.

g. 어떤 이유로든 예정된 학습 시간을 지키지 못했다면 다른 시간으로 조정하여 학습을 완료해야 합니다.

여러분의 계획표를 '유동적인' 문서로 만드세요.

공부 계획표는 목표를 달성하고 생활에 맞게 조정할 수 있는 유연하고 변화 가능한 일정이어야 합니다.

시험 기법

3f – 시험장에서 높은 성과를 내는 방법

숙달 수준

모든 시험 상황에서 최고의 실력을 발휘할 수 있다면, 해당 ATL 기능을 사용하는 데 있어 전문가 수준에 도달했다고 볼 수 있습니다.

목적:

이 기능들은 DP 시험은 물론, 다른 학년 말 시험이나 모의고사에서 좋은 성적을 거두는 데 도움이 되는 핵심적인 요소들입니다.

시험 성과:

시험에서 높은 성과를 내려면 문제를 제대로 읽고 그에 맞는 답을 잘 작성한다는 의미입니다. 문제를 잘 읽기 위해서는 불안감과 시험의 긴장감을 줄이는 방법을 배워야 합니다. 이 방법은 3i를 참조하세요. 좋은 답을 작성하려면 내용을 충분히 학습하고 이해하며 이를 정확히 기억하는 것이 필수적입니다. 모든 과목의 내용을 효과적으로 다루는 방법은 앞서 언급된 1c, 1d, 1f 부분을 참조해 주세요.

이렇게 모든 준비를 마치면 시험장에서 여러분의 성적을 최고 수준으로 끌어올리는 데 도움이 될 몇 가지 간단한 방법들이 있습니다.

다음 시험 전에 이 주요 사항 목록을 읽어 보세요. 이 사항들은 어떤 학업 시험 상황에서도 활용될 수 있습니다.

연습 1 – 시험 기법

휴대전화는 가방, 사물함에 넣어 두거나 집에 두고 오는 것을 잊지 마세요. 만약 시험 중 실수로 휴대전화를 주머니에 넣어 두면 부정행위로 적발되어 실격 처리되고 해당 시험은 점수 없이 0점 처리될 위험이 있습니다.

a. 시험지 앞표지에는 보통 응시생을 위한 중요한 지시 사항이 있습니다. 제일 먼저 그 내용을 확인하고 표시해 두는 것이 좋습니다.

b. 시험지 전체를 주의 깊게 훑어 읽으세요. 이렇게 하면 시험지의 개요와 구조를 파악하고 어떤 정보가 필요할지 미리 생각하는 데 도움이 됩니다.

c. 시간을 배분하세요.

만약 100점 만점 시험을 2시간 동안 치른다면 당신에게 100점당 120분의 시간이 주어지는 셈입니다.

즉, 1점당 1.2분의 시간입니다.

따라서 5점짜리 문제에는 최대 6분, 10점짜리 문제에는 최대 12분까지만 시간을 사용해야 합니다. 각 문제 옆 시험지 위에 해당 문제에 얼마의 시간을 사용해야 하는지 명확하게 적어 두세요.

d. 가능하다면 각 답안 작성 후 답안지에 넉넉한 공간을 남겨 두면 좋습니다. 이렇게 하면 채점하기가 더 쉽고 나중에 시간이 남을 경우에 추가 정보를 기입할 공간도 생깁니다.

e. 항상 가장 쉬운 문제부터 시작하세요. 이는 두뇌 회전을 돕고 자신감을 높여 줍니다.

f. 각 문제를 주의 깊게 읽고, 핵심 동사에 밑줄을 긋거나 강조 표시를 하세요. 이것이 바로 출제자가 여러분에게 기대하는 바입니다. 예를 들어, '나열하시오' '비교하시오' '논하시오' '서술하시오'와 같은 지시어들은 각각 요구하는 답의 방식이 크게 다르다는 점을 명심해야 합니다.

g. 장문형 문제의 경우, 아이디어 맵이나 유사한 것을 사용하여 먼저 답안을 계획하고, 이 과정 또한 답안지에 포함시키세요. 때로는 답안 준비 과정에 대해 별도의 점수가 주어지기도 합니다.

h. 시험이 끝났다고 생각될 때 시간이 남았다면 자리에 그대로 앉아 휴식을 취하세요. 시험 시간이 남았다면 서둘러 나가지 말고 남은 시간을 최대한 활용하세요. 긴장이 풀리면 작성한 모든 내용을 다시 한번 읽어 보세요. 그렇게 하다 보면 답안에 추가할 수 있는 내용들이 더 기억날 것입니다. 그러면 다시 돌아가 남겨 둔 공간에 내용을 추가하세요. 처음에 답이 틀렸다고 100% 확신하지 않는 한 답을 바꾸지 마세요. 대개 처음 떠올린 답이 맞는 경우가 많기 때문입니다.

잘 실패하기

3g – '잘 실패하기' 과정을 활용한 학업 및 다른 목표 이루기

숙달 수준
목표 달성에 실패해도 스스로 성과를 점검하고 필요한 부분을 개선하여 다시 시도할 수 있으며, 성공할 때까지 포기하지 않고 노력할 수 있다면 해당 ATL 기능을 사용하는 데 있어 전문가 수준에 도달했다고 볼 수 있습니다.

회복탄력성:

회복탄력성은 잘 실패하는 법을 배우는 것을 포함하여 여러 인성 기능의 요소들을 포함하는 다면적인 개념입니다. 이 기능을 완전히 개발하기 위해서는 연습 3k, 3l 및 3m도 함께 학습하는 것이 유용합니다.

목적:

잘 실패하는 것은 모든 성과 향상의 핵심입니다. 학교생활이든, 다른 어떤 분야이든 여러분의 성과를 향상시키고 싶다면 실패를 통해 배우는 법을 익혀야 합니다. 여러분은 DP에서의 모든 경험을 통해 이 기능을 자주 사용하게 될 것입니다. 선생님께 과제를 제출하거나 시험을 치를 때 또는 조사, 프로젝트, 전시회를 진행하는 등 학습 과정의 모든 순간에 실패를 통해 배우는 법을 익혀야 합니다.

정의:

성공이란 목표를 설정하고 그것을 달성했을 때로 정의합니다.
반면 실패는 목표를 설정했지만 그것을 달성하지 못했을 때로 정의합니다.

연습 1 – 과거의 경험을 통해 잘 실패하는 법 배우기

a. 과거에 세웠지만 달성하지 못했던 목표를 생각해 보세요. 크고 작은 어떤 목표이든 괜찮지만 지금도 여전히 달성하고 싶은 것이어야 합니다. 목표는 교과목, 핵심 과정 또는 교실 밖의 활동과 관련될 수 있습니다.

b. 목표가 무엇이었는지 명확하고 구체적으로 설명하세요.

c. 그 목표를 달성하기 위해 무엇을 했는지 설명하세요.

d. 결과가 어떠했는지 사실에만 입각하여 설명하세요. 사실을 명확하고 정확하게 나열하세요.

e. 여러분이 목표를 이루기 위해 시도했던 과정을 자세히 살펴보고, 그중 자신이 통제할 수 있었던 요인과 통제할 수 없었던 요인을 명확히 구분하는 것이 중요합니다. 두 가지 목록을 만드세요.

   i. 내가 통제할 수 있었던 요인

   ii. 내가 통제할 수 없었던 요인

f. 여러분이 통제할 수 있었던 요인과 목표 달성을 위해 시도했던 노력들을 되짚어 보세요. 어떤 행동이 목표 달성에 도움이 되었는지(목표에 더 가까이 다가가게 함) 그리고 어떤 행동이 방해가 되었는지(목표 달성에서 멀어지게 함) 고려해 보세요. 두 가지 목록을 만드세요.

   i. 내가 했던 일 중 목표 달성에 도움이 된 것

   ii. 내가 했던 일 중 목표 달성에 방해가 된 것

g. 목표 달성을 방해했던 요소들을 되짚어 보고 다음번에는 그중 한 가지 이상을 다른 방식으로 시도해 볼 계획을 세워 보세요. 과정에 어떤 변화를 줄 것인지, 즉 다음 시도에서는 무엇을 다르게 할 것인지 설명하세요.

h. 이제 다시 시도할 차례입니다. 변화를 주고, 새로운 방식을 적용하여 같은 목표를 향해 나아가세요.

i. 1d로 돌아가 동일한 과정을 반복하세요.

j. 목표를 달성할 때까지 과정을 계속 반복하세요.

k. 혹시 이 과정을 익숙하게 느낄 수 있나요? 여러분이 과목, 지식 이론, CAS에서 배우는 성찰 과정과 유사한 점이 있나요?

연습 2 – 새로운 목표 달성을 위해 잘 실패하는 법 활용하기

a. 새로운 목표를 생각해 보세요. 이 목표는 학교 안팎, 즉 여러분의 삶에서 어떤 것이라도 좋습니다. 달성하고 싶은 것이라면 크고 작은 목표 모두 괜찮습니다.

b. 첫 번째 열 상단에 자신의 목표를 명확하게 설명하는 것부터 시작하세요. 그런 다음, 첫 번째 열을 따라 내려가면서 빈칸을 채우세요. 이 과정은 목표 달성을 위해 필요한 행동들을 수행해 나가면서 완료하는 데 며칠 또는 몇 주가 걸릴 수도 있습니다.

c. 첫 번째 열의 맨 아래에 도달하면 두 번째 열의 맨 위로 이동하여 새로운 목표를 적으세요(첫 번째 목표와 동일할 수도 있고, 경험을 바탕으로 수정했을 수도 있습니다).

d. 그런 다음 다음번에는 무엇을 다르게 할 것인지, 즉 어떤 행동을 취할 것인지 설명하세요.

e. 계획한 행동을 시작하고, 두 번째 열에 제시된 순서에 맞춰 과제를 수행하면 됩니다.

f. 목표를 달성할 때까지 반복하고 또 반복하세요.

	나의 목표는 ……입니다.	나의 다음 목표는 ……입니다.
그 목표를 달성하기 위해 정확히 어떤 행동을 취할 건가요?	나는 ……할 것입니다.	나는 ……할 것입니다.
결과는 어땠나요? 무슨 일이 일어났는지 명확하고 정확하게 설명하세요. 이때 사실만을 바탕으로 나열하세요.	일어난 일은 ……이었습니다.	일어난 일은 ……이었습니다.

어떤 행동이 효과가 있었나요?	내가 했던 일 중 효과가 있었던 것은 ……이었습니다.	내가 했던 일 중 효과가 있었던 것은 ……이었습니다.
무엇이 효과가 없었나요?	내가 했던 일 중 효과가 없었던 것은 ……이었습니다.	내가 했던 일 중 효과가 없었던 것은 ……이었습니다.
무엇을 바꿀 건가요?	다음번에 다르게 할 일은 ……입니다.	다음번에 다르게 할 일은 ……입니다.

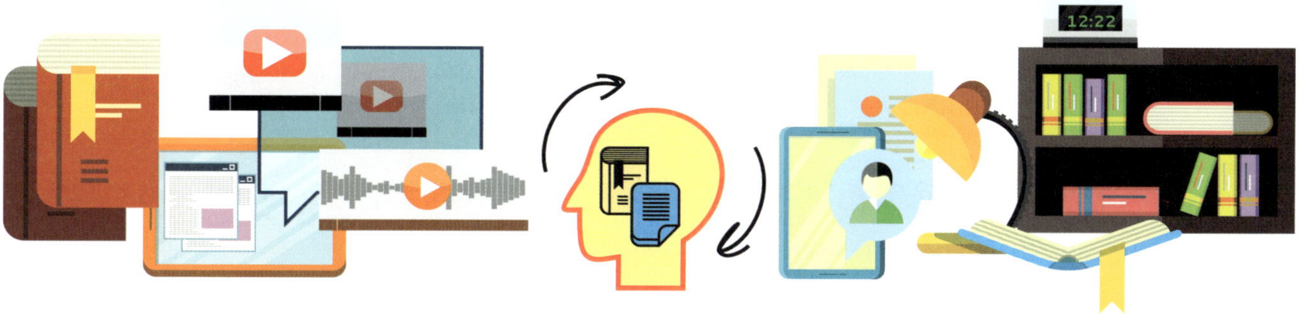

연습 3 – 학업 성취를 위해 잘 실패하는 법 활용하기

a. 어떤 과목이든 시험이든 또는 과제를 시작하기 전에 나만의 목표를 세워 보세요. 무엇을 이루고 싶은가요?

b. 자신의 목표를 명확하고 구체적으로 설명하세요.

c. 그 목표를 달성하기 위해 무엇을 할 것인지 설명하세요.

d. 결과를 확인한 후 사실만을 바탕으로 결과가 어떠했는지 설명하세요.

e. 목표를 달성했나요?

- 예: 좋습니다. 목표를 너무 낮게 설정하고 있는 것은 아닌지 고려해 볼 필요가 있습니다. 이제 새로운 학업 목표를 위해 이 과정을 다시 적용해 보세요.
- 아니요: 그것은 잘 실패하기를 연습할 아주 좋은 기회입니다. 다음 단계를 따라 진행하세요.

f. 시험에서 틀렸던 문제들을 살펴보고, 평가 기준이나 선생님께서 과제에 적어 주신 코멘트를 확인한 후, 교과서나 자신의 노트를 참고하여 각 답을 정확하게 다시 작성하세요.

g. 새로운 답안을 선생님이나 정답을 맞힌 다른 학생에게 가져가서 이제 정답을 알고 있는지 확인받으세요.

h. 틀렸던 각 문제에 대해 교과서나 선생님으로부터 유사한 문제를 하나 더 찾아보고 선생님이나 교과서의 도움 없이 혼자 힘으로 풀어 보세요.

i. 원한다면 이 새로운 문제들에 대한 답을 선생님께 확인받으세요.

j. 일단 정답을 맞혔다면 그 경험으로부터 배운 것이고 다음으로 나아갈 수 있습니다. 하지만 더 중요한 것은 '잘 실패하는 법'을 연습했다는 점입니다. 잘 실패하는 법을 배우고 연습하는 것이 학교에서 학업 성취를 이루기 위해 할 수 있는 가장 중요한 일입니다.

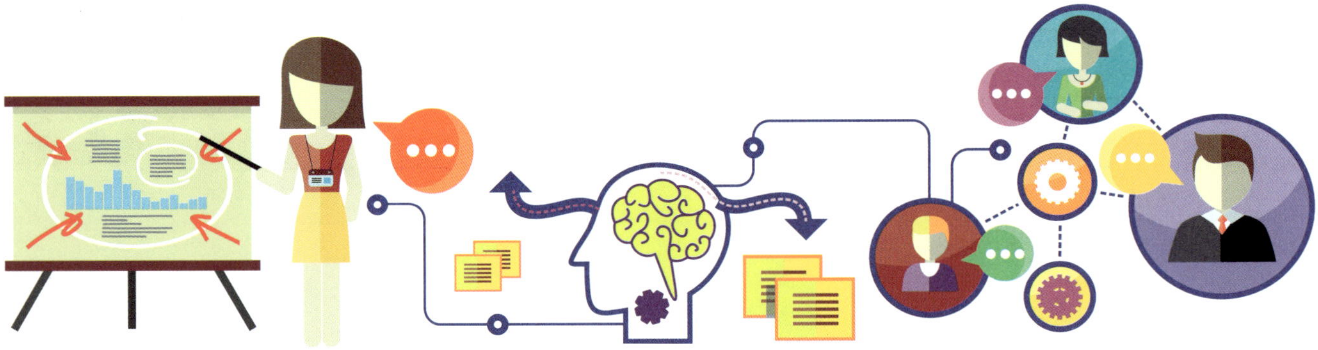

가치와 덕목

3h – 자신의 가치와 덕목에 대한 자각

숙달 수준
자신의 가치와 덕목을 완전히 인식하고 이를 일상에서 실천할 수 있다면, 해당 ATL 기능을 사용하는 데 있어 전문가 수준에 도달했다고 볼 수 있습니다.

목적:

진정성 있는 사람으로 성장하고 어려운 선택(5g 참조)을 제대로 하려면 먼저 자신이 어떤 사람이고, 어떤 덕목을 가장 중요하게 여기는지 분명히 알아야 합니다. 이 연습을 통해 자신의 가치와 덕목을 더욱 분명하게 파악할 수 있습니다. DP는 여러분이 진실되게 선택한 기능을 개발하도록 돕기 위해 고안되었으며, 이는 종종 CAS 프로젝트, 지식 이론 에세이 및 발표 그리고 학교 공동체에 기여하는 방식들에서 나타납니다.

연습 1 – 자신의 덕목 선택하기

덕목 체계는 지구상 모든 문화권에 존재합니다.

모든 사람이 성장하면서 마주하게 되는 가장 큰 도전 중 하나는 어떤 덕목을 중요하게 여기고 자신의 삶에서 드러낼 것인지 스스로 결정하는 것입니다.

a. 다음에 제시된 덕목들을 살펴보고 여러분에게 중요하거나 자신의 인격을 형성하는 데 도움이 되길 바라는 덕목이 있다면 옆에 체크해 보세요.

동양 국가에서는 유교, 도교, 불교 전통에서 비롯된 세 가지 덕목 체계가 문화와 역사에 큰 영향을 미쳤습니다.

유교의 덕목:		도교의 덕목:		불교의 덕목:	
	자비, 자선, 인간애		자연스러움(무위자연)		너그러움
	정직과 올바름		자발성		올바른 행실
	충성심과 신의		단순함		집착에서 벗어남
	예절, 예의, 공손함, 의식		욕망에서의 초연함		지혜
			무위(無爲) – 의도 없는 행동		끊임없는 노력
			연민		인내심
			겸소함		정직
			겸손		결단력
					선의
					평정심

서양 국가에서는 역사적으로 아리스토텔레스, 이슬람교, 기독교의 영향을 더 많이 받았습니다.

아리스토텔레스의 덕목:		이슬람교의 덕목:		기독교의 덕목:	
	지혜		자선과 박애		신중함
	절제		용서		정의
	용기		관용		절제
	정의		정직		용기
	관대함		친절과 관대함		믿음
	장엄함		동물에 대한 온정		희망
	너그러움		정의		자선
	인내심		약속 이행		
	진실함				
	재치				
	친근함				
	수치심				

b. 단어의 정확한 의미를 모른다면 찾아보세요. 이 중 일부 덕목은 오늘날 우리가 사용하는 단어의 의미와 상당히 다를 수 있습니다. 아리스토텔레스의 덕목으로서 '장엄함(magnificence)'이 실제로 무엇을 의미했는지 알아보세요. '수치심(shame)'은 무엇을 의미했으며, 어떻게 수치심이 덕목이 될 수 있었을까요?

c. 앞의 표에서 선택을 마쳤다면 이제 다음의 표에 여러분이 직접 고른 상위 열 가지 덕목을 작성해 보세요. 필요하다면 앞의 표에는 없는 다른 덕목을 추가해도 좋습니다.

d. 자신만의 조사를 시작하세요. 자신이 선택한 각 덕목에 대해 일상생활에서 그 덕목을 모범적으로 실천하는 사람을 한 명씩 찾아보세요.

e. 그 덕목을 여러분의 일상생활에서 드러낼 수 있는 구체적인 행동 하나를 떠올려 보세요.

나의 상위 10가지 덕목	이 덕목을 모범적으로 실천하는 사람	이 덕목을 실천할 수 있는 방법
1.		
2.		
3.		
4.		
5.		
6.		
7.		
8.		
9.		
10.		

스트레스 관리

3i – 압박, 스트레스, 불안에 효과적으로 대처하기

숙달 수준
언제든 필요할 때 의도적으로 스트레스와 불안감을 줄이고, 차분하고 집중할 수 있는 상태로 되돌릴 수 있다면 해당 ATL 기능을 사용하는 데 있어 전문가 수준에 도달했다고 볼 수 있습니다.

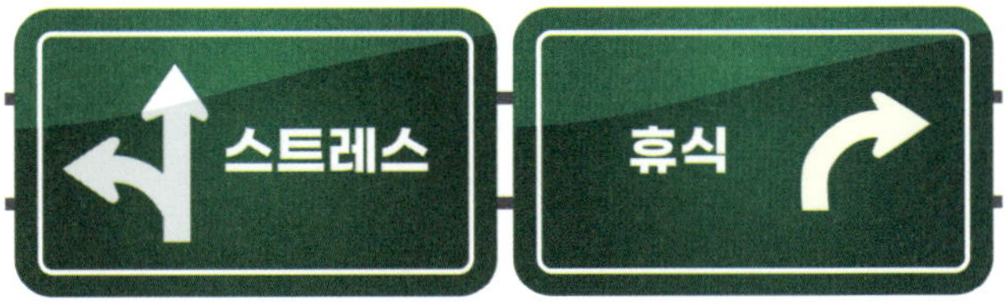

목적:

DP를 이수하는 과정에서 여러분은 많은 압박을 받을 것입니다. 엄청난 양의 과제와 내부 평가 및 소논문 마감일, 각종 시험 등 여러 도전을 동시에 해결해야 하는 스트레스 상황에 처할 수 있습니다. 압박감을 긍정적으로 사용하고, 불안과 스트레스에 잘 대처하는 법을 배우는 것은 학교와 그 이후의 성공을 위한 핵심 기능들입니다.

설명:

물리학에서는 압력(압박)을 어떤 물체에 가해지는 힘을 의미하고 스트레스는 압력(압박)으로 인해 생기는 변형을 뜻합니다. 우리 모두는 늘 크고 작은 압박을 받으며 살아갑니다. 압박은 어떤 일을 해내야 할 때 도움이 되는 긍정적인 힘이 될 수 있습니다. 하지만 그 압박이 스트레스로 바뀌는 순간 우리의 효율성과 효과성은 크게 떨어지고 감정적으로나 정신적으로 힘들어질 수 있습니다.

압박감과 스트레스의 차이는 동반되는 부정적인 감정의 수준에 있습니다. 만약 우리가 스스로에게 압박감을 주거나 선생님 또는 마감일에서 오는 압박감을 활용해 일을 완수한다면 이는 목표 달성에 도움이 되는 매우 긍정적인 힘이 될 수 있습니다. 그러나 그러한 압박감에 불안, 걱정, 공황, 비관적인 감정 또는 기타 부정적인 감정이 동반된다면 이를 스트레스로 인식하고, 극복하기 위한 조치를 취하는 법을 배워야 합니다.

이 연습들은 여러분이 그러한 방법을 배우는 데 도움을 줄 것입니다.

높은 기대 속에서 학업에 임해야 하는 요즘 학교생활에서 압박감에 현명하게 대처하고 스트레스를 푸는 법을 배우는 건 매우 중요한 기능입니다.

연습 1 – 지금 어떻게 스트레스를 다루고 있나요?

이 연습은 혼자 또는 짝과 함께할 수 있지만 모든 답은 스스로 작성해야 합니다.

때로는 압박감을 스트레스나 불안감으로 키우지 않고 잘 관리해 낼 수 있다는 사실을 알고 있나요?

a. 높은 압박감 속에서도 그것이 심각한 스트레스가 되지 않고 잘 이겨 냈던 때를 떠올려 보세요. 예를 들어, 스포츠 경기나 음악 공연을 앞뒀을 때 또는 반 친구들 앞에서 발표나 시험을 치렀을 때처럼, 결과가 좋았던 경험이 있을 것입니다.

b. 눈을 감고 그 순간을 자세히 떠올려 보세요. 사건이 일어나기 전, 진행되는 동안 그리고 그 후에 어떤 일들이 있었

는지 기억해 보세요. 그때 압박감을 관리하기 위해 무엇을 하고 있었는지 떠올려 보세요. 압박감을 잘 관리하고 있을 때 마음속에서 무슨 일이 일어나고 있었는지, 스스로에게 무슨 말을 하고 있었는지, 무엇을 상상하고 있었는지, 그 밖에 또 무슨 일이 있었는지 주목해 보세요.

c. 이제 눈을 뜨고 그 경험과 그때 들었던 생각들을 최대한 자세하게 적어 보세요.

d. 혹시 큰 압박감 속에서 제대로 대처하지 못했던 때를 떠올릴 수 있나요? 여기에 그때의 상황을 적어 보세요.

e. 자신이 통제할 수 없는 외부 요인(예: 선생님이 정하신 마감일) 중에서 스트레스 없이 압박에 잘 대처하고 일을 잘 처리하는 데 도움이 되었던 점 두 가지를 적어 보세요.

1.

2.

f. 이제 여러분이 통제할 수 있는 것들, 즉 자신의 생각, 감정 그리고 취할 수 있는 행동에만 집중해 보세요. 압박감에 현명하게 대처하기 위해 여러분이 해야 할 핵심적인 두 가지는 무엇이라고 생각하나요?

1.

2.

g. 친구들은 어떻게 하나요? e와 f에 대한 답을 공유해 줄 반 친구를 찾아보세요. 다른 학생들이 쓴 내용을 읽고, 함께 이야기를 나누면서 여러분은 아직 시도해 보지 않은 좋은 방법이 있다면 한두 가지를 찾아 여기에 적어 보세요.

1.

2.

h. 지금까지 이 연습에서 생각하고 정리했던 점들을 활용해 자신만의 전략을 세워 보세요. 다음번에 큰 압박감을 느끼는 상황에 처했을 때 이에 잘 대처하기 위해 무엇을 할 것인가요?

이 방법을 더 많이 연습할수록 점점 능숙해져 나중에는 압박감이나 스트레스가 커지기 전에 미리 관리할 수 있게 될 것입니다.

연습 2 – 최고에게서 배우기

모든 분야에서 최고의 성과를 내는 사람들은 압박감을 긍정적인 동력으로 활용하는 자신만의 노하우를 가지고 있습니다. 우리 모두 그들의 사례에서 배울 점이 많습니다.

a. 짝이나 모둠으로 활동하며 조사 과제는 분담하여 수행합니다.

b. 다음에 제시된 각 직업 분야별로 세계 최고 수준의 성과를 내는 사람 한 명을 선정하세요. 그 사람이 압박감을 긍정적으로 다루는 데 어떤 비결을 가지고 있는지 조사해 보는 겁니다.

c. 결과를 모둠과 논의하고 각자 찾은 내용을 다음의 표에 적어 보세요.

직업 분야:	인물:	압박감 대처법:
배우		
무용수		
작가		
음악가		
오케스트라 지휘자		
코미디언		

테니스 선수		
레이서		
골프선수		
스누커(당구) 선수		
포커 선수		
외과의사		
조종사		

d. 이번 연습을 통해 효과적이라고 생각하는 아이디어 두 가지를 골라 여기에 적어 보세요. 다음번에 압박감이나 스트레스를 받게 되는 상황에서 직접 시도해 보면 좋을 것입니다.

1. ....

2. ....

연습 3 – 스트레스와 불안 위험을 줄이기 위한 활동

압박감이 스트레스로 변했다는 것을 인식하는 한 가지 방법은 마음속에서 부정적인 자기 대화와 실패에 대한 예상이 시작되었음을 인식하는 것입니다. 그때가 바로 휴식이 필요한 때입니다.

짧은 휴식일지라도 스트레스를 받는 정신 상태에서 벗어나는 데 도움이 될 수 있습니다. 다음과 같은 활동들을 일일 및 주간 일정에 포함시키세요.

a. 신체적으로 긴장을 푸는 법을 배우면 정신적 이완을 이루고 스트레스와 불안을 이겨 내는 데 크게 기여할 수 있습니다.

b. 걷기, 조깅, 춤, 요가, 태극권 및 일부 무술과 관련된 규칙적인 신체 움직임과 스트레칭은 스트레스와 불안의 영향을 줄이는 데 매우 유용할 수 있습니다.

c. 큰 소리로 웃게 만드는 종류의 유머는 스트레스와 불안의

영향을 줄이는 데 매우 유용할 수 있습니다.

d. 음악도 도움이 될 수 있습니다. 특히 편안한 음악이나 일어나 춤을 추게 만드는 신나는 음악이 좋습니다. 휴식을 위한 재생목록 하나와 활기찬 춤을 위한 재생목록 하나를 만드세요. 둘 다 스트레스와 불안을 줄이는 데 도움이 될 수 있습니다.

매주 의도적으로 시간을 내어 이러한 활동 중 적어도 한 가지를 꾸준히 실천해 보세요. 다른 모든 과제만큼 중요하게 여기는 게 중요합니다.

e. 나는 매주 반드시 다음 활동들을 실천할 것입니다.

f. 언제부터 시작할 건가요?

연습 4 – 심상 훈련을 통해 스트레스와 불안 줄이기

심상 훈련은 차분하고 편안하며 집중된 자신감 있는 상태를 의도적으로 떠올리는 훈련을 통해 불안과 스트레스 반응을 극복하는 능력을 키우는 데 활용할 수 있습니다. 이 시각화 연습은 몸 안에 일종의 '스위치'를 만들어 언제든지 그 스위치를 켜기만 하면 차분하고 편안하며 집중된 상태로 전환할 수 있도록 돕기 위한 것입니다. 이 스위치를 사용하면 불안이나 스트레스가 몰려올 때도 바로 극복하고 지금 해야 할 일에 집중할 수 있게 됩니다.

먼저, 이 심상 훈련 내용을 처음부터 끝까지 미리 읽고, 무엇을 해야 하는지 충분히 파악하세요. 그런 다음, 처음 연습할 때는 친구나 가족 등 누군가에게 이 심상 유도 문구를 읽어 달라고 부탁해 보세요. 그 사람이 읽어 주는 내용을 들으며 심상 훈련을 연습해 보세요. 이 기법을 제대로 활용하려면 한동안 하루에 한 번씩 꾸준히 연습해야 합니다. 처음에는 다른 사람의 도움이 필요할 수 있지만 한두 번 연습해 보면 이후에는 혼자서도 충분히 심상 훈련을 실행할 수 있을 것입니다.

이 연습을 시작하기 전에 두 가지를 준비해야 합니다.

1. 자신의 삶에서 차분하고 편안하며, 집중도 잘되고, '나는 이걸 잘해 낼 수 있어.'라는 자신감을 느꼈던 순간을 떠올려 보세요. 예를 들어, 가장 좋아하는 게임을 할 때, 가장 잘하는 수업에 참여하고 있었을 때, 책을 읽거나, 악기를 연주하거나 스케이트보드를 탈 때처럼, 여러분이 즐겁고 자신 있게 잘할 수 있는 활동을 하고 있었던 순간이면 무엇이든 괜찮습니다. 그때 여러분은 어디에 있었고 무슨 일이 일어나고 있었는지를 떠올려 보세요.
2. 그런 기분을 다시 떠올릴 수 있도록 도와주는 '특별한 신체 동작'이 필요합니다. 우리가 사용할 동작은 주먹을 꽉 쥔 채로 팔을 몸쪽으로 당기는 동작입니다. 마치 어떤 일을 멋지게 해냈을 때 '예!' 하고 기뻐하며 하는 동작처럼요. 이 동작은 성공의 상징이기도 합니다.

그래서 심상 훈련 연습을 하며 차분하고 편안하며 집중된 자신감이 마음속에서 차오르는 것을 느낄 때 그 느낌을 '주먹을 꽉 쥐는 동작' 속에 담는 것입니다. 이 동작을 하루에 한 번씩 약 3주간 반복해서 연습하면 뇌 속에서는 주먹을 쥐는 동작을 조절하는 신경과 자신감을 느끼게 하는 신경 사이에 연결이 만들어집니다. 이 연결이 형성되면 나중에 자신감이 필요할 때마다 같은 방식으로 주먹을 쥐는 것만으로도 그때의 자신감 있는 감정을 빠르게 떠올릴 수 있게 됩니다. 그리고 사람은 불안하거나 긴장한 상태와 자신감 있는 상태를 동시에 가질 수 없기 때문에 이 연습을 통해 긴장감은 사라지고, 집중력이 높아져 목표를 이루기 위해 해야 할 일에 몰입할 수 있게 됩니다.

a. 시간을 내어 심상 유도 문구를 직접 읽어 보고, 언제 이 훈련을 할 수 있을지 생각해 보세요.
b. 이제 다음에 나올 심상 유도 문구를 친구나 가족 등 다른 사람에게 읽어 달라고 부탁하세요.
c. 여러분은 그저 편안히 앉아, 머리를 책상 위에 기대거나 눈을 감고, 몸과 마음을 편하게 이완시키면 됩니다.

[차분하고 부드러운 목소리로 천천히 읽어 주세요.]

우선 편안한 자세를 취합니다. 깊게 숨을 들이쉬고 등과 목을 이완하여 온몸을 편안하게 하세요. 이제 가장 먼저 머릿속에 커다란 빈 TV 화면을 떠올려 보세요. 아직 전원이 켜지지 않았고 화면에는 아무것도 없습니다. 이제 TV를 켜세요. 화면에 처음 나타나는 장면은 여러분이 자신감을 느끼고 있는 순간입니다. 기분이 최고인 순간이죠. 기억하세요. 그 순간은 과거의 실제 경험일 수도 있고 상상 속의 장면일 수도 있습니다. 어느 것이든 상관없습니다. 이제 TV 화면 속 장면을 보세요. 그 순간을 느끼고 있는 여러분을 바라보세요. 그리고 잠시 그 장면을 멈추고 화면을 고정하세요. 자신감이 넘치는 그 순간, 여러분은 어디에 있나요? 실내인가요 아니면 야외인가요? 다른 사람들과 함께 있나요 아니면 혼자 있나요? 화면의 배경과 전경을 자세히 채워 넣어 보세요. 그리고 색상을 조절해서 더욱 선명하고 밝게 보세요. 그 장면 속의 소리를 불러와 보세요. 그 순간, 어떤 소리가 들리나요? 그리고 그 순간, 스스로에게 어떤 말을 하고 있었나요? 그 소리를 지금 다시 들어 보세요. 화면 속 장면이 점점 커지고 있습니다. 더 가까이 다가가세요. 장면이 더욱 커지고 있습니다. 자신감이 가득 차오르는 느낌을 온전히 느껴 보세요. 그 자신감이 여러분 안에서 점점 솟아오르는 것을 느끼세요. 이제 주먹을 쥐세요. 그 자신감과 감정을 손에 꽉 쥐고 고정하세요. (한동안 멈춤) 이제 손을 다시 편안하게 펴고 손끝을 쫙 펼쳐 주세요. 천천히 그 감정을 놓아 주고 눈을 뜨세요. 이제 방으로 돌아와 기지개하며 몸을 스트레칭하세요.

[활기차고 또렷한 목소리로] 다시 돌아온 걸 환영합니다!

이제 여러분이 해야 할 일을 알려 드렸습니다. 이것이 실제로 도움이 되려면 꾸준한 연습을 해야 합니다. 약 3주 동안 매일 한 번씩 실천해 보는 것을 추천합니다. 연습 순서는 다음과 같습니다.

1. 차분하고 편안하며 자신감이 느껴졌던 순간을 떠올리세요. 그때의 장면을 머릿속에서 보고, 듣고, 느껴보세요.
2. 그 감정을 주먹을 쥐는 동작과 연결해 몸에 새기세요.
3. 21일 동안 하루에 한 번씩 연습하세요. 이 과정을 반복하다 보면 여러분의 뇌 속에 원하는 때에 차분함, 편안함, 집중력 그리고 자신감을 즉시 활성화시킬 수 있는 일종의 '스위치'가 생겨날 것입니다.
4. 학교 과제, 마감일, 시험 등으로 인해 스트레스를 받거나, 불안해지고 있다는 걸 느낄 때마다 여러분이 할 일은 뇌 속의 '트리거(방아쇠)'를 당기는 것입니다. 바로 주먹 쥐는 동작을 실행하는 겁니다. 그러면 그때의 차분하고 자신감 있는 느낌이 온몸으로 다시 떠오르고 불안과 스트레스는 사라져서 지금 해야 할 일에 온전히 집중할 수 있게 될 것입니다.

미루는 습관 극복하기

3j – 미루는 습관 극복하기, 끈기와 인내력 연습하기

숙달 수준

필요할 때(하기 싫을 때조차도) 스스로 일을 시작할 수 있고, 한 과제를 오랜 시간 동안 또는 완료할 때까지 끈기 있게 지속할 수 있다면 해당 ATL 기능을 사용하는 데 있어 전문가 수준에 도달했다고 볼 수 있습니다.

목적:

여러분은 프로그램의 모든 측면에서 인내심을 연습할 기회를 갖게 됩니다. 이것은 특히 소논문에 유용한 기능입니다. 소논문에서는 여러 개의 작은 마감일을 스스로 지키면서 장기간 독립적으로 작업해야 하기 때문입니다.

연습 1 – 가끔은 어떻게 그렇게 하나요?

여러분은 가끔 과제를 끈기 있게 지속하고 인내하면서 성공해 낼 수 있는 능력이 여러분에게 있다는 것을 알고 있나요? 과제에 끈기 있게 매달려 끝까지 포기하지 않고 해낸 경험이 있나요? 가끔 어떻게 그렇게 할 수 있었나요?

a. 다음 표를 살펴보세요. 왼쪽에 나열된 각 과제에 대해 학교에서든, 학교 밖에서든 그 과제를 끈기 있게 완수했던 특정 경험을 떠올려 보세요. 필요할 때 과제를 시작해서 제때 완료했고 충분히 만족스러운 결과물을 만들어 냈던 경험을 떠올려 보세요.

b. 이제 각 과제에 대해 그 상황에서 여러분이 끈기 있게 해낼 수 있었던 요인이 무엇이었는지 파악해 봅니다. 그 요인들을 여기에 나열하되, 특히 자신이 통제할 수 있었던 요인(예: 생각, 감정, 시간 관리 기능)과 통제할 수 없었던 요인(담임 선생님, 코치, 지도 선생님이 정해 주신 마감일)을 구분하여 적어 보세요.

내가 다양한 과제를 끈기 있게 수행하는 데 도움이 되는 것들		
과제	내가 통제할 수 있는 요인	내가 통제할 수 없는 요인
글쓰기		
모둠 활동		
스포츠 훈련		
음악 배우기 또는 연극/발표 대사 암기		

비디오게임 하기		
독서		
기타 과제		

하고 있는 일을 사랑할 때 끈기를 발휘하는 것은 쉽습니다. 정말 하기 싫은 일을 할 때 끈기를 발휘하는 것이야말로 이 기능에 숙달했음을 보여 줍니다.

c. '내가 통제할 수 있는 요인' 항목에서 특별히 하고 싶지 않은 과제를 끈기 있게 수행하는 데 사용할 수 있는 세 가지는 무엇인가요?

1. ……………………………………

2. ……………………………………

3. ……………………………………

d. 친구들은 어떻게 하나요? b에 대한 답을 공유해 줄 다른 반 친구를 찾아보세요. 다른 학생들이 쓴 내용을 읽고 함께 이야기를 나누면서 여러분은 아직 시도해 보지 않은 좋은 방법이 있다면 한두 가지를 찾아 여기에 적어 보세요.

1. ……………………………………

2. ……………………………………

이 방법을 더 많이 연습할수록 더욱 능숙하게 되어서 나중에는 필요할 때마다 끈기를 발휘할 수 있게 됩니다.

연습 2 – 미루는 습관 극복하기

가장 먼저 깨달아야 할 것은 모든 사람이 일을 미룬다는 것입니다. 예외 없이 말입니다. 사람들이 목표를 이루지 못하는 가장 큰 이유가 미루는 습관이기 때문에 여러분이 어떤 성공을 상상하든 이를 극복하고 실천하는 것이 가장 중요합니다. 미루는 습관을 극복하는 것이 결코 간단한 일은 아닙니다. 이 과정은 다양한 전략을 필요로 합니다. 하지만 여러분은 이미 가끔씩 그렇게 해내고 있으므로 걱정하지 않아도 됩니다. 핵심은 필요할 때마다 의식적으로 미루지 않고 바로 시작할 수 있도록 자신을 훈련하는 것입니다.

a. 중요한 과제를 시작하려는데 갑자기 해야 할 잡다한 일들이 눈에 띄기 시작해서 미룬 경험이 있나요? 중요한 학교 과제가 있을 때 시작을 늦추게 만드는 청소, 정리, 운동 등과 같이 자신이 하는 모든 일의 목록을 만들어 보세요.

……………………………………

……………………………………

……………………………………

b. 교과 과정 과제가 있을 때 지금 당장 그 일을 할 필요가 없는 핑계나 이유를 스스로에게 대고 있는 나 자신을 발견한 적이 하나요? "내일 첫 쉬는 시간에 할 수 있어." "더 창의적인 기분이 들 때까지 기다려야 해."처럼, 해야 할 일

을 미루기 위해 스스로에게 댔던 모든 핑계를 목록으로 만들어 보세요.

c. 해야 할 과제에 대해 생각하지 않으려고 여러분의 주의를 딴 곳으로 돌리는 것들(소셜 미디어, 컴퓨터 게임 등)은 무엇인지 모두 적어 보세요.

이 목록에 있는 것들은 모두 학교 과제 대신 하고 싶은, 일종의 '회피성 행동'이라고 할 수 있습니다. 너무나도 공감되지만, 일을 더 미룰수록 압박감이 커지고 마치 큰일이라도 날 것처럼 느끼다가, 결국 공황 상태에 이르러서야 겨우 일을 시작하고 마무리하게 되는 경험을 해 보았나요?

결국 그 일을 끝내기는 했지만 즉시 시작하지 않아 불필요하게 많은 스트레스를 겪은 뒤에야 해낸 것이나 마찬가지입니다.

d. 미루는 습관을 극복하기 위해 가장 먼저 해야 할 일은 체계적으로 계획하는 것입니다. 시간 및 과제 관리에 대해 알아보려면 3c로 이동하세요. 단계는 다음과 같습니다.

i. 모든 선생님께 모든 과제 및 시험 날짜를 미리 받으세요.

ii. 각 과제를 세부 항목으로 나누세요.

iii. 매주 모든 과제의 마감일과 해당 주의 모든 스포츠, 교과 외 활동 및 사교 행사를 포함한 일정을 만드세요.

iv. 매일 '해야 할 일' 목록을 만들고 일들을 처리하세요! 완료된 항목은 목록에서 지우세요.

v. 모든 밀린 과제에 대해 매일 조금씩이라도 반드시 하세요!

e. 체계적으로 계획한 후에도 때로는 시작하는 데 어려움을 겪을 수 있습니다. 그렇게 하려면 먼저 약간의 긴급함을 조성해야 합니다.

연습 3 – 긴급함 조성하기

여러분은 가끔 미루는 습관을 꽤 잘 극복한 적이 있나요? 보통 '내일까지 제출'이어야 할 때 그렇겠죠? 늦은 과제 제출을 피하기 위한 외부적인 동기부여(예: 과제 지연으로 인한 문제 회피)가 바로 내면에 긴급함을 만들어 내기 때문입니다.

선생님께서 시키지 않아도 스스로 의도적으로 긴급감을 조성할 수 있다고 생각하나요? 긴급함을 조성하는 다음 연습을 시도해 보고 더 많은 일을 하게 되는지 확인해 보세요.

a. 지금 당장 해야 하지만 미루고 있던 과제 하나를 선택하세요. 그 과제는 ……………………………………

……

……… 입니다.

b. 상상력을 발휘하여 최선과 최악의 가능한 결과를 그려 보세요. 최대한 과장하고 모두 극단적으로 만듭니다.

만약 내가 이 과제를 지금 끝낸다면 가능한 최선의 결과는 다음과 같을 수 있습니다.

……………………………………………………………………

……………………………………………………………………

……………………………………………………………………

만약 내가 이 과제를 지금 끝내지 않는다면 가능한 최악의 결과는 다음과 같을 수 있습니다.

……

……

……

c. 최선을 다해 과제를 해내면서도 동시에 즉시 시작하도록 긴급함을 부여하는 말에는 무엇이 있을까요? 스스로에게 해 줄 수 있는 그런 예시를 떠올려 보세요.

……

……

……

d. 이 과제를 끝냈을 때 할 여가 활동(음악감상, 비디오 시청 등) 하나를 적어 보세요.

……

……

……

보상은 일을 시작하기 전이나 중간이 아니라 일을 끝낸 후에 받도록 하세요.

연습 4 – 공부 모드로 전환하기

a. 일을 하는 데 가장 방해가 되는 디지털기기는 무엇인가요?

b. 이것을 어떻게 막을 수 있을까요? 이렇게 해 보세요.

c. 휴대전화를 꺼내세요. 지금 바로 꺼냅니다.

d. 설정 페이지로 가세요.

e. 공부 모드로 전환하세요.

공부 모드가 없나요? 때로는 '비행기 모드'라고도 합니다.

간단합니다.

하지만 여러분은 그렇게 하고 싶지 않을 것입니다. 우리는 모두 연결된 세상에 살고 있고 친구들에게 무슨 일이 생기는지 계속 알고 싶어 하기 때문입니다. 공부나 숙제를 할 때에도 아무것도 놓치고 싶지 않을 것입니다.

이는 지극히 자연스러운 욕구이지만 안타깝게도 이러한 연결성이 당신의 미루는 습관을 부추기고 인내심을 약화시키고 있습니다.

그리고 휴대전화뿐만이 아니겠죠? 만약 노트북이 켜져 있다면 다른 많은 소셜 미디어의 방해 요소들이 있습니다.

해결책이 있을까요? 이것을 고려해 보세요.

지금 공부나 숙제를 시작하는 순간이라고 상상해 보세요. 시계는 정각을 가리키고 있습니다.

f. 정각에 모든 소셜 미디어 및 메시지 앱을 끄고 휴대전화를 '공부 모드'로 전환하세요.

g. 동시에 휴대전화 알람을 45분 후로 설정하세요.

h. 이어서 최대한 집중하여 과제를 완수하는 데 필요한 모든 일에 몰두하세요.

i. 45분간 최대한 몰두한 후 알람이 울리면 모든 소셜 미디어 앱과 플랫폼을 다시 열고 메시지를 확인할 수 있습니다.

j. 그런 다음, 자제력을 발휘하여 정각에 다시 모든 것을 끄고, 알람을 재설정한 후 45분간 최대한 집중된 작업을 한 다음, 15분간 메시지를 확인하세요.

이런 식으로 계속 진행하세요.

회복탄력성

3k – 역경, 실수, 실망을 딛고 일어서기 위한 나만의 전략 세우기

숙달 수준

삶에서 어떤 어려움이나 변화가 닥쳐도 잘 극복하고, 빠르게 본래의 모습으로 회복하여 다시 온전한 실력을 발휘할 수 있다면, 해당 ATL 기능을 사용하는 데 있어 전문가 수준에 도달하였다고 볼 수 있습니다.

목적:

회복탄력성은 성공한 사람들의 특징입니다. 회복탄력성을 키우는 것은 학교생활은 물론, 인생에서 마주할 수 있는 여러 난관을 극복하는 데 큰 도움이 됩니다.

회복탄력성의 특징은 다음과 같이 나타납니다.

	회복탄력성이 높은 학습자	회복탄력성이 낮은 학습자
목표	학습목표 설정 – 이해하기 위해 배움	수행 목표 설정 – 좋은 점수를 받기 위해서만 배움
과제	자신을 시험하기 위해 숙달을 목표로 새로운 과제를 맡아 이행함	인정을 받거나 비난을 피하기 위해 새로운 과제를 이행함
도전 과제	적극적으로 새로운 도전을 찾아 나섬	모든 새로운 도전을 피함
성공을 이루기 위해	노력이 능력보다 더 중요하다고 믿음	능력이 노력보다 더 중요하다고 믿음
실패에 대한 반응	잘 실패하기 – 책임을 지고, 과정을 분석하고, 변화를 주어 다시 시도함 실패에 감정적으로 반응하지 않고 실패에 잘 대처하는 것이 성공을 이루는 중요한 부분임을 깨달음	나쁘게 실패하기 – 책임을 지지 않고, 다른 사람이나 '시스템'을 탓하며, 같은 과정을 반복하거나 더 적게 시도하고 포기함 실패에 대해 감정적 반응을 보임
성공에 대한 반응	스스로 성공을 만들어 낼 수 있다고 생각함	자신이 거둔 성공은 다른 사람들의 행동 덕분이라고 생각함
지능에 대한 관점	지능은 유연하고, 개발하고, 향상시킬 수 있다고 믿음	자신의 지능은 고정되어 있고, 바뀔 수 없으며, 명확한 한계가 있다고 믿음
학업 성취	높은 성취	낮은 성취
미래에 대한 기대	낙관적	비관적

연습 1 – 더 많은 회복탄력성 개발하기

회복탄력성은 본질적으로 개인이 강하게 되고 자립하도록 돕는 특성을 지닙니다. 앞의 표에 있는 특징들 중 어떤 것이든 학업 생활에 적용해 보세요.

1. 특정 시험을 위해서가 아니라, 이해를 위해 배우세요. 이해력을 키우는 것은 더 효과적인 학습과 더 나은 기억력을 만들어 냅니다. 자신의 이해력에서 부족한 부분을 찾고, 발견한 부족한 부분을 채우기 위해 질문하세요.
2. 효과적인 학습 기능에 집중하세요. 잘 집중하는 방법, 필요할 때 스스로 동기를 부여하는 방법 그리고 체계적으로 정리하고 목표를 설정하며 달성하는 방법을 배우세요. 이것들이 회복탄력성이 있는 학습자들의 핵심 기능들입니다(3l & 3m 참조).
3. 자신을 위해 높은 기준을 설정하고 그것을 달성하기 위해 노력하세요.
4. '잘 실패하는 법'을 배우세요(3g 참조). 실패했을 때 느끼는 감정을 이겨 내고 그 경험을 값진 피드백으로 삼으세요. 무엇이 문제였는지 분석하고 개선한 다음에는 이전과는 다른 방법으로 다시 도전하는 것이 중요합니다.
5. 자신의 지능은 유연하고 다면적이며, 끊임없이 변화하고 발전하면서 향상될 수 있다는 사실을 인식하는 것이 중요합니다. 지능이 고정되고 경직된 것이라는 생각은 어떤 것이든 버리세요.
6. 어떤 학습에서든 실패를 경험했다면 당신이 통제할 수 있는 부분에 집중하세요. 예를 들어, 쏟은 노력의 양이나 사용한 전략 같은 것들 말입니다. 과목에서 어떤 새로운 자료를 배우든 활용할 수 있는 광범위한 학습 전략을 갖추도록 하세요.
7. 자신만의 긍정적인 미래 계획을 끊임없이 개발하고 업데이트하세요.

연습 2 – 지금은 어떻게 하고 있나요?

a. 살면서 과제, 일, 게임 또는 새로운 것을 배우는 과정에서 심각한 실패나 좌절을 겪었던 경험을 한 가지 떠올려 보세요. 단, 그 실패를 딛고 다시 일어나 그 과제, 일, 게임 또는 학습을 결국 마쳤던 경험이어야 합니다.

b. 이제 그 경험이 떠올랐다면 눈을 감고 그때의 상황을 자세히 기억해 보세요. 사건이 일어나기 전, 진행되는 동안, 그리고 그 이후에 어떤 일들이 있었는지 말이죠. 그때 다시 일어서기 위해 무엇을 했는지 되짚어 보세요. 그때 마음속에서 무슨 일이 일어나고 있었는지, 스스로에게 무슨 말을 하고 있었는지, 무엇을 상상하고 있었는지 주목하세요.

c. 이제 눈을 뜨고 그 경험과 그때 들었던 생각들을 최대한 자세하게 적어 보세요.

d. 자신이 통제할 수 없는 외부 요인(예: 신체적 어려움) 중에서 내면에 자연스럽게 회복탄력성을 길러 주는 두 가지를 찾아볼 수 있나요?

1. ....

2. ....

e. 이제 여러분이 통제할 수 있는 것들, 즉 자신의 생각, 감정 그리고 취할 수 있는 행동에만 집중해 보세요. 회복탄력성을 기르기 위해 여러분이 해야 할 핵심적인 두 가지는 무엇이라고 생각하나요?

1. ....

2. ....

f. 친구들은 어떻게 하나요? e에 대한 답을 공유해 줄 반 친구를 찾아보세요. 다른 학생들이 쓴 내용을 읽고 함께 이야기를 나누면서 여러분은 아직 시도해 보지 않았지만 효과가 있을 것 같은 좋은 방법이 있다면 한두 가지를 찾아 적어 보세요.

1. ....

2. ....

g. 지금까지 이 연습에서 생각하고 정리했던 점들을 활용해 자신만의 전략을 세워 보세요. 다음번에 회복탄력성이 필요할 때 무엇을 실천할 계획인가요?

....

....

....

h. 내면적으로 더 강해야 할 필요가 있을 때마다 자신의 회복탄력성 전략을 연습하세요. 회복탄력성을 더 많이 기를수록 내면의 힘을 더 쉽게 끌어낼 수 있게 되고 그 힘을 활용해 목표를 더욱 효과적으로 달성할 수 있을 것입니다.

연습 3 – 다른 사람들의 경험 활용하기

a. 온라인에서 좌절, 실망, 문제 또는 실패로부터 잘 회복하는, 즉 회복탄력성을 보여 주는 사람의 동영상 클립을 하나 찾아보세요. 참조한 자료의 URL을 여기에 적으세요.

....

b. 영상 속 인물이 다시 일어서기 위해 무엇을 하는지 설명하세요.

....

....

....

c. 그 인물의 경험에서 당신이 회복탄력성을 기르는 데 어떤 점을 배울 수 있을까요? 그 인물에게서 배운 것을 여기에 적으세요.

d. 자신의 동영상 클립과 그것으로부터 배운 것을 반 친구와 공유하세요. 친구가 찾은 것도 살펴봅니다. 서로 찾은 내용에서 무엇을 배울 수 있나요?

e. 회복탄력성을 기르기 위해 사람들이 사용하는 슬로건, 인용구 또는 격언을 찾아보세요. 가장 마음에 드는 것을 출처와 함께 여기에 적으세요.

1.

2.

f. 친구들이 찾은 내용도 확인하고 그중 가장 마음에 드는 두 가지를 골라 적으세요.

1.

2.

g. 앞으로 더 강한 회복탄력성이 요구되는 순간이 온다면 자신에게 어떤 말을 해 주고 싶나요? 내면적으로 더 강하게 되는 데 도움이 될 만한 것입니다. 찾은 것을 사용해도 되고 직접 만들어도 됩니다. 무엇이 자신에게 효과가 있을까요? 여기에 적으세요.

h. 다른 사람들로부터 배운 교훈을 기억하고 실천할 수 있을 때 같은 행동을 연습하세요. 내면적으로 더 강해야 할 필요가 있을 때마다 자신의 격언을 사용하는 것을 연습하세요. 더 많이 연습할수록 더욱 능숙하게 되어서 나중에는 필요할 때마다 여러분의 내면의 힘을 자유롭게 활용할 수 있을 것입니다.

"성공은 끝이 아니며, 실패는 치명적이지 않다.
중요한 것은 계속 나아갈 용기이다."

– 윈스턴 처칠

"세상은 고통으로 가득하지만,
한편 그것을 이겨내는 일로도 가득 차 있다."

– 헬렌 켈러

"당신은 많은 패배를 경험할지라도
결코 패배하지 않을 것이다."

– 마이아 앤절로

용기

31 – 필요한 때 용기를 내기 위한 나만의 전략 연습하기

> **숙달 수준**
> 삶의 어떤 어려움이든 극복해 낼 수 있는 용기를 쉽게 발휘할 수 있다면, 해당 ATL 기능을 사용하는 데 있어 전문가 수준에 도달했다고 볼 수 있습니다.

목적:

용기는 어렵다고 알고 있는 일을 해내는 데 필요한 것입니다. DP 과정에서 여러분은 어렵고, 힘들고, 도전적이라고 생각되는 많은 일을 해야 할 것입니다. 그것은 지식 이론 발표, 중대한 테스트 및 시험이나 실험, 중요한 스포츠 경기나 음악 공연일 수 있습니다. 이것들은 모두 여러분이 용기를 연습할 수 있는 기회입니다.

연습 1 – 용기는 어떻게 발휘할 수 있나요?

용기에 대해 깨달아야 할 두 가지 중요한 점은 모든 사람이 살면서 어떤 시점에는 용감했으며 모든 사람이 용기를 내는 방식이 다르다는 것입니다.

a. 자신의 삶에서 앞으로 다가올 일 중 헤쳐 나가기 어려울 것이라고 미리 알았던 때의 예를 한 가지 떠올려 보세요. 그것은 학교에서 수행하는 테스트나 시험, 프로젝트나 과제였을 수도 있고, 힘든 스포츠 경기나 대형 뮤지컬 또는 연극 공연이었을 수도 있습니다. 또는 학교를 옮기거나, 나라를 옮기거나, 언어를 바꿔야 했던 때처럼 가정생활에서의 일이었을 수도 있습니다. 어떤 때라도 괜찮지만 그 어려운 일을 성공적으로 헤쳐 냈던 때여야 합니다.

b. 적절한 예를 떠올렸다면, 어떻게 그 경험을 헤쳐 나왔는지 생각해 보세요. 어떻게 그 상황을 헤쳐 나왔나요? 모든 사람은 다릅니다. 어떤 사람들은 어려움을 헤쳐 나가는 데 도움이 되는 말을 스스로에게 하고 어떤 사람들은 시각화를 사용합니다. 어떤 사람들은 이 일을 해냈을 때 일어날 모든 좋은 일을 상상하는 반면, 다른 사람들은 해내지 못했을 때 일어날 수 있는 모든 나쁜 일을 상상합니다. 어떤 사람들은 상세한 계획을 사용하여 헤쳐 나가고 다른 사람들은 '그냥 합니다'. 어떤 사람들은 특정의 다른 사람에게서 힘을 얻는 반면, 다른 사람들은 자신의 신념, 종교, 철학을 통해 도움을 받습니다. 여러분은 어떻게 하나요? 어려운 시기를 헤쳐 나가는 데 도움이 되는 것들을 적으세요. 이것이 여러분의 용기 전략입니다.

   나의 용기 전략은 다음과 같습니다.

c. 친구들은 어떻게 하나요? 자신의 용기 전략을 반 친구들과 공유하세요.

d. 친구들의 용기 전략을 봐도 되는지 물어보세요. 친구들에게 용기를 내야 했던 일이 무엇이었는지 말해 달라고 요청하지 마세요. 그것은 개인적이고, 사적인 것이며, 공유할 필요가 없습니다.

e. 다른 사람들의 용기 전략을 읽어 보세요. 그중 마음에 드는 것이 있나요? 자신에게 효과가 있을 것 같은 것을 적으세요.

내가 용기를 내는 데 도움이 될 만한 시도해 볼 수 있는 것은 다음과 같습니다.

f. 어렵다고 생각되는 일을 해야 할 때마다 자신의 용기 전략을 연습하세요. 더 많이 연습할수록 더 능숙하게 되어서 나중에는 필요할 때마다 용기를 낼 수 있게 될 것입니다.

연습 2 – 다른 사람들의 경험 활용하기

a. 온라인에서 용기를 보여 주는 사람의 동영상 클립을 하나 찾아보세요. 매일매일 일상생활의 어려움을 극복해야 하는 사람들이 가장 좋은 예입니다. 큰 어려움을 극복하면서도 매우 긍정적이고 강인하게 지내는 사람을 찾아보세요(예: 닉 부이치치). 참조한 자료의 URL을 여기에 적으세요.

b. 동영상 속 인물이 일상을 헤쳐 나가기 위해 무엇을 하는지 설명하세요. 해당 인물은 어떻게 긍정적인 자세를 유지하고 어려움을 극복하나요?

c. 동영상 속 인물의 경험에서 무엇을 얻을 수 있나요? 해당 인물에게서 배운 것을 여기에 적으세요. 다른 사람들이 삶에서 더 많은 용기를 갖는 법을 배울 수 있는 방법에 대해 동영상에서 얻을 수 있는 모든 것을 적으세요.

d. 자신의 동영상 클립과 그것으로부터 배운 것을 반 친구와 공유하세요. 친구가 찾은 것도 살펴봅니다. 서로 찾은 내용에서 무엇을 배울 수 있나요?

e. 다른 사람들로부터 배운 교훈을 기억하고, 할 수 있을 때 같은 행동을 연습하세요. 용기를 더 많이 연습할수록 더 능숙하게 되어서 나중에는 필요할 때마다 용기를 낼 수 있게 될 것입니다.

자기 동기부여

3m – 자기 동기부여를 위한 나만의 전략 개발하기

숙달 수준
정말 하기 싫은 일이라도 적극적이고 긍정적으로 스스로 해낼 수 있다면, 해당 ATL 기능을 사용하는 데 있어 전문가 수준에 도달했다고 볼 수 있습니다.

목적:

어떤 과목이나 과제는 본질적으로 동기를 부여하지만 그렇지 않은 것도 있습니다. DP 과정에서 여러분은 때때로 수업 과제, 과정 평가 과제, 시험 및 고사 복습, CAS 프로젝트 완료 또는 소논문 참여에 대한 동기부여에 어려움을 겪을 수 있습니다. 이 기능은 필요할 때 자기 동기부여를 생성하는 방법을 배우는 데 도움이 될 것입니다.

자기 동기부여:

좋아하는 과제, 과목 또는 활동에 참여할 때는 이미 동기가 부여되어 있기 때문에 자기 동기부여를 생성하는 것이 중요하지 않습니다. 자기 동기부여 생성은 정말 하기 싫은 과제나 활동에 직면했을 때에만 중요합니다.

자기 동기부여는 여기에 제시된 연습 문제들에 나타난 다양한 전략의 의도적인 연습을 통해 개발될 수 있는 마음 상태입니다.

연습 1 – 거인의 어깨 위에 서기

자기 동기부여는 자기 계발 서적, 블로그, 동영상 및 팟캐스트에서 가장 많이 언급되는 주제 중 하나입니다.

a. 온라인에서 자신의 행동을 통해 뛰어난 자기 동기부여를 보여 준 사람의 동영상 클립을 하나 찾아보세요. 참조한 자료의 URL을 여기에 적으세요.

b. 동영상 클립 속 인물은 스스로에게 동기를 부여하기 위해 무엇을 하나요? 해당 인물의 전략은 무엇인가요?

c. 동영상 속 인물의 경험에서 스스로 더 동기부여되는 데 도움이 될 만한 것은 무엇이 있을까요? 해당 인물에게서 배운 것을 여기에 적으세요.

d. 온라인에서 자기 동기부여 생성 방법에 대해 이야기하는 사람의 동영상 클립이나 팟캐스트를 하나 찾아보세요. 참조한 자료의 URL을 여기에 적으세요.

e. 자기 동기부여를 생성하는 방법에 대한 그들의 핵심 사항은 무엇인가요? 핵심 사항 다섯 가지를 여기에 적으세요.

1.
2.
3.
4.
5.

f. 지금까지 찾은 모든 것을 반 친구와 공유하세요. 친구가 찾은 것도 살펴보세요. 서로 찾은 내용에서 무엇을 배울 수 있나요?

g. 다른 사람들이 더 동기부여되기 위해 사용하는 슬로건, 인용구 또는 격언을 찾아보세요. 가장 마음에 드는 두 가지를 여기에 적으세요.

1.
2.

h. 다른 사람들로부터 배운 교훈을 기억하고 할 수 있을 때 같은 행동을 연습하세요. 자기 동기부여를 더 많이 연습할수록 더 능숙하게 되어서 나중에는 필요할 때마다 그것을 켤 수 있게 될 것입니다.

성공과 실패의 정의

성공 – 목표를 설정하고 그것을 달성했을 때입니다.

실패 – 목표를 설정했지만 그것을 달성하지 못했을 때입니다.

자기 동기부여는 '귀인'이라고 불리는 것과 많은 관련이 있습니다. 그것이 의미하는 바는 다음과 같습니다. 삶에서 성공이나 실패의 원인을 무엇이라고 보나요?

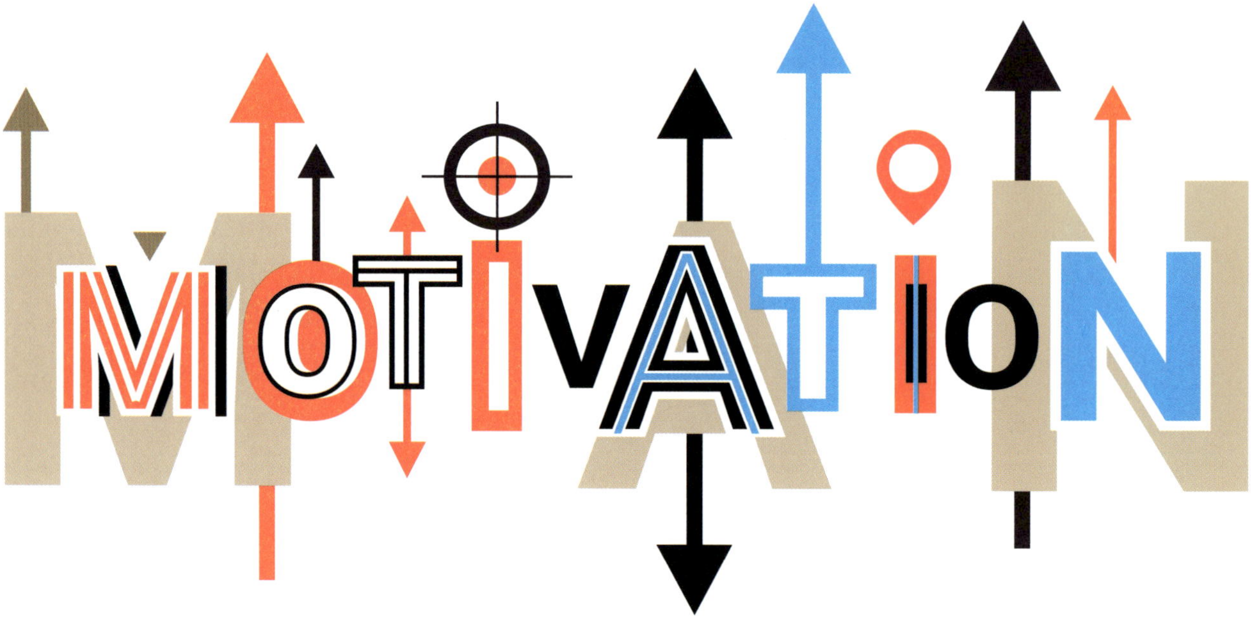

연습 2 – 인과관계와 귀인

a. 성공했던 순간, 어떤 성공이든 목표를 설정하고 그것을 달성했던 순간을 떠올려 보세요. 어떤 종류의 성공이든 괜찮습니다. 원했던 등급, 점수 또는 성과를 얻었을 때, 팀이 경기에서 이겼을 때, 연극에서 대사를 기억했을 때, 춤을 잘 췄거나, 노래를 잘 불렀거나, 제시간에 일어났을 때 등 원하는 결과를 얻었던 그 어떤 순간이라도 좋습니다.

b. 그런 다음 실패했던 순간을 떠올려 보세요. 어떤 실패이든 목표를 설정했지만 달성하지 못했거나 원했던 결과를 얻지 못했던 순간도 좋습니다.

c. 이제 성공과 실패의 원인이라고 생각하는 것을 적어 보세요.

	무슨 일이 있었나요?	성공과 실패의 원인은 무엇이었나요?
내가 성공했던 한 가지 경우, 즉 목표를 설정하고 달성했던 순간은 ……이었습니다.		
내가 실패했던 한 가지 경우, 즉 목표를 설정했지만 달성하지 못했던 순간은 ……이었습니다.		

성공과 실패의 원인으로 구분할 수 있는 요인에는 두 가지의 다른 유형이 있습니다.

자신이 통제할 수 있는 것의 예	자신이 통제할 수 없는 것의 예
• 얼마나 많은 노력을 기울였나요? • 시간 관리 전략은 어땠나요? • 학습 전략은 어땠나요? • 집중력은 어땠나요? • 어떤 좌절이나 실패에 어떻게 대처했나요?	• 선생님 • 학교 • 부모님 • 운 • 날씨 • 운명

자기 동기부여는 어떤 성공이나 실패의 이유로서 자신이 통제할 수 있는 것들에 집중하는 것과 많은 관련이 있습니다. 만약 자신이 통제할 수 있는 것에 집중한다면 어떤 상황에서든 할 수 있는 일이 있습니다. 자신을 위해 더 많은 성공을 만들거나 어떤 실패를 완화하는 데 도움이 되는 것입니다.

d. 자기 동기부여와 성공하는 데 도움이 되는 자신이 통제할 수 있는 것들에 집중하는 연습을 하세요. 다음 연습들에서 그 방법을 보여 줄 것입니다.

자기 대화

여러분은 가끔 머릿속으로 스스로에게 말을 거는 경험을 한 적이 있나요? 이것을 '자기 대화' 또는 '내면의 대화'라고 합니다. 누구나 마음속으로 자신과 이야기를 나누며, 이는 매우 자연스러운 일입니다. 이때 긍정적인 말도 있고, 부정적인 말도 있을 수 있습니다. 자기 대화를 잘 관리하려면 어떤 말에 집중할지를 스스로 선택하는 것이 중요합니다. 부정적인 생각은 회피하지 말고 건강하게 받아들이되 자신에게 솔직해지는 것이 중요합니다. 자신을 속이거나 거짓말해서는 안 됩니다. 머릿속에서 자신에게 하는 말을 스스로 조절하는 방법을 배우는 것은 자기 동기를 높이는 데 있어 중요한 첫걸음입니다.

연습 3 – 자기 대화 관리하기

다음 전략들을 시도하고, 반복하며, 습관이 될 때까지 연습하세요.

a. 스스로를 방해하는 부정적인 생각이 떠오를 때 그 생각에 사로잡히지 않도록 하세요. 즉, 자기 자신에게 하는 말을 바꿈으로써 관점과 초점을 바꾸는 연습을 하세요.

i. 과거의 실수나 가능한 미래의 실수에 집중하는 대신에 현재, 바로 지금 일어나고 있는 일에 집중하세요. 현재, 이 순간에 일어나고 있는 일에 집중하도록 스스로에게 무슨 말을 할 수 있을까요?

....

....

ii. 약점, 즉 자신이 잘 못하는 것에 집중하는 대신에 자신의 강점이나, 잘한다고 느끼는 것들에 집중하세요.

자신이 잘하는 한 가지를 적어 보세요.

자신이 많이 알고 있는 한 가지를 적어 보세요.

iii. 결과나 최종 결과에 집중하는 대신에 자신이 참여하고 있는 과정에 집중하고, 그 결과를 달성하기 위해 가장 효과적인 과정을 사용하고 있는지 확인하세요.

iv. 날씨, 운, 운명 또는 선생님처럼 통제할 수 없는 것들에 집중하는 대신에 자신이 통제할 수 있는 것들에 집중하세요.

학교에서의 학습과 이해에 영향을 미치는 통제 가능한 것들에는 어떤 것들이 있나요?

v. 완벽함에 집중하는 것보다 어떤 것도 완벽할 수는 없다고 인정하고 자신이 할 수 있는 최선을 다하는 데 집중하세요. 최선을 다하도록 스스로에게 무슨 말을 할 수 있을까요?

b. 부정적인 생각이 떠오르면 그것을 인식하고 멈춘 뒤 긍정적인 생각으로 의도적으로 바꾸어 보세요.

i. 먼저, 부정적인 생각을 알아차리세요. 스스로에게 하는 부정적인 말 두 가지를 적어 보세요(예: "나는 이걸 잘 못 해." "나는 못하겠어.").

ii. 그런 생각들을 알아차리는 즉시 중단시키세요. 마음속으로 큰 (내면의) 목소리로 "멈춰!"라고 외치세요. 마음속에 큰 빨간색 정지 표지판을 상상하는 것도 도움이 될 수 있습니다. 어리석게 들릴지 모르지만 실제로 도움이 됩니다.

iii. 그런 다음, "나는 오늘 이것을 처리할 수 있어." "나는 오늘 이것을 헤쳐 나갈 수 있어." "나는 오늘 이것을 할 수 있어." "나는 이것보다 더 커." "나는 이것보다 더 강해."와 같이 의도적으로 스스로에게 말함으로써 그 생각들을 대체하세요. 할 수 있다는 가능성에 집중하세요.

앞의 문장 중 하나를 고르거나 스스로 문장을 만들어 보세요. 이 과정을 여러 번 반복해서 연습하세요. 그러다 보면 습관처럼 몸에 배어 자연스럽게 하게 될 것입니다.

iv. 이것이 제2의 천성이 되어 무의식적으로 할 때까지 반복해서 연습하세요.

c. 심상 유도 활동을 활용해 지금 이 순간, 과정에 집중해 보세요.
  i. 과제, 시험 또는 발표를 시작하기 전에 그 과정을 진행하고 잘 해내는 자신의 모습을 상상하세요.
  ii. 최선을 다해 노력하고, 최고의 성과를 내도록 자신을 밀어붙이며, 최고의 전략과 가장 현명한 기법을 사용하는 자신의 모습을 상상하세요.
  iii. 그리고 '무엇에 집중할지' '집중력과 기법을 어떻게 사용할지' 그리고 '어떻게 잘 해낼 수 있을지' 해낼 것인지 스스로에게 이야기하세요.

d. 자신에 대해 부정적으로 단정 짓지 마세요. "나는 할 수 없어."라는 의미가 포함된 자신에 대해 스스로에게 했던 부정적인 말을 생각해 보세요. 예를 들어, "나는 노래를 못해." "나는 그림을 못 그려." "나는 수학을 못해." 같은 말들이요. 그리고 그 언어가 어떻게 자신의 미래에 대한 부정적인 예측을 만들어 내는지 주목하세요. "나는 할 수 없어."라고 말할 때, 그것은 "이것은 나에게 불가능해." "나는 능력이 없어." "나는 절대로 못할 거야."를 의미합니다. 하지만 확실한 것은 아닙니다. 어쩌면 살면서 언젠가 그 일을 하는 법을 배우게 될지도 모르고, 시도해 볼 수도 있고, 그 일에 성공할 수도 있습니다. 그 가능성을 열어 두기 위해 해야 할 일은 다음과 같습니다.
  i. 모든 "나는 할 수 없어."를 "나는 아직 안 해 봤어."로 바꾸세요.

e. 삶의 모든 "나는 할 수 없어."를 "나는 아직 안 해 봤어."로 바꾼다면 모든 것이 가능하게 됩니다.

긍정적 사고

긍정적 사고는 자신을 속이는 것을 의미하지 않으며, 비현실적인 것을 의미하지도 않습니다. 그것은 단지 자신의 삶과 주변 삶의 긍정적인 측면에 집중하는 습관을 기르도록 관점을 조정하는 것을 의미합니다.

연습 4 – 긍정적 사고 연습하기

i. 지금까지 여러분이 이루어 낸 성공들을 목록으로 적어 보세요. 여러분이 이루고자 했던 것을 실제로 이루어 낸 순간이라면 크든 작든 모두 괜찮습니다.

ii. 이번에는 두 번째 목록을 적어 보세요. 여러분의 일상 속에서 감사할 수 있는 긍정적인 요소들을 떠올려 보세요. 예를 들어, 밤에 지붕이 있는 집에서 잘 수 있는 것, 식탁 위에 놓인 음식, 여러분을 아껴 주는 사람들, 좋은 교육을 받을 수 있는 기회 등을 적어 보세요. 세상에는 많은 사람이 누리지 못하지만, 여러분은 당연하게 여기고 있는 것들입니다.

앞에서 작성한 두 목록을 깔끔한 종이에 옮겨 적고 방 안의 벽 등 잘 보이는 곳에 붙여 놓으세요. 매일 한 번씩 읽어 보고 새로운 것이 떠오르면 내용을 하나씩 더 추가해 보세요.

iii. 때로는 작은 친절을 베풀어 보세요. 여러분보다 어려운 처지에 있는 사람이거나 무언가에 힘들어하는 사람을 도와줄 수 있습니다. 지금 여러분이 도와줄 수 있는 사람 한 명을 떠올려 보고 어떻게 도와줄 수 있는지 적어 보세요.

iv. 목표를 달성하기 위해 필요한 행동을 항상 스스로 실천해 보려고 노력해 보세요. 올해 여러분이 달성하고 싶은 목표 세 가지를 적고 각 목표를 이루기 위해 지금 하고 있는 일을 하나씩 설명해 보세요.

목표	목표를 위해 내가 실천하고 있는 행동
1.	
2.	
3.	

v. 여러분의 모든 성공과 작은 행운까지도 함께 축하해 보세요. 여러분은 어떤 방식으로 축하하는 것을 가장 좋아하나요? 자신에게 보상으로 주고 싶은 것 세 가지를 적어 보세요.

1.

2.

3.

vi. 긍정적인 미래 계획을 끊임없이 세우고 업데이트하세요.

지금으로부터 5년 뒤, 여러분이 가장 하고 싶은 일을 적어 보세요.

지금으로부터 10년 뒤, 여러분이 가장 하고 싶은 일을 적어 보세요.

지금으로부터 20년 뒤, 여러분이 가장 하고 싶은 일을 적어 보세요.

vii. 친구와 주변 사람들이 긍정적인 태도를 갖도록 격려하고 서로 도울 수 있도록 격려해 보세요. 여러분이 아는 사람 중, 세상을 좀 더 긍정적으로 바라볼 수 있도록 격려가 필요한 사람을 떠올려 보세요. 그 사람의 이름을 적지는 말고 그 사람이 더 긍정적인 생각을 할 수 있도록 여러분이 할 수 있는 일을 적어 보세요.

ATL 기능에 대한 자기 평가

<table>
<tr><th colspan="9">ATL 기능 숙련도에 대한 학생 자기 평가 – 자기 관리</th></tr>
<tr><th rowspan="2">ATL 기능</th><th rowspan="2">초급자
(관찰)</th><th rowspan="2">학습자
(모방)</th><th colspan="4">실행자
(실행)</th><th rowspan="2">전문가
(공유)</th></tr>
<tr><th>시작하기</th><th>연습하기</th><th>향상하기</th><th>이해하기</th></tr>
<tr><td>메타인지 1</td><td></td><td></td><td></td><td></td><td></td><td></td><td></td></tr>
<tr><td>메타인지 2</td><td></td><td></td><td></td><td></td><td></td><td></td><td></td></tr>
<tr><td>시간 및 과제 관리</td><td></td><td></td><td></td><td></td><td></td><td></td><td></td></tr>
<tr><td>장기 목표 달성하기</td><td></td><td></td><td></td><td></td><td></td><td></td><td></td></tr>
<tr><td>시험 공부 계획표 세우기</td><td></td><td></td><td></td><td></td><td></td><td></td><td></td></tr>
<tr><td>시험 기법</td><td></td><td></td><td></td><td></td><td></td><td></td><td></td></tr>
<tr><td>잘 실패하기</td><td></td><td></td><td></td><td></td><td></td><td></td><td></td></tr>
<tr><td>가치와 덕목</td><td></td><td></td><td></td><td></td><td></td><td></td><td></td></tr>
<tr><td>스트레스 관리</td><td></td><td></td><td></td><td></td><td></td><td></td><td></td></tr>
<tr><td>미루는 습관 극복하기</td><td></td><td></td><td></td><td></td><td></td><td></td><td></td></tr>
<tr><td>회복탄력성</td><td></td><td></td><td></td><td></td><td></td><td></td><td></td></tr>
<tr><td>용기</td><td></td><td></td><td></td><td></td><td></td><td></td><td></td></tr>
<tr><td>자기 동기부여</td><td></td><td></td><td></td><td></td><td></td><td></td><td></td></tr>
</table>

메모

메모

조사 기능

우수한 조사 기능은 모든 학업 활동에서 핵심적인 역할을 합니다. 오늘날의 조사는 방대한 정보를 적절한 분량으로 추려내고, 이용 가능한 데이터를 비교 및 대조하며, 이를 검증하고 확인하는 능력이 결합된 형태입니다. 지식 이론과 소논문 그리고 모든 과목에서 좋은 성과를 얻기 위해서는 어느 정도 학생의 조사 기능에 달려 있으며, 내부 평가와 소논문의 질은 학생의 기억에 결정적인 영향을 미칠 수 있습니다. 또한 생각보다 많은 학생이 학문적 진실성의 문제로 인해 DP 학위를 취득하지 못한다는 사실을 잊지 말아야 합니다. 우수한 조사 기능은 학문적 진실성을 강화하는 데에도 도움이 됩니다.

학교에서의 인터넷 활용 능력은 학업성취도에 기여하는 것으로 밝혀지만(Kuhlemeier & Hemker, 2007), 청소년들은 사회에서 가장 활발하게 인터넷을 사용하는 집단임에도 불구하고 효과적인 연구와 학습을 위해 필요한 역량을 모두 동일하게 갖춘 것은 아닙니다(Lauman, 2000). 연구 결과에 따르면 십 대들의 검색 능력은 대체로 성인에 비해 덜 발달해 있으며(OFCOM, 2006), 단순 검색과 하이퍼텍스트 및 하이퍼미디어 탐색을 위한 기초적인 기법과 전략만 사용하는 경우가 많습니다(Facer & Furlong, 2001; Pew, 2007).

문제는 인터넷 환경에서 '무언가'를 찾는 일이 매우 쉽게 된 반면, '올바른 것'을 찾는 어려움이 가려진다는 점인데(Gustavson & Nall, 2011), 이로 인해 많은 학생이 단순히 검색창에 키워드만 입력하는 것을 조사의 전부로 여기면서 다른 방법들의 중요성을 간과하게 됩니다(Nichols & Mellinger, 2007).

결국 양질의 조사를 위해 필요한 방대한 데이터의 흐름을 제대로 관리하려면 정보 탐색의 네 가지 방식을 모두 능숙하게 활용할 수 있어야 합니다(Bates, 2002).

검색 – 연구 질문과 관련된 정보의 양을 줄이고, 그 정확성을 높이기 위해 제한된 검색 도구를 활용하는 것

모니터링 – 중요한 모든 주제에 관한 최신 정보를 제공하는 피드(예: RSS 피드)를 설정하고, 이를 정기적으로 훑어보며 전 세계적으로 자신이 선택한 분야의 발전 상황을 지속적으로 파악하는 것

브라우징 – 특정한 목적 없이 일반적인 관심 분야를 탐색하거나 창의성과 새로운 아이디어를 도출하기 위한 조

검색

사 도구로 활용하는 것

인식하기 – 하루 종일 우리를 둘러싼 모든 미디어 형태의 메시지와 정보를 의식적으로 파악하고, 그러한 정보가 우리의 행동과 삶에 미치는 영향에 대한 인식을 키우는 것

오늘날 전 세계에서 사용되는 상위 6개의 검색 엔진은 구글, 빙, 야후, Ask.com, AOL.com 및 바이두인데, 각각 고급 검색 시스템을 갖추고 있어 조사를 보다 쉽고 정확하게 수행할 수 있습니다.

- 연습 4a～4d는 검색 질문을 설계하는 방법과 다양한 디지털 도구를 활용하여 효과적으로 검색하는 방법을 소개합니다.
- 연습 4e, 4f, 4g, 4j는 정보가 주는 다양한 관점과 편향을 파악하고, 근거들을 평가해 타당한 연구 논증을 구성할 수 있도록 도와줍니다.
- 연습 4h, 4i, 4k는 수집한 정보를 체계적으로 정리하고, 출처 표기와 지식재산권 관리에 대한 이해를 높이는 데 도움을 줍니다.

연구 질문 만들기

4a – 선택한 주제를 중심으로 하는 연구 질문 설계하기

숙달 수준
명확하고 집중된 연구 질문을 쉽게 만들 수 있고, 이것이 좋은 연구로 이어질 수 있다면 해당 ATL 기능을 사용하는 데 있어 전문가 수준에 도달했다고 볼 수 있습니다.

목적:

수학, 언어와 문학, 개인과 사회를 비롯한 여러 과목에서 탐구를 수행할 때 이 기능을 활용해야 합니다. 또한 이 기능은 과학 내부 평가와 소논문 평가에서 요구되므로 프로그램의 초기 몇 달 동안 반드시 익혀야 할 중요한 기능입니다.

연구 과정:

연구 질문을 만드는 것은 연구 과정의 첫 단계 중 하나입니다. 연구 질문 작성 방식은 연구 과정의 방향을 제시하고 일관된 주장 전개와 보고서 작성을 돕기 때문에 매우 중요합니다. 연구 질문은 명확하고 초점이 분명해야 하며 질문 형식으로 작성되어야 합니다.

다음의 연습 활동들은 효과적인 연구 질문을 만드는 데 도움이 되는 순서로 구성되어 있습니다. 과제 수행에 불필요한 내용을 최소화했으므로 순서대로 진행할 것을 권합니다.

연습 1 – 목적

연구 프로젝트를 진행할 과목은 무엇인가요? ....

왜 이 프로젝트를 수행하는지 그 목적을 명확하게 서술하세요. ....

점수, 성적 및 등급을 매길 경우에는 어떻게 평가되나요? ....

평가 기준은 무엇이며, 최고의 성적을 받기 위해서는 무엇이 필요한가요? ....

....

....

연습 2 – 주제 선택하기

a. 해당 과목에서 지금까지 가장 즐겁게 배운 주제나 단원의 이름을 적어 보세요.

....

....

....

b. 간단한 위키백과 검색을 통해 각 주제에 대해 여러분의 흥미를 유발하는 아이디어나 키워드가 있는지 확인하세요.

c. 관심이 가는 다섯 가지 아이디어 또는 키워드를 적어 보세요.

1. ...
2. ...
3. ...
4. ...
5. ...

d. 이제 각 주제에 대해 일반 검색을 수행하여 지금까지 해당 주제에 관한 글이 얼마나 많이 작성되었고, 어디에 위치하며, 얼마나 쉽게 접근할 수 있는지를 파악하세요. 몇 가지 자료를 훑어보면서 연구할 주제로 관심 있는 시각이나 관점 그리고 아직 알려지지 않은 내용을 찾아보세요. 조사한 내용을 여기에 적고 다음의 기준과 비교해 보세요.

...

...

...

e. 새롭게 떠오른 주제에 대하여 다음의 질문에 답해 보세요.

- 활용 가능한 유용한 정보가 충분히 있나요?
- 실제 적용 사례를 찾을 수 있나요?
- 다른 사람들(특히 선생님)이 흥미롭고 배울 만한 가치가 있다고 생각할 것 같나요?

이 질문 중 2개 이상에 '예'라고 답할 수 있다면 훌륭한 연구 주제를 향해 나아가고 있는 것입니다.

연습 3 – 질문 작성하기

연구 질문은 보통 한 요소가 다른 요소에 미치는 영향에 대한 조사를 요약하세요.

a. 연습 1에서 선택한 주제를 바탕으로 '누가, 무엇을, 어디에서, 언제, 어떻게, 왜, 얼마나 ……' 등의 단어를 사용하여 세 가지의 질문을 만들어 적은 후 다음의 목록과 비교해 보세요.

1. ...
2. ...
3. ...

b. 질문을 다음의 기준과 비교해 보세요.

- 단순히 인터넷 검색으로 답을 찾을 수 있나요? 그렇다면 다시 시도합니다.
- 연구 질문이 새로운 이슈 또는 이전에 연구된 주제에 대한 새로운 관점을 제시하나요? 두 경우 모두 좋습니다.
- 연구 질문이 실제로 조사 가능한가요? 좋은 자료가 충분히 있나요? 시간 배분, 마감일, 프로젝트에 할애할 수 있는 시간을 고려해야 합니다.
- 연구 질문이 측정 가능한가요? 답이 단 하나의 사실에 불과한 경우를 제외하면 이 질문은 대체로 유용합니다. 자신의 연구가 좋은 주장의 근거가 될 만한 데이터를 도출할 수 있나요?
- 연구 질문의 범위가 지나치게 넓거나 좁지는 않나요? 연습 4의 분석과 대조해 보세요.

연습 4 – 질문의 폭과 깊이 분석하기

다음의 연구 질문에 대한 분석을 읽고, 어떻게 하면 질문이 너무 광범위하거나 좁지 않으면서 조사할 가치가 있을 만큼 구체적이게 만들 수 있을지 생각해 보세요.

연구 질문	선생님의 피드백
영국 미들즈브러의 청소년 비만율은 얼마인가?	간단한 통계로 답할 수 있으므로 질문의 범위가 너무 좁다. '예' 또는 '아니요'로 답할 수 있는 질문은 피해야 한다.
유럽 청소년 비만의 영향은 무엇인가?	너무 광범위하다. 정보가 너무 많아 초점이 없다.
다양한 촉매가 과산화수소 분해에 어떤 영향을 미치는가?	초점이 부족하다. 사용되는 촉매와 분해 방식이 명시되지 않았다.
청소년 비만은 고등학생의 학업 성과와 어떤 상관관계를 가지는가?	데이터 수집, 분석, 논의가 가능한 매우 명확한 초점을 지닌 질문이다.
산의 강도가 중화 반응에서 등가점의 pH에 미치는 영향은 무엇인가?	허용되는 수준이지만 부족하다. 초점이 맞춰 있고 관련은 있으나 독창성이 부족하다. 이 질문은 교과 내용을 통해 쉽게 답할 수 있다.
고등학교에서 실시하는 개입 프로그램이 청소년 비만율에 미치는 영향은 무엇인가?	이 질문은 조사와 평가를 모두 요구하며, 논의될 수 있는 주장이 형성될 수 있다.
금속의 변화가 전기화학 셀의 전압 출력에 미치는 영향은 무엇인가?	단순하다. 교과 내용과 관련되어 있으나 장기 프로젝트로는 적합하지 않을 수 있다. 데이터 수집이 매우 간단하며, 좋은 분석 기능을 보여 줄 기회가 거의 없다.
학교 시스템은 청소년 비만 문제를 어떻게 해결하는가?	별도의 연구나 직접 데이터 수집 없이 정보를 수집할 수 있으며 단순히 온라인 검색으로도 답할 수 있다.

유용한 표현

도입부에 사용할 수 있는 다음의 표현들을 참고해 보세요.

좋은 표현	부족한 표현
어느 정도까지……	……라고 말하는 것은 옳은가?
……은/는 얼마나 효과적인가?	……의 탓으로 돌릴 수 있는가?
……에 관한 결정들이 어떻게 …에 영향을 미쳤는가?	……을/를 위한 가장 신뢰할 수 있는 방법은 무엇인가?
……의 역할과 중요성은 무엇인가?	그 사람이 정말로 ……했는가?
……을/를 감안할 때, …을/를 어떻게 이해할 수 있는가?	……때에 무슨 일이 일어났는가?
……의 영향력은 어떻게 작용하는가?	세상이 ……하다면 더 나을 것이다.

연구 주제로 적절할 수 있도록 단어 선택, 범위, 깊이를 고려하여 연구 질문을 다시 작성해 보세요.

연습 5 – 질문 평가하기

연구 질문이 명확하고, 초점이 분명하며, 논쟁의 여지가 있나요? 그렇다면 연구를 진행할 준비가 된 것입니다. 다음의 각 항목과 대조하여 연구 질문을 점검하고 모든 항목에 '예'라고 답할 수 있는지 확인해 보세요.

명확함

지도 선생님과 채점관이 연구의 성격을 이해할 것입니다.

연구 질문이 효과적으로 연구의 방향성을 제시할 것입니다.

명확한 초점

연구 질문이 주어진 분량과 시간 내에서 조사가 가능할 만큼 구체적입니다.

논쟁의 여지가 있음

연구 질문을 통해 분석과 평가가 가능하며 논리정연한 주장을 전개시킬 수 있습니다.

앞의 항목을 충족하지 못할 경우 질문을 다시 작성해 보세요.

검색 전략 구축하기

4b – 연구 질문을 중심으로 하는 키워드 검색 전략을 구축하기

숙달 수준

연구 질문이나 주제 조사에 필요한 다양한 자료를 쉽게 찾을 수 있다면, 해당 ATL 기능을 사용하는 데 있어 전문가 수준에 도달했다고 볼 수 있습니다.

목적:

모든 과목의 과제나 내부 평가를 비롯하여 소논문에서도 이 기능을 연습해야 합니다. 이 기능은 지식 이론 에세이, 언어와 문학 교과의 구술 평가, 경제학, 지리학 또는 역사 사례 분석 등 글로벌 이슈 조사에 특히 유용합니다. 수학 탐구에서는 효과적이고 정밀한 연구를 통해 간결한 분석을 제공할 수 있어야 합니다.

키워드 검색 전략:

연구 질문을 만든 후, 조사를 수행할 때 사용할 키워드와 검색어를 생성하세요.

주제의 주요 개념과 연구 질문의 방향을 나타내는 단어들을 선정하세요. 예를 들어,

- 연구 질문: 무엇이 DP 학생들이 온라인 과정을 수강하도록 독려하는가?
- 키워드: 독려, DP 학생, 온라인 과정
- '무엇' '수강하다'와 같은 단어는 연구 질문의 핵심 개념과 관련이 없으므로 효과적인 키워드라고 볼 수 없습니다.
- 저자가 사용했을 만한 대체 키워드를 고려하세요. 여기에는 유도하다, IB 학생, DP 학생, 온라인 과정, 독려, 예비 대학생, 원격교육, 격려하다, 웹 기반 과정 등 다양한 단어 형태가 포함됩니다.

연구를 시작하기 위해 주제나 연구 질문을 분석하세요. 연구 질문이나 주제에서 전치사나 지시어를 먼저 제외하세요. 남는 단어들이 개념이 되며 이 단어들이 키워드 검색의 기초가 됩니다.

지시어: 수행하거나 취해야 하는 행동을 나타내는 단어(예: 정의하다, 논증하다, 논하다, 요약하다)입니다.

전치사: 주로 명사나 대명사 뒤에 오며, 문장을 연결하는 단어입니다. 문장 안에서 단어들 간의 관계를 강조합니다(예: ~의, 그리고, 또는, ~에서).

에세이 제목이나 연구 질문에 사용된 단어로만 검색하면 정확히 해당 단어가 사용된 자료로 검색이 제한되어 중요한 정보를 놓칠 가능성이 큽니다. 유의어 사전을 사용해 같은 의미의 유사 키워드를 찾아볼 수 있습니다.

좋은 연구 질문의 예: 전문 스포츠 이벤트에서 담배 브랜드 광고를 금지하는 것이 청소년 흡연 예방에 얼마나 효과적인가?

앞서 설명한 대로 분해하면 다음의 키워드가 남습니다. 금지, 광고, 담배, 전문 스포츠, 예방, 흡연

이 단어들과 유사한 관련 단어를 검색해 볼 수 있습니다.

키워드	관련 단어
금지	금지된, 금지하다, 예방하다
광고하다	광고, 홍보, 공표, 알리다
담배	시기(ciggie), 시가, 토바코
전문 스포츠	스포츠, 축구, 모터 레이싱, 스누커(당구)
예방	방지, 중단, 포기
흡연	연기, 흡입, 암

연습 1 – 키워드와 개념 생성하기

a. 이 연구 질문을 살펴보세요. "우버가 런던에 등장한 이후로 전통적인 '블랙캡' 택시 시장을 어떻게 교란시켰는가?" 이 질문에서 키워드를 찾아 적어 보세요.

b. 작성한 키워드를 위키백과에서 검색하고 관련 단어들을 찾아보세요. 위키백과는 신뢰성이 뛰어난 데이터 출처는 아니지만 키워드를 찾기에 효과적입니다. 관련 단어 10개를 찾아 적어 보세요.

c. 이와 같은 방법으로 자신의 연구 프로젝트에 대해 같은 작업을 해 보세요. 자신의 주제나 연구 질문에 포함된 개념, 아이디어, 키워드를 표의 첫 번째 열에 나열하고 두 번째 열에는 위키 검색을 통해 찾은 유의어 및 관련 키워드를 적어 보세요.

연구 질문에 포함된 개념, 아이디어, 키워드	유의어 및 관련 키워드

d. 모든 관련 단어에 대해 간단히 온라인 검색을 수행하고 검색 결과의 수와 주제 및 연구 질문을 정확하게 다루는지를 모두 확인하세요. 둘 다 필요한 정보이기 때문입니다.

e. 만약 여러분이 추구하는 관점이나 방향을 찾았다면 연구 질문을 그것에 맞게 수정하세요.

연습 2 – 고급 검색, 불리언 연산자 및 검색 제한자 활용해 보기

이 도구들을 사용하면 검색 결과의 수를 제한하고, 훨씬 더 정확한 결과를 얻을 수 있습니다.
이러한 도구 사용이 익숙하지 않다면 4c를 참조한 후 배운 내용을 바탕으로 자신의 검색에 적용해 보세요.

연습 3 – 아이디어 공유하기!

이 단계에서 여전히 어려움을 겪는다면 친구와 짝을 이루어 주제와 연구 질문을 비교해 보세요. 서로의 키워드 목록을 보지 않고 각자 상대방을 위해 '즉석에서' 10개의 가능한 키워드를 만들어 보세요. 예상치 못한 좋은 아이디어가 나올 수 있습니다! 친구의 키워드를 적어 보세요.

효과적인 디지털 검색하기

4c – 검색 범위 좁히기

숙달 수준
특정 학술 자료를 자신 있게 성공적으로 검색할 수 있다면 해당 ATL 기능을 사용하는 데 있어 전문가 수준에 도달했다고 볼 수 있습니다.

목적:

소논문과 CAS를 포함한 모든 과목의 연구나 조사를 진행할 때 이 기능을 연습해야 합니다. 효과적인 디지털 검색을 수행할 수 있으면 언어, 과학, 수학 탐구 및 개인과 사회 교과군의 모든 과목에서 내부 평가를 잘 수행하여 좋은 성과를 얻을 기회가 늘어납니다.

검색하기:

21세기의 많은 연구가 검색 엔진을 사용해 이루어지지만 책과 학술지 같은 인쇄 자료를 사용한 연구 방법도 이해해야 합니다. 모든 도서관이 전자 자료, 문서, 책을 분류와 주제로 정리하기 위해 사용하는 방식인 듀이 십진분류법에 대해 알고 있어야 합니다.

온라인 자료의 경우, 검색 범위를 좁히기 위해 가장 적절한 단어들을 선택하고, 검색 결과를 이해하면서 증거를 찾고, 데이터의 정확성을 확인할 수 있어야 합니다. 인터넷에서 얻은 데이터가 항상 신뢰할 수 있는 것은 아닙니다. 아무나 인터넷에 글을 게시할 수 있으며, 누가 어떤 정보를 만들었는지, 개인의 의견과 사실을 구분하는 것이 어려울 때가 많습니다. 그러므로 수집한 데이터를 평가하고 검증하는 것은 본인의 책임입니다.

연습 1 – 인터넷 검색

a. 요즘 인터넷에서 무언가를 검색할 때 어떤 검색 엔진을 사용하나요?

b. 평균적으로 몇 개의 검색 결과가 나오나요?

c. 보통 몇 개의 검색 결과를 확인하나요?

d. 검색 결과 내에서 검색하는 방법은 무엇인가요? 모른다면 찾아보고, 그 방법을 자세히 설명해 보세요.

효과적인 인터넷 검색은 올바른 검색어 선택, 검색 범위 좁히기, 결과의 이해, 검색된 자료의 신뢰성 확인의 조합으로 이루어집니다.

연습 2 – 검색 범위 좁히기

어떤 검색에서 얻은 결과의 수를 줄이는 것은 얻은 결과의 정확도를 높이는 훌륭한 방법 중 하나입니다.

a. 짝과 함께 또는 개별적으로 다음 용어 각각에 대해 검색 문자열에서 사용했을 때의 효과를 표에 기술해 보세요.

불리언 연산자		검색 제한자	
연산자	각각을 사용하는 방법을 예시와 함께 설명합니다.	제한자	다음 용어들이 검색에 미치는 효과를 설명합니다.
*		NEAR	
?		FBY	
AND		RELATED	
OR		.biz	
NOT		.edu	
AND NOT		.gov	
&&		.mil	
" "		.com	
~		.net	
TO		.org	
( )		.biz	

b. 짝과 함께 결과를 비교해 보세요. 서로 다른 정의나 용례가 나왔는지 확인하고, 유용한 예가 있다면 추가하세요.

연습 3 – 고급 검색

a. 짝과 함께 활동하세요.

b. 신뢰할 수 있는 검색 엔진에서 고급 검색 튜토리얼 두 개를 찾아 각자 한 개씩 시청하세요. 이때 반드시 서로 다른 검색 엔진 관련 튜토리얼을 시청해야 합니다.

c. 시청하는 동안 핵심 요점마다 일시정지하고, 다음 표에 해당 요점을 기록하세요.

d. 시청을 마치면 서로의 노트를 비교하고, 상대방의 핵심 요점도 표에 추가하세요.

검색 엔진		
고급 검색 튜토리얼 URL		
핵심 요점		

이후 모든 검색에서 이러한 검색 제한 방법 몇 가지를 반드시 사용해 봅니다.

연습 4 – 널리 알리기

a. 불리언 연산자, 검색 제한자, 고급 검색 튜토리얼을 탐구해 보았습니다. 그중 가장 유용한 것은 무엇인가요?

b. 이 학습 경험과 지식을 학교의 다른 학생들과 공유하세요. 각 기법에 대한 설명과 예제가 포함된 정보 포스터, 블로그 또는 학교 웹사이트 게시글을 작성하세요.

c. 포스터나 안내 자료가 학교의 후배들에게도 제공될 수 있도록 합니다. 이 기능을 직접 개발했으니 공동체와 공유할 수 있습니다.

d. CAS 성찰 일지를 잊지 않고 작성하세요!

연구 과제와 도구 연결하기

4d - 다양한 연구 과제를 위한 디지털 도구들의 장단점 탐색

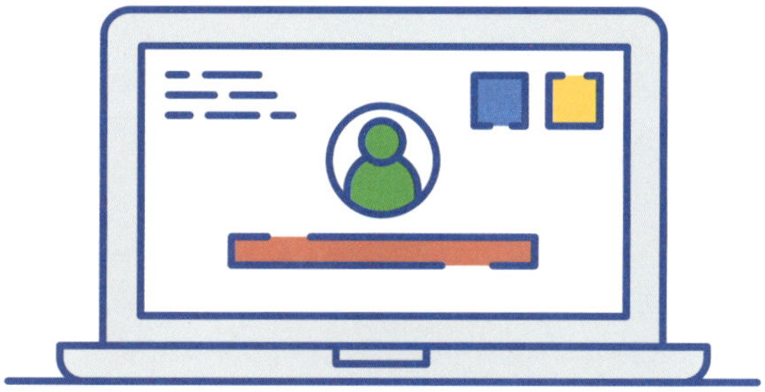

숙달 수준

연구 자료, 미디어 및 정보처리 도구를 필요에 맞춰 알맞게 연결하고 선택할 수 있다면, 해당 ATL 기능을 사용하는 데 있어 전문가 수준에 도달했다고 볼 수 있습니다.

목적:

모든 과목과 소논문에서 이 기능을 사용해야 합니다. 이 기능은 수학 탐구와 과학 조사에 특히 유용합니다.

설명:

1차 연구는 직접 수행한 조사, 설문조사, 실험, 인터뷰 등 직접적인 경험을 바탕으로 한 연구를 의미합니다. 2차 연구는 타인의 1차 및 2차 연구 데이터를 가공하는 것을 포함합니다. 각 연구 방식에는 가장 유용한 정보를 찾고, 분류하고, 정리하고, 처리하고, 저장하기 위해 다른 도구들이 필요합니다. 사용 가능한 앱, 플랫폼, 웹 서비스, 소프트웨어는 매우 다양하므로 과제 수행에 필요한 최적의 도구와 자료를 선택하는 능력을 길러야 합니다.

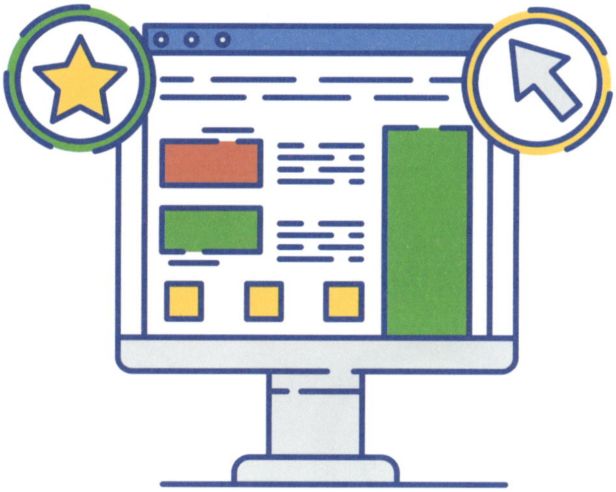

연습 1 – 가장 선호하는 앱

a. 각 연구 작업에 대해 가장 좋은 앱, 플랫폼, 웹사이트를 나열해 보세요. 만약 없다면 직접 조사하여 좋은 것을 찾아보세요. 다음의 각 과제에 대한 가장 좋은 옵션을 기록하세요.

과제 예시	활용 가능한 수단
일반 검색	
대학 데이터베이스에서 학술논문 찾기	
정확한 뉴스 기사 찾기	
학술논문의 주요 요점 요약 만들기	
논문에서 아이디어 맵 만들기	
데이터 통계 분석 수행하기	
데이터로 그래프 생성하기	
좋은 시각적 발표 자료 만들기	
팟캐스트 생성	
블로그 생성	
브이로그 생성	

b. 연습을 마친 후 친구와 작성한 내용을 비교하고, 친구가 찾은 유용한 옵션을 추가하세요. 이제 각 과제마다 두 개의 옵션이 있습니다.

연습 2 – 정보 과제와 필요성

a. 현재 진행 중인 과제나 프로젝트에 대해 떠올리고 각 과제에 필요한 정보와 그 정보를 활용할 방법을 분석해 보세요. 현재 수행 중인 두 개의 과제에 대해 다음의 항목을 기록하세요.

과제에 제목을 붙입니다.	1.		2.	
각 과제에서 답해야 하는 질문은 무엇인가요?				
질문에 답하기 위해 어떤 정보를 찾아야 하나요?				
정보를 찾을 수 있는 서로 다른 두 개의 출처를 생각해 보세요.				
각 출처의 장단점을 한 가지씩 기록하세요.				
정보로 무엇을 할 것인가요? 분석? 요약? 복제?				
이 과제를 수행하는 데 사용할 수 있는 서로 다른 두 개의 디지털 도구(앱 또는 프로그램)를 생각하세요.				
각 디지털 도구의 장단점을 한 가지씩 기록하세요.				
각 과제에 가장 적합한 출처와 디지털 도구의 조합은 무엇인가요?				

증거자료의 출처 평가하기

4e – 출처와 글쓴이의 신뢰성 조사하기

> **숙달 수준**
> 증거자료의 출처를 쉽게 식별하고, 각 출처의 신뢰성을 평가할 수 있다면 해당 ATL 기능을 사용하는 데 있어 전문가 수준에 도달했다고 볼 수 있습니다.

목적:

소논문에서 연구를 수행할 때 봉사 학습의 기회에서, 그리고 지식 이론에서 진술을 주장할 때 이 기능을 연습해야 합니다. 과학 내부 평가에서는 데이터 분석 능력과 출처의 신뢰성 판단이 매우 중요합니다. 또한 언어와 문학, 역사, 지리, 경영 등의 글로벌 이슈나 사례 비교 시 신뢰할 수 있는 출처를 찾는 것이 성적에 영향을 미칠 수 있습니다. 환경 시스템과 사회 과정에서는 논란의 여지가 있는 주제를 많이 다루므로 어떤 기사와 주장이 과학적으로 신뢰할 수 있는지 그리고 어떤 것이 정치적 또는 경제적 목적에 의해 주도되는지를 구별할 수 있어야 합니다.

연구 질문에 대한 키워드 검색 전략(연습 4b)을 결정하면 검색을 시작합니다. 각 검색은 많은 결과를 내보낼 수 있으므로 연습 4c를 참고해 검색 범위를 좁힙니다. 수집한 정보의 신뢰성을 판단하는 것은 본인의 책임입니다. 여러 요인이 우리가 출처의 신뢰성을 결정하는 데 영향을 미칩니다. 이 연습들은 가장 유용한 출처를 가려내는 데 도움을 줍니다.

신뢰성 – 출처의 정확성을 믿을 수 있는 정도

연습 1 – 출처의 출처

a. 먼저, 연구 프로젝트를 위한 폴더를 바탕화면에 생성하고, 신뢰할 수 있는 링크, 참조, 페이지, 웹사이트를 모두 저장하세요.

b. (연습 4a 및 4b의 아이디어를 활용하여) 좋은 정보 출처로 보이는 자료들을 모으기 시작하세요. 각 자료마다 다음의 간단한 신뢰성 검사(c~f)를 실행한 후 폴더에 저장하세요. 이 단계에서는 각 정보 출처를 전부 읽을 필요 없이 검사에 통과하는 10~20개의 자료를 모으면 됩니다.

c. 작성자가 명시되어 있나요? 만약 작성자가 명시되어 있지 않다면 아마 한 가지 관점만 제시하는 홍보 자료일 것입니다. 해당 자료는 제외하고 넘어가세요.

d. 작성자가 명시되어 있다면 그의 이름을 검색하여 배경을 확인해 보세요. 해당 분야에서 얼마나 많은 글을 작성했는지, 다른 사람들에게 자주 인용되는지 그리고 충분한 자격을 갖추고 있는지를 살펴보세요. 그렇지 않다면 해당 주제에 대한 의견은 있을 수 있지만 신뢰할 만한 검증된 데이터를 갖추지 못한 사람일 가능성이 있습니다. 따라서 신중하게 접근하고, 개인의 견해로 취급해야 합니다.

e. 정보로 돌아가 페이지를 훑어 철자 오류가 있는지 확인하세요. 이러한 오류는 페이지가 잘 정리되거나 검토되지

않았음을 나타내며, 이는 정보 자체가 제대로 구성되거나 검증되지 않았음을 의미할 수 있습니다. 오류가 발견되면 해당 자료는 참고하지 않고 넘어가세요.

f. 마지막으로, 페이지 끝까지 스크롤하여 정보에 대한 출처가 잘 표기되었는지 확인하세요. 과제에 활용할 수 있는 적절한 참고 문헌 목록이 있다면 그것은 신뢰성의 좋은 지표가 됩니다. 참고 문헌이 없다면 해당 자료는 참고하지 않습니다.

g. 이러한 기본적인 확인을 거쳤하면 URL을 연구 폴더에 저장하세요.

연습 2 – 도메인 이름 신뢰도

인터넷에는 다양한 출처가 있습니다. 일부는 신뢰할 만하지만, 많은 경우에는 그렇지 않을 수 있습니다. 도메인 네임 시스템(DNS)은 인터넷 웹사이트를 위한 계층적 명명 시스템입니다. 계층 상단의 도메인은 더 신뢰할 만한 정보를 포함할 가능성이 큽니다. 다음의 도메인 네임 계층을 참고하여 정보의 신뢰성을 판단할 수 있습니다.

i. 교육: .edu

ii. 학술: .ac

iii. 정부: .gov

iv. 단체: .org

v. 상업: .com

vi. 네트워크: .net

계층 상단의 출처를 선택한다고 해서 출처의 신뢰성이 보장되지는 않지만 일반적으로 전문가나 신뢰할 만한 기관에서 발표한 자료일 가능성이 높습니다. 계층 하단의 출처는 개인적 또는 상업적 편향(치우친 관점)에 영향을 받았을 가능성이 큽니다.

연습 3 – 추가 신뢰성 검사

a. 바탕화면에 연구 과제에 가장 중요한 정보를 제공할 링크들이 담긴 폴더가 생성되어 있습니다. 이제 각 자료에 포함된 정보의 신뢰성을 기준으로 자료를 더 좁혀야 합니다. 각 자료마다 정보가 연구 질문과 얼마나 관련 있는지 확인해야 합니다. 연구 질문을 크게 써서 과제를 하는 동안 눈앞에 두고 찾은 정보가 프로젝트와 직접적인 관련이 있는지 계속 확인하세요.

b. 각 정보 출처에 대해 다음을 확인해 보세요.

- 정보가 학술적인가요? 즉, 전문적인 학술 연구에서 가져온 것인가요?

반드시 그럴 필요는 없습니다. 특정 관점을 보여 주기 위해 사용한 견해일 수도 있으나, 이것만으로는 증거 기반 주장을 세울 수 없음을 인지해야 합니다.

- 세부 사항이 증거로 뒷받침되나요? 정보는 데이터로 뒷받침되나요?

데이터가 결론을 지지하는지 검토하세요. 상관관계와 인과관계의 차이를 기억해야 합니다. 필요에 따라 연습 5f를 참조하세요.

• 문헌에 증거가 참조되어 있나요? 증거의 출처를 찾을 수 있나요? 참고 문헌에서 최소 한 개의 출처를 확인하세요.

• 내용이 검토되었나요? 저명한 기관을 통해 동료 평가가 수행되거나 수정 및 편집된 것이 명확한가요?

정보가 학술지에 실려 있다면 보통 동료 평가를 거쳤을 가능성이 높습니다. 그렇지 않더라도 반드시 사용할 자료에서 제외할 필요는 없으며 해당 정보를 보완할 다른 출처를 찾아야 합니다.

• 어조가 객관적이고 편향이 없나요?

저자는 문제의 양측을 모두 고려하는가 아니면 한쪽 관점만 강조하나요? 한쪽 관점만 제시되었다면 그것은 개인의 견해임을 의미합니다. 주의 깊게 확인해야 합니다.

이 확인 단계를 통해 가장 신뢰할 수 있고 검증 가능한 출처 목록으로 걸러 내세요.

연습 4 – 출처 삼각검증

사용하기로 결정한 각 정보의 출처를 읽고(연습 1f '발표 자료 만들기' 참조), 주요 논점(들)을 간단한 문장이나 노트로 요약하세요. 동일한 논점이나 관점을 제시하는 서로 다른 두 개의 출처를 찾아 표에 기록하세요. 단, 새 출처들이 단순히 첫 번째 출처의 내용을 그대로 작성하는 것이 아니라 아이디어를 새롭게 검토한 것인지 확인해야 합니다.

출처	논점	상호 보완 출처
1.		
2.		
3.		

4.		
5.		
6.		

이제 여러분은 연구 논점을 구성할 수 있습니다.

다른 관점 식별하기

4f - 다양한 미디어 및 뉴스 채널의 관점 분석하기

> **숙달 수준**
> 서로 다른 미디어에서 다양한 관점을 쉽게 식별할 수 있다면, 해당 ATL 기능을 사용하는 데 있어 전문가 수준에 도달했다고 볼 수 있습니다.

목적:

내부 평가, 지식 이론, 글로벌 정치, 시각예술, 역사, 언어와 문학 등 여러 과목에서 이 기능을 연습해야 합니다. 이 기능은 소논문에서는 정보를 분석하고, 어떤 시각이나 관점을 사용할 수 있고 신뢰할 수 있는지 또는 배제할 수 있는지를 판단하는 데 중요한 역할을 합니다.

연습 1 – 비교 및 대조

a. 다른 학생과 협력하여 분석할 한 개의 시사 문제나 주제를 정하세요.

b. 해당 주제에 대해 신문, 블로그, 견해 또는 웹사이트에서 뉴스 기사를 각자 한 개씩 찾아보세요. 서로 다른 내용의 기사를 찾도록 합니다.

c. 각자 노트에 선택한 기사를 분석하고 기사 내용의 요점을 다음 표에 기록하세요.

현재 사건	출처	핵심 요점
		1.
		2.
		3.

d. 서로의 노트를 비교하여 어떤 점이 유사하고, 어떤 점이 다른지 비교 및 대조하세요.

i. 보고된 사실에서 어떤 차이가 있는지 작성하세요. 한 기사에서만 언급된 사실이 있다면 여기에 기록하세요.

ii. 어조에는 어떤 차이가 있나요? 각 기사의 어조를 설명하고 각자 어디에 중점을 두었는지 서술하세요.

iii. 두 기사가 동일한 내용을 다르게 제시하는 이유에 대해 어떤 결론을 내릴 수 있는지 작성하세요. 이 차이가 출판물의 성격, 작성자 또는 독자층과 관련이 있다고 생각하나요?

연습 2 – '사실적' 관점

a. 개별로 또는 짝과 함께 활동하세요.

b. '지구온난화가 존재하는가?'를 검색하세요. 이때 '지구 기후변화'가 아니라, 구체적으로 '지구온난화'를 검색해야 합니다.

c. 이 주제에 대한 서로 다른 세 가지 관점을 찾아보세요. 예를 들어, i) 실제로 발생하고 있다 ii) 발생하지 않으며 단지 정상적인 현상이다 iii) 실제로 세계 온도가 내려가고 있다 또는 iv) 다른 어떤 현상이다

d. 오른쪽의 벤다이어그램에 세 가지 관점을 표시한 다음, 다음 질문을 활용하여 핵심 포인트, 아이디어, 개념 등을 화살표로 연결하며 적절한 위치에 배치해 보세요.

- 관점들 사이에 어떤 차이가 있나요? 겹치지 않는 원의 영역에 배치해 보세요.
- 각 관점 사이에 어떤 공통점이 있나요? 해당 내용을 중첩된 영역에 적절히 배치해 보세요.
- 세 관점 모두가 공통적으로 동의하는 점이 있나요? 공통된 내용이 있다면 중앙에 표시하세요.

i. 이 문제에 대해 이제 무엇이 검증 가능한 사실이라고 말할 수 있을까요?

ii. 이 아이디어 뒤에 숨어 있는 실제 문제에 대해 더 알아보고 싶다면 어떤 질문을 하는 것이 좋을까요?

연습 3 – '가짜 뉴스'

가짜 뉴스는 영어를 사용하는 문화권에서 새롭게 등장한 용어입니다.

i. '가짜 뉴스'에 대한 적절한 정의를 찾아 다음에 기록해 보세요.

ii. '가짜 뉴스'에 해당하는 두 가지 사례를 찾아 설명하세요.

1.

2.

iii. 두 사례의 공통적인 특징은 무엇인가요?

iv. '가짜 뉴스'가 중요하지 않은 것인지, 좋은 것인지, 나쁜 것인지 아니면 위험한 것인지를 판단하고 그 이유를 서술해 보세요.

v. 우리가 접하는 이야기를 '가짜 뉴스'인지 아닌지 식별할 방법은 무엇인가요? 짝과 함께 '가짜 뉴스' 도구 키트를 개발해 보세요. 학생들이 한 관점을 받아들이도록 유도하는 뉴스를 식별할 수 있는 방법을 고민해 보세요. 도구 키트에는 유용한 팁, 조언 또는 유용한 웹사이트(온라인 동영상 예시 링크 포함 가능)를 목록으로 작성하세요.

- ....
- ....
- ....
- ....
- ....

vi. 작성한 도구 키트를 학교 커뮤니티에 제공해 보세요. 이 과정을 통해 다양한 관점을 배우고 커뮤니티에 기여하게 되는 것입니다.

vii. CAS 성찰 일지 작성을 잊지 않고 완료하세요!

출처의 편향 평가하기

4g – 다양한 매체의 편향을 분석하고, 출처 검증을 위해 삼각검증 사용하기

숙달 수준
사용하려는 모든 출처의 편향성을 점검하는 것이 습관화되었을 때 해당 ATL 기능을 사용하는 데 있어 전문가 수준에 도달했다고 볼 수 있습니다.

목적:

소논문에서 연구를 수행할 때 그리고 지식 이론을 비롯한 모든 과목의 내부 평가를 위해 이 기능을 연습해야 합니다. 편향(치우친 관점) 여부를 효과적으로 판단하는 능력은 과학, 시각예술, 영화, 역사, 환경 시스템과 사회, 지리 과목에서의 평가를 향상시키는 데 도움이 됩니다.

연구 과정:

우리가 다양한 매체(미디어)에서 수집한 정보를 처리할 때, 항상 여러 ATL 기능이 결합되어 함께 작동하고 있습니다. 목표는 수집한 정보를 분석하고, 제시된 주장의 강점과 약점을 파악하며, 제시된 데이터의 타당성을 확인하고, 근거 없는 가정이나 편향을 인식하며, 발견된 유효한 추세(트렌드), 패턴 및 타당한 예측을 활용할 수 있는 능력을 개발하는 데 필요한 기능을 발전시키는 것입니다.

연습 1 – 다양한 미디어

a. 최근의 국제 뉴스 사건 하나를 선택하여 네 개의 서로 다른 뉴스미디어에서 어떻게 보도되는지 살펴보세요. 각자의 나라에서 가장 저명한 신문의 웹사이트를 한 출처로 사용하고 나머지 세 개의 출처로는 Al Jazeera, BBC, Fox, RT, The Guardian, The Associated Press, Reuters 중 하나를 선택하세요.

b. 각 미디어의 출처를 조사하여 해당 미디어가 '누구'를 대표하는지 파악하세요. 즉, 미디어가 누구에게 소유되어 있으며, 대상 독자가 누구인지를 확인해야 합니다.

c. 다음 표를 사용하여 해당 사건을 분석하세요.

선택한 미디어 출처:	1.	2.	3.	4.
누가 각 미디어를 소유하고 있나요?				

각 미디어의 대상 독자는 누구인가요?				
뉴스 기사는 무엇에 관한 것인가요?				
각 기사의 헤드라인은 무엇이었나요?				
각 미디어의 주요 기사는 무엇이었나요?				
제시된 증거는 무엇이었나요?				
결론이 도출되거나 예측이 제시되었다면 그것은 무엇이었나요?				
보도 내용에서 편향 또는 가정을 식별할 수 있나요?				
각 미디어가 사건 또는 이슈의 양측을 얼마나 잘 대변하는지 평가하세요.				
각 미디어가 제시한 논점의 타당성을 평가하세요.				

d. 어떤 미디어가 가장 균형 잡히고 잘 연구된 보도를 제시했다고 생각하나요? 이에 대한 근거를 제시하세요.

연습 2 – 다른 미디어 표현

a. 같은 뉴스 사건에 대해 다섯 개 이상의 소셜 미디어 및 사진 공유 플랫폼에서 정보, 댓글, 사진, 스트림 등을 찾아 보세요.

b. 각 미디어 플랫폼은 독자에게 어떤 유형과 형태의 정보를 제공하나요?

c. 각 미디어 플랫폼에서 다룬 뉴스 사건의 어떤 측면이 가장 많은 주목을 받았나요?

d. 만약 이것이 해당 뉴스 사건에 대해 접할 수 있는 유일한 정보라면 사건에 대해 어떤 결론을 내릴 수 있나요?

선택한 플랫폼: 소셜 미디어 또는 사진 공유	어떤 유형 및 형태의 정보가 제공되었나요?	댓글이나 사진은 무엇에 초점을 맞추었나요?	어떤 결론을 도출할 수 있나요?
1.			
2.			
3.			
4.			
5.			

연습 3 – 미디어 비교

a. 정보 제공 방식(플랫폼, 미디어, 제시 방법) 중

i. 어느 것이 해당 사건에 대해 가장 균형 있고 완전한 보도를 제공했다고 생각하나요?

ii. 어느 것이 해당 사건에 대해 가장 유용하며 최신의 정보를 제공했다고 생각하나요?

연습 4 – 편향 제거를 위한 삼각검증

삼각검증이란 한 가지 주장이나 주제를 보다 객관적이고 균형 있게 이해하기 위해 여러 출처와 다양한 형태의 미디어를 활용하여 정보의 정확성과 신뢰성을 교차 검증하는 방법을 말합니다.

'인위적 기후변화'를 연구 용어 및 교차 확인(삼각검증)의 예시로 사용하고 다음 표에 제안된 검색을 수행해 보세요.

인위적 기후변화(예: 인간의 행동에 의해 야기된 기후변화)에 대한 견해	각 인물의 입장은 무엇인가요?	각 인물의 입장을 수용하나요? 왜 그러한가요?	만약 그렇지 않다면 그 이유는 무엇인가요?
다음 기사에서 한 명의 입장을 선택하고 요약하세요. https://utopia.org/guide/the-15-most-dangerous-climate-change-deniers-in-the-us/*			
기후변화를 다루는 영화나 음악 분야에 있는 유명인의 온라인 동영상을 찾아보세요.			
동일한 주제에 대해 IPCC(기후변화에 관한 정부 간 협의체)가 무엇을 말하는지 찾아보세요.			
앤드류 데슬러(Andrew Dessler), 존 호턴 경(Sir. John Houghton) 또는 디터 헬름(Dieter Helm)과 같은 전문가가 작성한 요약을 찾아보세요.			

이 자료들을 모두 검토한 후 일부 자료의 타당성에 대한 본인의 견해가 달라졌나요? 그렇다면 어떻게 달라졌나요?

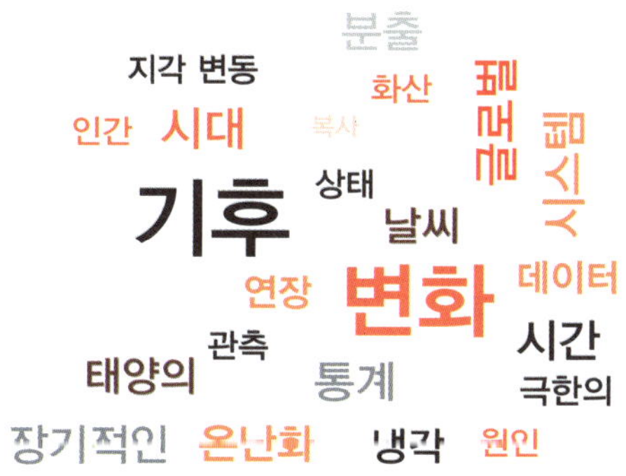

*역자 주: 기사는 영어로 제공됩니다. 한국어 번역이 필요한 경우, 웹 브라우저 확장 프로그램인 Immersive Translate를 활용해 보세요.

지식재산권

4h – 저작권, 학문적 진실성 및 출처 표기 탐구하기

숙달 수준

타인의 지식재산권을 분명히 인지하고 존중하며, 참고 문헌에 정확하게 인용할 수 있다면 해당 ATL 기능을 사용하는 데 있어 전문가 수준에 도달했다고 볼 수 있습니다.

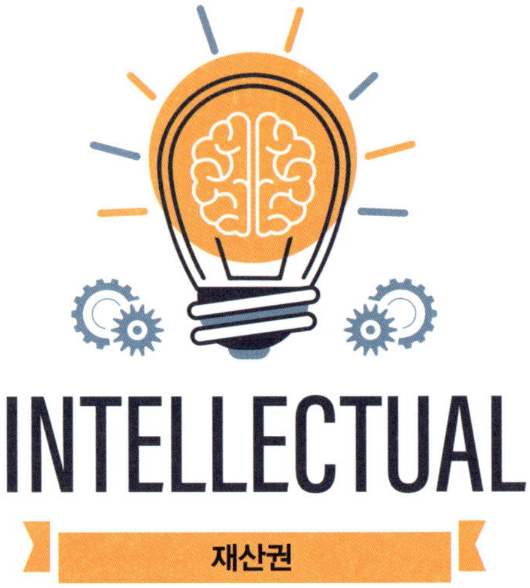

목적:

이 기능은 모든 내부 평가와 소논문 작성 시 반드시 사용해야 합니다. 이 영역의 미숙함으로 인해 많은 학생이 디플로마 과정을 전체 또는 일부 실패하는 경우가 있습니다.

지식재산권이란 무엇인가?:

지식재산권(IP)은 보통 저작권과 산업재산권 두 영역으로 나뉩니다.

저작권은 책, 영화, 음악, 회화, 조각, 컴퓨터 프로그램 등 기술적 · 문학적 · 예술적 작품의 창작자에게 자동으로 부여되는 보호 권리로, 일반적으로 창작자가 사망한 후 최소 50년간 유지됩니다. 산업재산권은 상표와 특허를 법적으로 등록하여 획득하는 권리로, 일반적으로(항상은 아니지만) 상업적 목적으로 사용됩니다.

학교 과제와 관련해서는 주로 저작권에 관해서만 다룹니다. 원본 글, 그림, 회화, 음악, 춤, 프로그래밍 등을 창작하면 자동으로 저작권의 보호를 받게 되며, 이는 타인이 허가 없이 이를 복제하거나 사용할 수 없음을 의미합니다. 만약 무단 복제나 무단 사용 시에 법적 대응을 할 수 있습니다.

인쇄물이나 인터넷에 정보를 게시할 때 이를 누구나 자유롭게 이용할 수 있도록 하거나 저작권을 적용할 권리가 있습니다. 책, 학술지, 잡지 또는 인터넷에서 정보를 또는 이미지를 복사하려고 할 때는 먼저 해당 자료가 저작권 보호 대상인지를 확인해야 합니다. 단순히 타인의 아이디어를 가져와 자신만의 방식으로 해석하는 경우에는 저작권이 적용되지 않지만, 타인의 아이디어나 이미지를 사용할 경우에는 반드시 그 출처와 창작자를 명시해야 합니다. 자신의 작업 내

에서 타인의 글이나 작품을 인용하는 것을 '인용(citation)'이라고 하며, 모든 인용은 참고 문헌에 완전히 기록됩니다. 타인의 지식재산권을 출처 표기 없이 복제하거나 사용하는 것은 표절입니다.

대부분의 학생은 표절할 의도가 없으나 인식과 연습 부족으로 인해 전 세계 많은 DP 학생이 IB의 학문적 진실성 규칙을 위반하며, 이는 심각한 결과를 초래할 수 있습니다.

연습 1 – 학문적 진실성 정책과 대응 절차

IB는 모든 학교가 매우 구체적인 학문적 진실성 정책을 갖추도록 요구합니다. 이 정책은 지식재산권, 인용, 부정행위, 담합, 표절 및 복제에 대해 다룹니다. 실수가 발생하면 그에 따른 결과로 이어질 수 있으므로 반드시 이 정책을 확인해야 합니다.

a. 개별적으로 또는 짝과 함께 활동하세요.

b. 학교의 학문적 진실성 정책을 참조하여 학교가 다음 단어나 용어들을 어떻게 정의하는지 기록하세요.

표절: ……………………………………………………………………

……………………………………………………………………

담합: ……………………………………………………………………

……………………………………………………………………

학문적 진실성: ……………………………………………………………………

……………………………………………………………………

학업적 부정행위: ……………………………………………………………………

……………………………………………………………………

c. 다음과 같이 학문적 진실성 정책을 위반할 경우, 학교에서 부과하는 조치는 무엇인가요? 만약 정책 위반에 대한 조치가 명시되어 있지 않다면 학교 선생님과 행정 담당자에게 각 상황에서 정확히 어떤 일이 발생하는지 문의해 보세요.

d. 표의 마지막에 추가로 두 가지의 다른 학업적 부정행위 사례를 작성하고, 각 사례에 대한 대응 조치를 찾아 기록해 보세요.

부정행위	해당 학생에게 초래되는 결과
본문 인용 부족	
참고 문헌 누락	

참고 문헌에서 잘못된 출처 표기법 사용	
출처 표기 없이 복사 및 붙여넣기	
타인의 작업을 자신의 것처럼 제출	
시험 또는 평가 과제 중 부정행위	
타인의 시험 부정행위를 돕는 행위	
시험 답안을 온라인에 게시	

연습 2 – 다른 학생들을 위한 학문적 진실성 관련 정보

연습 1을 통해 조사한 모든 내용을 대부분의 학생이 알고 있다고 생각하나요? 학교의 학문적 진실성 규칙과 이 규칙을 위반할 경우에 발생하는 모든 결과를 학생들이 인지하고 이해하는 것은 큰 도움이 될 것입니다.

a. 15~16세 학생들을 대상으로 학문적 진실성에 관한 포스터, 팟캐스트, 블로그, 브이로그 또는 동영상을 제작해 보세요.
b. 간결하고 명확하게 만드세요.
c. 모든 사실이 정확한지 다른 사람들과 교차 확인해 보세요.
d. 학생들이 자료를 확인하고 활용할 수 있도록 자료를 게시하세요.
e. 자료에 대한 피드백을 받고, 필요한 경우 모든 학생에게 적합하도록 수정하세요.
f. 작성한 자료를 담당 코디네이터나 사서 선생님과 공유하여 후배들을 지도하는 데 활용할 수 있도록 하세요.

이와 같은 한 가지 행위가 많은 학생의 삶에 큰 변화를 불러올 수 있습니다. CAS 성찰 일지를 잊지 않고 작성하세요!

연습 3 – 참고 문헌 표기

a. 학교에서 선호하는 참고 문헌 표기법의 규칙 사본을 구하세요.

b. 다음에 나열된 각 정보 유형의 예를 하나씩 찾아 해당 정보와 전체 참고 문헌을 a의 규칙에 따라 표에 기재하세요.

정보 유형 및 출처	정보의 내용	전체 참고 문헌
비문학 책에서 발췌한 사실 하나		
소설에서 인용한 문장 하나		
과학 학술지에서 찾은 논문 결론 한 문장		
신문에서 발췌한 기사 제목(헤드라인) 하나		
TV 뉴스 프로그램에서 직접 인용한 문장 하나		
웹사이트에서 직접 인용한 문장 하나		
블로그에서 직접 인용한 문장 하나		
소셜 미디어에서 찾은 의견 하나		
저작권이 없는 동영상 클립		
저작권이 없는 노래		

정보 정리 및 저장하기

4i – 나에게 알맞은 정보 저장 시스템 만들기

숙달 수준

자신의 저장 시스템에서 정보의 보관 위치를 명확히 파악하여 필요할 때 언제든 정보를 찾을 수 있다면, 해당 ATL 기능을 사용하는 데 있어 전문가 수준에 도달했다고 볼 수 있습니다.

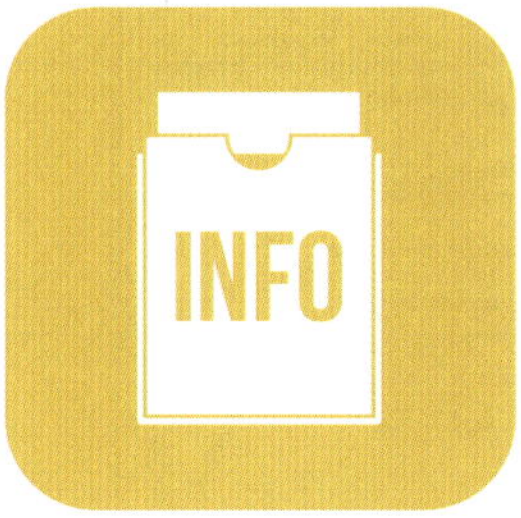

목적:

이 기능은 내부 평가, 시험 그리고 평상시 노트를 언제든지 확인할 수 있도록 하는 데 활용됩니다. 또한 소논문 같은 장기 프로젝트를 성공적으로 완료하는 데 필수적이며 시험 준비와 학업 전반에 걸쳐 큰 도움이 됩니다.

연습 1 – 노트 정리하기

노트를 체계적이고 접근하기 쉽게 정리하면 필요할 때 이미 보유한 자료를 한눈에 파악할 수 있습니다. 노트는 가장 소중한 자료 중 하나이므로 깔끔하게 정리된 노트는 시간을 절약하는 데 도움을 줍니다.

a. 각 과목의 담당 선생님으로부터 강의 개요 사본을 받거나, 학교 웹사이트 또는 기타 온라인 자료에서 찾아 출력하여 읽어 본 후에 주요 주제와 하위 주제를 형광펜으로 표시해 보세요.

b. 각 과목에서 수집한 정보를 유형에 따라 알맞게 보관할 수 있는 저장 시스템을 만들어 보세요. 예를 들어, 3링 바인더, 개별 용지를 위한 플라스틱 슬리브, 파일 상자 혹은 개인 노트를 위한 라벨이 부착된 공책 등을 활용할 수 있습니다.

c. 각 과목의 주요 주제별로 하나의 파일을 만들고, 모든 하위 주제를 체계적으로 분류할 수 있는 체계를 구성하세요. 예를 들어, 포스트잇, 색상별 구분자, 동일한 색상의 종이에 작성한 관련 노트, 콘서티나 파일, 폴더 또는 구분자가 있는 파일 등을 사용할 수 있습니다.

d. 개별 용지를 사용하는 경우, 모든 페이지에 라벨을 부착하고 순번을 매기세요.

e. 노트의 색인을 작성하고 모든 색인을 최신 상태로 유지하세요.

연습 2 – 파일 구조 만들기

여러분은 자신의 컴퓨터에 다양한 형태의 정보를 필요할 때 쉽게 찾아낼 수 있도록 다음과 같은 저장 및 보관 방법이 있을 것입니다.

- 웹사이트 주소 – 학교 과제, 동영상 클립, 뉴스 서비스, 블로그, 다큐멘터리 등과 관련된 유용한 사이트 링크
- 이메일 – 학교, 선생님, 부모님, 친구, 구독 서비스 등에서 받은 이메일
- 워드 프로세싱 문서
- 스프레드시트 및 데이터베이스
- 시각적 자료 및 파워포인트
- PDF 파일
- 모든 자료를 바탕화면에 저장하지 않도록 합니다!

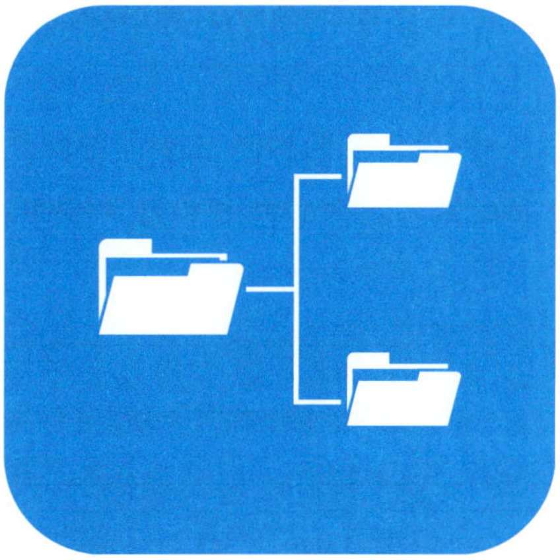

이 자료들을 하나의 'In' 파일이나 받은 편지함 또는 웹사이트 방문 기록에 모아 두면 나중에 필요할 때 자료를 잃게 되거나 원하는 정보를 찾기 어려울 수 있습니다. 가장 효과적인 방법은 파일 구조를 만들어 체계적으로 관리하는 것입니다.

a. 이메일 받은 편지함, 웹 브라우저의 즐겨찾기(북마크), 기타 모든 문서 형식(워드 파일, PDF, 파워포인트 등)에 대해 각각 별도의 파일 구조를 만드세요.

b. 앞의 세 경우 모두 저장하고자 하는 정보를 분류할 수 있는 범주나 제목을 모두 고려하여 각 범주마다 하나의 폴더를 생성하세요.

좋은 파일 구조를 만드는 비결은 정보의 계층 구조를 고려하여 구성하는 것입니다. "이것은 무엇의 예인가?"와 "이것의 예는 무엇인가?"라는 두 가지 질문을 스스로에게 함으로써 필요한 모든 정보를 단계적이고 체계적으로 분류할 수 있습니다.

c. 생성하는 모든 디지털자료의 최상위 폴더는 'Documents(문서)'와 같이 지정하고, 그다음 단계에서는 사용하는 프로그램의 유형(예: Word, Excel, PowerPoint, Publisher)을 구분하여 하위 폴더로 분류할 수 있습니다.

d. 각 프로그램 유형 내에서는 용도, 프로젝트, 날짜 등 본인에게 가장 적합한 방식에 따라 파일 구조를 구성하세요.

e. 각 범주를 다시 하위 범주로 세분화하여 폴더 내에 하위 폴더를 생성하세요.

f. 자신의 작업물, 저장한 이메일 및 중요한 URL을 적절한 폴더로 이동시키세요.

g. 자신이 고안한 분류 체계가 본인이 사고하는 방식에 부합하도록 하며, 새로운 자료를 저장할 때 "내가 이 자료의 위치를 잊어버렸다면 가장 먼저 어디에서 찾아볼 것인가?"를 고려하여 저장 위치를 결정하고, 적절한 폴더가 없으면 새로 생성하세요.

h. 파일 이름은 항상 연도, 월, 과목 그리고 순서별 번호(예: 1905CivilRights3)를 차례대로 기재하면 모든 파일을 쉽게 찾을 수 있습니다.

연습 3 – 기사 다운로드하기

연구를 진행하면서 논의나 주장을 보완하기 위하여 학술지 또는 잡지 기사를 다운로드하고자 할 때가 있습니다. 때로는 전체 파일을 구할 수 있으나, 어떤 경우에는 이미지, 기사 제목, 초록 또는 간략한 요약만을 찾거나 아예 원하는 자료에 접근할 수 없는 경우도 있습니다.

필요한 자료를 찾아 저장하는 방법은 다음과 같습니다.

- 가능한 경우, 해당 자료를 다운로드하여 PDF 형식으로 저장하세요.
- 다운로드가 불가능한 경우, 필요한 부분을 찾아 복사하여 워드 프로세싱 문서에 붙여 넣기(Ctrl+C, Ctrl+V 사용)를 합니다. 이후 읽기 쉬운 글꼴로 변경하고, 모든 그림을 삭제한 후 워드 문서로 저장하세요.
- 중요한 페이지는 스크린샷을 활용하여 캡처한 후 가장 중요한 정보만 잘라 내어 페이지 크기에 맞춰 확대하고 워드 문서로 저장하세요.
- 원하는 자료를 전혀 찾을 수 없는 경우, 사서 선생님과 상담해 보세요.
  a. 사서 선생님께서 대신 해당 자료를 검색하여 인쇄해 줄 수 있습니다.
  b. 학교가 EBSCO 계정을 보유하고 있는지 확인하세요(대부분의 학교는 이 계정을 보유하고 있음). EBSCO 계정을 활용하여 연구 저널 등 새로운 자료에 접근할 수 있는 방법을 알아보세요.

타당한 논증(주장) 전개하기

4j – 증거와 의견을 활용하여 논증을 구성하고, 타당한 결론에 도달하기

숙달 수준
자신이 수집한 정보를 바탕으로 논리적으로 타당한 논증을 구성하고, 그에 따른 결론을 올바르게 도출할 수 있다면, 해당 ATL 기능을 사용하는 데 있어 전문가 수준에 도달했다고 볼 수 있습니다.

목적:

이 기능은 내부 평가, 수행평가, 소논문 등 장기 프로젝트뿐만 아니라 언어와 문학, 과학, 역사, 경영학, 경제학 등 다양한 과목에서 연구의 논증을 구성하는 데 필수적으로 요구됩니다.

논증:

논리적이고 설득력 있는 글, 과학 또는 비즈니스 보고서, 연설, 강의 등을 전달하기 위해서는 분명한 논증을 세워야 합니다. 논증은 찬반 근거를 평가한 결과로부터 도출된 일련의 전제로, 이를 바탕으로 결론에 도달합니다.

확고한 논증은 독자나 청자로 하여금 결론이 옳다는 신뢰를 주며, 약한 논증에는 전제들 사이에 빈틈이 있거나 연결이 매끄럽지 않아 결론에 대한 신뢰성을 떨어뜨립니다.

연습 1 – 증거를 활용하여 논증 뒷받침하기

UN 지속가능발전목표(SDGs)를 검색한 후, 본인이 관심 있는 하나의 목표(예: 깨끗한 공기, 빈곤, 성평등, 기후변화)를 선택하세요.

a. 해당 목표가 무엇인지 간단하게 진술하세요.

b. 그 목표에 대해 자신의 입장을 명확하게 서술해 보세요.

c. 자신의 입장을 뒷받침하는 증거 두 가지를 찾아보세요.

1. ....

2. ....

d. 자신의 입장에 반하는 증거 한 가지를 찾아보세요.

....

....

e. 수집한 증거들을 토대로 자신의 입장을 지지하면서 반대 의견에 대해 반박하는 논증을 구성하세요.

....

....

f. 증거에 근거하여 SDGs의 필요성에 대해 타당한 결론을 내릴 수 있나요? 그 결론은 무엇인가요?

....

....

g. UN SDGs 중 하나에 대해 논증을 전개해 봤습니다. 이 주장이 학교 공동체와 공유할 가치가 있다고 생각하나요? 이 의견을 어떻게 공유할 것인가요?

....

....

h. 만약 공유할 것이라면 CAS 성찰 일지를 작성하는 것을 잊지 마세요.

타당한 논증

삼단논법은 두 개의 전제나 명제로부터 결론을 도출하는 논증 방식 중 하나입니다. 예를 들어, **모든 고양이는 포유류이다. 모든 포유류는 동물이다. 그러므로 모든 고양이는 동물이다.**

고양이가 포유류이고, 포유류가 동물이라면, 고양이는 동물이라는 결론이 나옵니다.

우리는 첫 두 전제를 받아들였으므로 세 번째 전제도 받아들여야 합니다. 결론에 반대하려면 적어도 하나의 전제에 동의하지 않아야 합니다. 전제에는 동의하지만 결론에 반대하는 것은 잘못된 추론입니다. 이것이 결론이 옳은 이유입니다.

이제 이 순서를 반대로 해서 새로운 논증을 만들어 봅시다. **모든 포유류는 고양이이다. 모든 동물은 포유류이다. 그러므로 모든 동물은 고양이이다.**

이 논증은 논리적으로 타당한가요? (예/아니요).

이 논증은 건전한가요? (예/아니요)

모든 진술은 사실과 다르지만, 이 논증은 전제로부터 결론이 도출되므로 논리적으로 타당합니다. 그러나 전제 중 하나(이 경우에는 두 개 모두)가 거짓이기 때문에 주장은 합리적이지 않습니다.

연습 2 – 삼단논법, 논리 및 건전한 주장

a. 짝과 함께 활동하세요.

b. 다음의 각 삼단논법에 대해 논의하고, 각자 다음의 두 질문에 대한 답을 도출하세요.

  i. 논증이 논리적으로 타당한가요? 전제가 참이라고 가정하면 결론이 논리적으로 도출되나요?

  ii. 논증이 건전한가요? 전제나 결론 중 틀린 부분이 있나요?

c. 각자의 노트에 해당 열에 '예' 또는 '아니요'라고 적으세요.

d. 다른 두 학생과 비교하여 그들도 동일한 결론에 도달했는지 확인하세요.

e. 만약 그렇지 않다면 논리를 다시 살펴보고, 누가 옳은지 검토하세요.

삼단논법	논증이 논리적으로 타당한가요?	논증이 건전한가요?
모든 자전거에는 바퀴가 있다. 나는 자전거를 탄다. 그러므로 내 자전거에는 바퀴가 있다.		
치과에 가는 생각은 항상 나에게 불안감을 준다. 나는 치과에 가야 한다. 그러므로 나는 불안함을 느낀다.		
이 밀크쉐이크는 초콜릿 맛이거나 바닐라 맛이다. 초콜릿 맛이 아니다. 그러므로 이 밀크쉐이크는 바닐라 맛이다.		
조수는 항상 들어오거나 나간다. 조수가 들어오지 않는다. 그러므로 조수는 나가고 있다.		
그는 과속했을 리 없다. 나는 그를 안다. 그는 결코 과속하지 않는다.		

그녀의 새 신발은 못생겼을 리 없다. 그것은 지미추 제품이다. 모든 지미추 신발은 아름답다.		
모든 까마귀는 검다. 나의 정원의 새들은 검다. 그러므로 나의 정원의 새들은 까마귀이다.		
뉴질랜드의 경치는 아름답다. 나는 뉴질랜드에 있다. 그러므로 경치는 아름다워야 한다.		

자신의 과제가 최대한 정확하고 논리적이며 설득력이 있기를 원한다면 논증이 건전하고 논리적으로 타당한지를 반드시 확인해야 합니다.

연습 3 – 결론, 의견 및 타당한 논증

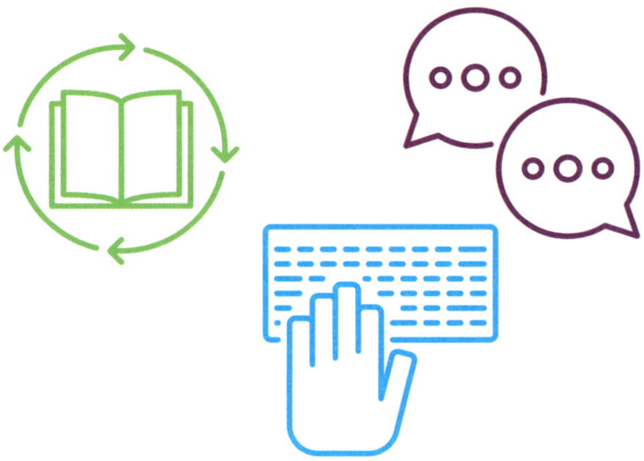

결론의 주요 특징은 다음과 같습니다.

- 결론은 독자에게 남기는 최종 메시지입니다.
- 결론은 전체 내용을 요약합니다.
- 결론은 성취한 바와 목표를 보여 줍니다.
- 결론은 가설을 뒷받침했는지 나타냅니다.
- 서론은 일반적인 내용으로 시작해 구체적인 내용으로 끝나는 반면, 결론은 구체적인 내용으로 시작해 일반적인 내용으로 전개됩니다.

a. IB 블로그에서 'What did the extended essay do for you?'를 검색하여 해당 글을 읽어 보세요.

b. 글을 읽는 동안 글쓴이가 논증을 구성한 방식에 대해 생각해 보세요.

c. 글을 다 읽은 후, 다음 표를 완성하세요.

전제	찬반 근거는 무엇인가?	전제가 타당한가?
학생들은 비판적 사고력을 배운다.		
학생들이 향후 교육으로 진학하고, 직업으로 나아갈 수 있도록 지원한다.		

학생들이 인생에서 직면하게 되는 근본적인 질문들에 대응하는 능력을 향상시킨다.		

i. 결론이 논리적으로 타당한가요? 만약 그렇다면 무엇이 결론을 타당하게 만드나요?

ii. 논증이 건전한가요? 만약 그렇다면 무엇이 논증을 건전하게 만드나요?

iii. 논증이 얼마나 설득력 있는지에 대한 자신의 의견을 작성한 후 이를 블로그에 추가해 보세요.

여러분이 작성한 의견에 대한 피드백을 주의 깊게 검토하고 CAS 성찰 일지를 작성하는 것을 잊지 마세요.

피드백

4k – 피드백을 활용하여 연구를 평가하고 개선하기

숙달 수준

자신의 연구 결과와 작업에 대해 다양한 종류의 피드백을 구하는 것이 습관화되었을 때, 해당 ATL 기능을 사용하는 데 있어 전문가 수준에 도달했다고 볼 수 있습니다.

목적:

이 기능은 소논문, 시각예술 전시회, 연극 제작, 과학적 연구 등 과제의 수준을 확인하는 데 사용할 수 있습니다. 단, 다음의 담합 행위에 관한 경고를 반드시 유념해야 합니다.

피드백과 담합:

전 세계의 학문 공동체는 동료 평가와 학업적 지도 체계를 통해 타당성과 신뢰성을 유지합니다. 이는 모두 피드백 체계이며, 올바른 연구를 바탕으로 타당한 결론을 도출하는 방법을 배우도록 돕기 위해 설계된 것입니다.

연구 과제 전반에서 참고 자료의 질, 논증의 타당성 그리고 생성한 아이디어에 대해 피드백을 받는 것은 매우 중요합니다. 피드백은 대면 혹은 소셜 미디어 등 다양한 방식으로 받을 수 있습니다. 단, 공식적인 평가 과제에서는 피드백 제공자와의 부적절한 협력이 담합으로 이어지지 않도록 주의해야 합니다. 담합과 관련된 학교의 학문적 진실성 정책은 연습 4h를 참조하세요.

피드백의 질은 질문의 명확성과 그 답변을 얼마나 깊이 숙고하는지에 따라 달려 있습니다. 피드백을 받는 '피드백 수용자'는 다음의 두 가지 책임을 갖습니다.

1. 피드백 제공자에게 단순히 "괜찮아?"가 아니라 "내 문장 구조, 아이디어의 흐름, 논리 전개 등에 대해 구체적으로 어떻게 개선하면 좋을지 알려 줄래?"와 같이 명확한 질문을 해야 합니다.
2. 유일하게 허용되는 적절한 반응은 "고마워." 이 한마디라는 것을 깨닫는 것입니다. 피드백에 대한 그 어떤 정당화나 변명이나 설명 없이 말이죠.

피드백을 주는 '피드백 제공자'에게는 다음의 두 가지 책임이 있습니다.

1. 질문 내용을 주의 깊게 듣습니다.
2. 요청된 내용에 대해서만 구체적인 피드백을 제공합니다. 과도한 칭찬이나 모호한 평가보다는 구체적이고 실행 가능한 조언을 해야 합니다.

또한 과제물(지식 재산)을 동료와 공유할 때마다 담합 위

험이 존재함을 유념해야 합니다. 많은 우수한 학생이 자신의 과제물을 공유한 후, 다른 학생이 이를 복사하여 사용함으로써 담합으로 인해 불이익을 받은 사례가 있습니다. 그러므로 반드시 비밀번호로 보호된 PDF 파일을 공유하는 등 타인이 자신의 과제물을 쉽게 이용하지 못하도록 해야 합니다.

연습 1 – 효과적인 피드백 프로토콜

피드백은 목표 달성을 위해 어떻게 나아가고 있는지를 알려 줍니다. 피드백은 목표를 명시해야 하며, 추천 사항은 명확하고 실행 가능해야 합니다. 사용자 친화적이고, 적시에 제공되어야 하며, '피드백 수신자'의 학습 향상을 돕기 위해 제공되어야 합니다.

a. 3~4명의 친구와 함께 활동하세요.

b. 다음의 네 가지의 효과적인 피드백 모델 중 각자 한 가지씩을 조사한 후 60초 이내로 해당 모델이 어떻게 작동하는지 서로에게 설명하세요.

1. 피드백 사다리 프로토콜
2. 웜 피드백과 쿨 피드백
3. 마인드툴 피드백 제공
4. 사려 깊은 피드백

c. 자신이 선호하는 모델과 그 이유를 작성하세요.

연구를 진행하거나 과제물을 제출할 때마다 여기서 배운 프로토콜을 이용하여 피드백 과정을 포함시키세요.

d. 친구와 곧 제출할 과제를 서로 교환하고 방금 탐색한 프로토콜 중 하나를 사용하여 서로에게 피드백을 제공하세요.

e. 짝에게 피드백이 작업의 질을 향상시키는 데 도움이 되었나요? 그렇다면 어떻게 달라졌나요?

연습 2 – 소셜 미디어 피드백

소셜 미디어를 통해 친구들을 비롯한 더 넓은 학문 공동체로부터 귀중한 피드백을 받을 수 있습니다. 이런 피드백은 새로운 관점을 열어 주고, 연구 결과를 개선하며, 비판적 사고를 향상시킬 수 있습니다. 무엇에 대해, 누구에게 피드백을 요청할지 결정할 때 그 목적에 가장 적합한 플랫폼이 무엇인지 고려하세요.

a. 자신이 봐도 만족스러운 보고서를 막 끝냈고 채점을 받기 전에 좋은 피드백을 받고 싶어 하는 자신을 상상해 보세요.

b. 자신이 원하는 피드백을 가장 잘 전달할 수 있는 소셜 미디어 플랫폼을 선택하여 다음 표를 완성하세요.

각 항목에 해당하는 곳에 '○' 또는 '×'를 표시하세요.

어떤 종류의 피드백을 선호하나요?	위챗	트위터(X)	페이스북	인스타그램	기타 – 구체적으로 명시
작업 전체를 공유하여 모든 측면에 대해 상세한 서면 피드백을 받는다.					
일부 구절이나 인용문을 공유하여 빠르고 긍정적이며 비판적인 피드백을 받는다.					
작업 전체를 공유하여 특정 부분에 대한 피드백을 받는다.					
일부 구절이나 인용문을 공유하여 폭넓은 피드백을 받는다.					
작업물의 링크를 공유하여 '좋아요'나 '싫어요' 형태의 피드백을 받는다.					
작업물의 링크를 공유하여 전문가들로부터 서면 피드백을 받는다.					

i. 소셜 미디어를 통해 작업에 대해 좋은, 또는 진실된 피드백을 받기 어려운 이유를 서술하세요.

ii. 소셜 미디어를 통해 좋은 피드백을 받기 위한 가장 좋은 방법은 무엇인가요?

ATL 기능에 대한 자기 평가

ATL 기능 숙련도에 대한 학생 자기 평가 – 조사							
ATL 기능	초급자 (관찰)	학습자 (모방)	실행자 (실행)				전문가 (공유)
			시작하기	연습하기	향상하기	이해하기	
연구 질문 만들기							
키워드 검색 전략 구축하기							
효과적인 디지털 검색하기							
연구 과제와 도구 연결하기							
증거자료의 출처 평가하기							
다른 관점 식별하기							
출처의 편향성 평가하기							
지식재산권							
정보 정리 및 저장하기							
타당한 논증 전개하기							
피드백							

메모

메모

사고 기능

"배우기만 하고 생각하지 않으면 얻는 것이 없고, 생각만 하고 배우지 않으면 위태롭다."-공자, 논어 위정편 2.15

컴퓨터는 생각하지 않습니다. 오직 인간만이 생각합니다.

컴퓨터가 할 수 있는 일은 미리 프로그래밍된 명령 집합에 따라 데이터를 처리하는 것뿐입니다. 컴퓨터가 내릴 수 있는 유일한 결정은 이진(예/아니요) 결정입니다.

컴퓨터의 172.8GHz 칩은 초당 18억 개의 이진 결정을 실행할 수 있으며, 이는 때때로 '생각하는' 것처럼 보일 수 있습니다.

앞으로의 경쟁 우위는 사고력, 창의력, 문제 해결 능력, 정보에 입각한 의사결정능력에 달려 있습니다.

DP는 단순한 지식 이상의 것을 요구하며, 프로그램의 모든 측면에서 자신의 사고 과정을 드러내야 합니다. DP에서 우수한 성과를 거두고 미래 진로와 모든 목표를 달성하는 데 중요한 세 가지 핵심 사고 기능은 다음과 같습니다.

- **비판적 사고** – 데이터를 정확히 분석하고, 다양한 사람과 매체의 해석, 관점, 가정 및 편향을 고려하여 좋은 증거 기반 주장을 전개하며, 결정을 내리고, 문제를 해결하는 방법
  - 연습 5a~5f는 모든 과목에서 근거에 기반한 주장을 개발하는 데 활용할 수 있습니다.
  - 연습 5g~5i는 교과목 안팎에서 중요한 결정을 내릴 때 가장 효과적으로 사용될 수 있습니다.
- **창의적 사고** – 창의력을 발휘하여 독창적인 아이디어를 만들어 내는 방법
  - 연습 5j~5m은 기존의 사물 간의 새로운 연결을 만들고, 은유를 발전시키며, 다른 용도, 형태 및 기능을 고려하는 연습을 통해 창의력을 키우는 데 도움을 줍니다.
  - 창의력이 요구되는 수준에 따라 적게 혹은 많이 사용할 수 있습니다.
- **컴퓨팅 사고** – 문제를 컴퓨터 처리가 가능한 형태로 구성하는 방법
  - 연습 5n~5q는 비교와 기반의 예제를 통해 컴퓨팅 사고의 네 단계를 연습하게 합니다.
  - 연습 5r은 문제 해결이 필요한 모든 교과에서 활용할 수 있는 컴퓨팅 사고의 완전한 예시와 체계를 제공합니다.

주장

5a – 논리적이고 증거에 기반한 주장 전개하기

숙달 수준

어떤 과목에서든 어떤 사안의 양측을 고려하여 관련 정보를 활용해 설득력 있는 증거 기반 주장을 구성할 수 있다면, 해당 ATL 기능을 사용하는 데 있어 전문가 수준에 도달했다고 볼 수 있습니다.

목적:

이 기능은 DP의 다양한 맥락에서 사용됩니다. 이 기능은 소논문, 지식 이론 에세이 그리고 과학 및 수학 탐구와 조사에서 구조를 구축하는 데 사용될 것입니다. 또한 언어 및 예술 과목에서는 자신의 주장을 논증하기 위해 증거를 사용해야 합니다.

정의:

주장이란 전제 또는 일련의 전제로부터 결론을 도출하기 위해 증거를 제공하는 구조화된 담론(서면 또는 구두)을 뜻합니다. 각 전제는 참 또는 거짓인 명제의 형태로 작성되며, 그 전제의 진위를 판별하기 위한 증거가 제시됩니다. 이러한 진리의 논리적 순서가 결론으로 이어집니다.

가장 단순한 형태의 주장은 증거로 정당화된 주장입니다.

연습 1 – 뉴스에서의 주장 분석하기

a. 지역의 온라인 뉴스, 잡지, 신문에서 어떠한 주장을 제시하는 기사를 검색하세요. 사실만 보도하는 기사가 아니라, 무언가에 대해 독자를 설득하려는 기사를 찾아보세요. 질문 형태의 헤드라인이나 논란의 입장을 취한 다음의 예와 같은 기사를 검색해 보세요.
   - "지구온난화가 실제로 좋은 것인가?"
   - "새로운 제련소가 이 도시에 도움이 될까?"
   - "휴대전화 방사선이 우리를 더 똑똑하게 만드는가?"
   - "동물들도 인간과 같은 감정을 느낄 수 있는가?"

b. 기사를 읽은 후 다음의 표에 해당 논거를 지지하는 주장과 반대하는 주장 그리고 각 주장에 대한 증거를 요약하여 기록하세요. 각 주장이 정당한지 스스로 판단하세요.

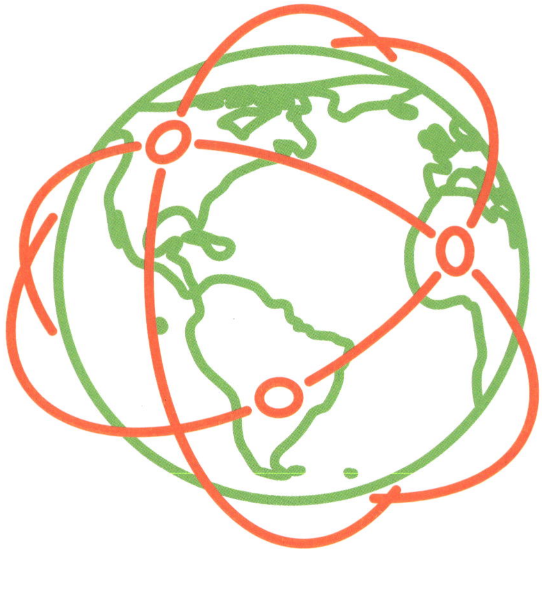

c. 자신의 입장을 설명하세요.

<table>
<tr><td colspan="4">이슈:</td></tr>
<tr><td>찬반 주장</td><td>각 주장에 대한 증거</td><td>해당 주장이 정당한가요? (○/×)</td><td>정당하다면 어떻게 정당한가요? 아니라면 왜 정당하지 않은가요?</td></tr>
<tr><td></td><td></td><td></td><td></td></tr>
<tr><td></td><td></td><td></td><td></td></tr>
<tr><td></td><td></td><td></td><td></td></tr>
<tr><td></td><td></td><td></td><td></td></tr>
<tr><td></td><td></td><td></td><td></td></tr>
<tr><td colspan="2">저자의 결론:</td><td>논증에 의해 결론이 얼마나 잘 정당화되었나요?</td><td>논증의 문제점은 무엇이었나요?</td></tr>
</table>

d. 마지막에 저자의 결론 또는 여러분이 생각하기에 저자가 지지하고자 한 입장을 기재하고 결론에 도달하기 위해 주장을 얼마나 잘 전개했는지 서술하세요.

e. 저자의 주장에서 발견한 문제점들을 서술합니다.

연습 2 – 의료 논쟁 분석하기

a. 의료 문제는 항상 좋은 논쟁거리를 제공합니다. 다음의 주제들 중 하나를 선택하여 연구를 진행하세요. 찬성과 반대의 주장을 검색한 후 다음 표를 작성해 보세요.

b. 표에 기재된 모든 주장을 나열하고 각 주장에 대해 제공된 증거를 기록하세요.
   - 불소는 어린이 치아 부식을 예방하기 위해 시 당국에 의해 국내 수도물에 첨가되어야 한다.
   - 일반인의 식단에는 아이오딘이 부족하므로 갑상선종의 예방을 위해 제조업체는 식용 소금에 아이오딘을 첨가해야 한다.

- 모든 노인은 겨울이 오기 전에 인플루엔자 바이러스 예방접종을 받아야 한다.
- 밀 제품은 글루텐이 함유되어 있어 건강에 좋지 않다.
- 식단 내에 염분이 과도하면 동맥이 경화된다.
- 높은 콜레스테롤의 수치는 심장질환을 유발한다.

c. 각 주장을 살펴보고, 여러분이 생각하기에 해당 주장이 정당한지 여부를 스스로 판단해 보세요.

d. 자신의 입장을 설명하세요.

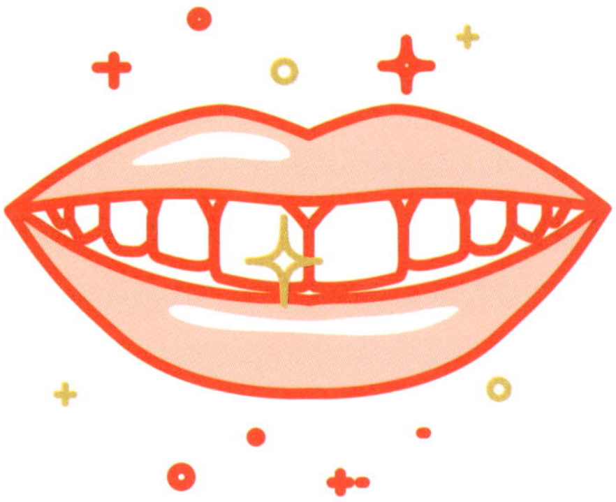

이슈:			
찬반 주장	각 주장에 대한 증거	해당 주장이 정당한가요? (○/×)	정당하다면 어떻게 정당한가요? 아니라면 왜 정당하지 않은가요?
저자의 결론:		논증에 의해 결론이 얼마나 잘 정당화되었나요?	논증의 문제점은 무엇이었나요?

e. 마지막에 저자의 결론 또는 여러분이 생각하기에 저자가 지지하고자 한 입장을 기재하고 결론에 도달하기 위해 주장을 얼마나 잘 전개했는지 서술하세요.

f. 저자의 주장에서 발견한 문제점들을 서술하세요.

g. 자신이 발견한 바를 토대로 학교 공동체가 더 알아야 할 건강 문제가 있다고 생각하나요? 만약 그렇다면 학교에서 홍보 또는 인식 제고 캠페인을 진행하는 것이 좋을 것입니다. 조사 작업을 수행할 경우, 행동 여부와 상관없이 CAS 성찰 일지 작성을 완료해야 합니다.

연습 3 – 나만의 주장 만들기

a. 다음의 결론 중 하나를 선택하거나 하나를 직접 만드세요. 부당하다고 느끼는 문제, 변화가 필요하다고 생각하는 문제 또는 다른 사람들이 인식해야 할 중요한 문제 등 자신에게 중요한 주제를 선택하세요.

b. 다음 예시와 같이 해당 주제에 관한 자신의 입장을 명확하게 진술하는 확정문을 작성하세요.
   - 모든 수업에서 휴대전화 사용이 허용되어야 한다 / 금지되어야 한다.
   - 학교에서 원하는 복장을 입을 권리가 있어야 한다 / 학생은 교복을 입어야 한다.
   - 학교 수업 시간이 너무 길다 / 너무 짧다.
   - 숙제는 없애야 한다 / 숙제가 더 필요하다.
   - 청소년에게 맞춰 학교 수업 시작 시간을 늦춰야 한다 / 더 일찍 시작되어야 한다.
   - 시험은 전혀 필요 없다 / 더 많은 시험이 필요하다.

주제를 선택한 후에는 양측의 관점을 모두 고려한 주장을 구성해야 합니다. 다음 단계를 따라 표를 알맞게 채워 보세요.

c. 이 문제에 대한 여러분의 입장은 무엇인가요? 최대한 명확하고 구체적으로 서술하세요.

d. 자신의 입장을 가장 잘 대변하는 주장은 무엇인가요? 필요한 경우 조사하여 가장 적절한 주장 다섯 가지를 생각해 보세요.

e. 각 주장에 대해 증거를 마련하세요. 조사 증거, 경험적 증거 또는 이용 가능한 학생들을 대상으로 한 간단한 설문 조사 등 시간 내에 확보할 수 있는 모든 증거를 활용하세요.

f. 각 주장마다 가장 가능성이 높은 반론을 생각해 보세요.

g. 각 반대 주장에 대해 이를 반박하거나 의문을 제기할 수 있는 증거를 마련하세요.

<table>
<tr><td colspan="4">이슈:</td></tr>
<tr><td colspan="4">이 사안에 대한 나의 입장:</td></tr>
<tr><td>지지 주장</td><td>각 주장에 대한 증거</td><td>유력한 반론</td><td>반론에 대한 증거</td></tr>
<tr><td></td><td></td><td></td><td></td></tr>
<tr><td></td><td></td><td></td><td></td></tr>
</table>

짝 평가 – 주장이 얼마나 설득력 있었나요?		주장을 강화할 수 있는 누락된 내용이 있나요?	

h. 짝과 함께 활동하세요. 한 사람은 자신의 주장을 짝에게 설명하고 해당 사안에 대한 자신의 입장을 설득하세요. 듣는 사람은 자신이 생각하지 못한 추가적인 반대 논점을 제시하며, 표 하단에 주장이 얼마나 설득력이 있었는지와 주장을 강화할 수 있는 방법에 대한 의견을 기록하세요.

i. 역할을 바꿔 상대방이 선택한 주장에 대해 동일한 과정을 반복하세요.

j. 설득력 있는 주장이 완성되었다고 판단되면 그 주장을 토론 논문으로 작성하여 학교에서 변화를 만들 권한이 있는 사람에게 제시하세요. 이것이 바로 봉사 학습이 실현되는 방식입니다. 여러분은 한 사안을 조사하고 실행에 대한 추가 의견을 도출한 것입니다. CAS 성찰 일지 작성을 잊지 않고 완료하세요.

k. 활동을 잘 마무리 짓기를 기원합니다.

연습 4 – 돼지도 날 수 있다

돼지는 날 수 있을까? 그럴 수도, 아닐 수도 있다. 이 말이 사실이기 위해서는 무엇이 참이어야 할까요?

주장을 구성하는 한 가지 방법은 결론부터 시작하여 그것이 사실이기 위해서는 무엇이 참이어야 하는지를 거꾸로 질문하면서 단계별로 생각해 보는 것입니다. 이 연습 과제는 이러한 사고 방식을 연습하는 데 큰 도움이 될 것입니다.

a. 다음 표의 첫 번째 열부터 시작하여 "이것이 사실이기 위해서는 무엇이 참이어야 하는가?"라는 질문을 던지면서 맨 아래에 몇 단계를 더 추가할 수 있을지 살펴보세요.

"돼지는 날 수도 있다."라는 주장이 (비행기를 타지 않고 스스로 날 수 있는 능력을 갖추어야 하는 조건으로) 참이 되기 위해서는 무엇이 참이어야 하는지 논리의 흐름을 따라가 보세요.

b. 동일한 질문을 사용하여 다음 두 열의 다른 가능성에 대해서도 유사한 일련의 논리적 단계를 구성하세요.

표를 채워 완성하세요.			
	이 내용이 사실이기 위해서는 무엇이 참이어야 하나요?	이 내용이 사실이기 위해서는 무엇이 참이어야 하나요?	이 내용이 사실이기 위해서는 무엇이 참이어야 하나요?
1.	돼지는 날 수도 있다.	돼지는 날 수도 있다.	돼지는 날 수도 있다.
2.	태어날 때부터 날개가 자라야 한다.	다른 동물의 날개를 이식받아야 한다.	기계식 날개를 부착해야 한다.
3.	큰 날개를 가진 동물의 일부 유전자를 가져야 한다.		
4.	두 동물의 유전자가 함께 결합되어야 한다.		
5.	두 동물의 유전자가 서로 호환되어 함께 자랄 수 있어야 한다.		
6.	다른 동물의 유전자를 호환 가능하게 만드는 방법을 찾아야 한다.		
7.	종 간 유전자 조작에 대한 연구가 수행되어야 한다.		
8.	연구 자금이 마련되어야 한다.		
9.	돼지가 날 수 있다는 뚜렷한 상업적 이점이 발견되어 연구 자금을 유치할 수 있어야 한다.		
10.			
11.			
12.			

여러 관점 고려하기

5b – 관점, 주장, 증거와 윤리

> **숙달 수준**
> 어떤 문제, 사안, 상황, 사건 또는 작업을 다양한 관점에서 쉽게 바라볼 수 있다면, 해당 ATL 기능을 사용하는 데 있어 전문가 수준에 도달했다고 볼 수 있습니다.

목적:

이 기능은 많은 과목에서 중요합니다. 특히 역사 교과의 내부 평가에서 서로 다른 인물, 이념의 원인과 결과를 다른 시대에 걸쳐 비교할 때 특별히 관련이 있습니다. 언어 및 문학 교과의 내부 평가 시 구술 항목도 이 기능 숙달도에 따라 결정될 것입니다.

연습 1 – 관점 비교하기

어떤 아이디어이든 더 많은 관점에서 바라볼수록 그 아이디어에 대한 다양한 해석이 생성됩니다.

인위적 기후변화 문제를 살펴보겠습니다. 이는 인간의 행동으로 인해 발생한 것으로 볼 수 있는 환경의 측정 가능한 변화를 의미합니다. 우리가 측정할 수 있는 이 변화의 가장 쉬운 지표 중 하나는 대기 중의 CO_2 비율입니다. CO_2는 석탄, 천연가스, 휘발유, 석유, 디젤, 목재(열대우림 소각 등) 등을 연소시킬 때 발생하는데 이 중 99%는 인간의 행동으로 인해 발생합니다.

대기 중 CO_2 비율은 지속적으로 증가하고 있으며 현재는 40만 년 동안 가장 높은 수준에 도달했습니다(NASA 웹사이트에서 'Rise of CO_2' 참조). CO_2 비율이 증가함에 따라 기본 온도가 상승하여 더 극단적인 기상 현상, 빙하 용해, 해수면 상승을 초래합니다. 대부분의 의견은 인위적인 CO_2 배출을 줄이기 위해 지금 행동을 취해야 한다는 것입니다.

이 사안에 대한 조사를 수행하여 다음 표에 나열된 세계 지도자들은 이 문제에 대해 어떤 관점을 가지고 있는지 알아봅시다. 다음 표를 작성하기 위한 핵심 질문은 다음과 같습니다.

a. 지도자들은 기후변화가 실제로 일어나고 있다는 것

에 동의하나요?

b. 지도자들은 자국의 기후변화 발생에 대한 책임을 지고 있나요?

c. 지도자들은 자국 내에서 CO_2 생산을 줄이기 위한 조치를 취하고 있나요? 만약 그렇다면 어떤 조치를 취하고 있나요?

출처	1. 동의하나요?	2. 얼마나 많은 책임을 지고 있나요?	3. 변화를 위한 조치를 취하고 있나요? 만약 그렇다면 어떤 조치인가요?
현 미국 대통령			
현 영국 총리			
현 중국 국가주석			
현 러시아 대통령			
현 인도 총리			
현 키리바시 공화국 대통령			
현 베트남 대통령			
현 일본 총리			

d. 기후변화가 다음에 나열된 각 대상에 미치는 영향을 조사하세요. 이들의 입장이 되어 기후변화에 대한 각자의 관점이 무엇일지 상상해 보고 자신의 생각을 작성해 보세요.

대상	관점
북극에 사는 북극곰	
인도네시아 오랑우탄	
오렌지색 점이 박힌 쥐치 (orange-spotted filefish)	
퀴버트리(quiver tree)	

e. 앞의 목록에서 현재의 세계 지도자 한 명을 선택해 보세요. 그들의 전임자는 같은 관점을 가지고 있었나요? 그렇지 않다면 무엇이 관점의 변화를 가져왔다고 생각하나요?

연습 2 – 관점, 주장과 증거

a. 연습 1의 표에서 두 가지 상반된 관점을 선택하고 각자의 입장을 조사하세요. 각각의 입장을 뒷받침하는 증거를 수집하고 기록하세요. 서로의 입장의 타당성을 확신할 수 있을 만큼 증거가 충분한지 결정하세요.

대상과 관점	인용된 증거	설득력 있는 증거인가요? 자신의 입장을 설명하세요.
1.		

2.		

미국

영국

중국

러시아

인도

키리바시

베트남

일본

b. 지금까지 수행한 조사를 바탕으로 대기 중 CO_2 비율 증가 문제에 대한 여러분의 관점은 무엇인가요? 여러분의 입장과 이를 뒷받침하는 증거를 제시하세요.

증가하는 CO_2 비율에 대한 자신의 입장	증거

연습 3 – 관점과 윤리

데이비드 벨라미(David Bellamy) 교수는 인간의 간섭에 맞서 자연을 보호하기 위한 활동으로 전 세계의 생태학자, 동물학자, 환경운동가들에게 영향을 준 유명한 식물학자입니다. 이 교수의 업적에 관한 자료를 찾아보면 2000년대에 기후변화에 대한 증거를 부정하는 것으로 주목받았다는 것을 알 수 있을 것입니다. 이 교수는 기후변화가 자연적인 현상이며 인간의 책임이 없다고 주장했습니다. 일부 영국 TV 방송국은 데이비드 교수를 출연시키지 않고 방송 시간을 주지 않기로 했습니다. IB는 2009년 베이징에서 열린 아시아 태평양 회의에서 데이비드 교수를 기조연설자로 초청했습니다.

a. 우리와 다른 견해를 가진 사람들의 말을 들어야 할까요? 과학적 증거는 데이비드 교수가 기후변화에 대해 잘못된 주장을 했음을 보여 주지만, 그럼에도 방송 시간을 제공해야 할까요?

b. IB가 데이비드 교수를 연사로 초청한 것이 책임감 있는 행동이었다고 생각하나요? 아니면 무책임한 행동이었다고 생각하나요?

c. 기후변화는 인간의 간섭으로 인해 일어나고 있음을 과학적 증거가 명백하게 보여 주는데, 상반된 견해에 가치를 부여할 수 있나요?

함의와 추론

5c – 함의와 추론을 활용한 결론 도출 연습하기

숙달 수준
암시된 데이터와 추론된 데이터를 쉽게 구별하고 어느 쪽에서든 정확한 결론을 도출할 수 있다면, 해당 ATL 기능을 사용하는 데 있어 전문가 수준에 도달했다고 볼 수 있습니다.

목적:

이 기능은 여러 과목에서 사용되지만 특히 수학과 과학 분야에서 중요합니다. 과학 교과의 내부 평가 및 과학 소논문은 상당 부분 이 기능에 의해 영향을 받을 것입니다. 이 기능은 국제정치와 지식 이론에서도 점점 더 관련성이 높아지고 있습니다.

함의와 추론의 차이:

정보를 제공하는 사람은 자신이 하고자 하는 말에 무언가를 함의할 수 있으며 정보를 받는 사람은 전달받은 정보로부터 무언가를 추론할 수 있습니다.

- 함의란 주어진 정보를 분석하여 도출되는 명시되지는 않았지만 암시된 가능성들을 의미합니다.
- 추론은 주어진 정보와 파악된 단서를 바탕으로 이루어진 추정으로 이후에 얻는 정보에 따라 검증되거나 오류로 판명될 수 있습니다.
- 결론은 사실에 기반한 결정입니다.

연습 1 – 추론적 사고를 활용하여 예측 연습하기

a. 개별적으로 또는 짝과 함께 활동하세요.

b. 익숙하지 않은 다른 국가의 정치인이 한 연설의 짧은 영상(1~3분 분량)을 찾아보세요[찾기 어려운 경우 핵무기의 도덕성에 관한 데이비드 롱이(David Lange)의 옥스퍼드 유니온 토론(Oxford Union Debate)을 검색해 보세요].

c. 영상의 1/3에 해당하는 시간을 계산하고 그 부분만 시청하면서 다음 표에 사실이라고 언급된 내용을 기록하세요.

d. 혼자 또는 짝과 함께 나머지 영상의 내용과 결론이 무엇일지 추측해 보세요.

e. 그 후 영상을 끝까지 시청하고 얼마나 정확하게 결말을 예측했는지 확인해 보세요.

f. 같은 연습을 다시 하되, 이번에는 학생이 익숙하지 않은 다른 국가의 광고를 사용하세요.

	사실	추론	
참고	1/3 지점에서 지금까지 사실로 언급된 것은 무엇인가요?	결론이 무엇일 것이라고 생각하나요?	여러분의 예측이 맞았나요?
정치인:			
광고:			

g. 어느 것이 결말을 예측하기가 쉬웠나요? 그 이유는 무엇인가요?

연습 2 – 함의를 활용하여 예측 연습하기

함의는 어떤 일의 결과로 나타나는 것입니다. 직접적인 결과일 수도 있고 단지 가능성을 제시하는 것일 수도 있지만, 데이터를 사용함으로써 함의에 대해 훨씬 더 정확한 예측을 할 수 있습니다.

구글이나 바이두가 없고 다음 질문에 대한 답을 스스로 추정해야 한다고 상상해 보세요. 오로지 여러분 자신의 지식에 근거하여 답해야 합니다.

런던에는 몇 명의 장제사(말의 발굽에 편자를 다는 사람)가 있을까요?

몇 분 동안 생각해 보세요. 최종 답변의 추정치를 얻기 위해 답해야 할 질문의 순서는 무엇인가요?

다음과 같이 생각했나요?

- 현재 런던에는 몇 마리의 말이 있나요?
- 그들은 얼마나 자주 편자를 갈아야 하나요?
- 말에 편자를 다는 데 얼마나 시간이 걸리나요?
  처음 세 가지 질문에 대한 추측을 사용하여 런던에서 연간 이용 가능한 말 편자 작업 시간이 대략 얼마인지 계산합니다. 그리고 한 사람이 일 년 동안 처리할 수 있는 말 편자 작업 시간으로 나누면 주어진 일을 지원할 수 있는 장제사의 수를 추정할 수 있습니다.

물론 처음 세 가지 추측을 하려면 더 많은 데이터가 필요합니다. 각 단계에서 대략적인 추측만 사용하여 다음의 논리를 따라가 봅시다.

- 런던에는 몇 명의 사람이 있나요? - 아마도 1천만 명?
- 말을 소유한 사람은 얼마나 되나요? - 런던에서 말을 소유하는 것은 매우 부유한 사람만 가능한 매우 비싼 사치일 것이므로 대략 1,000명당 한 명이 말을 가지고 있다고 전제하면 전체적으로 대략 1만 명이 말을 가지고 있지 않을까요? 여기서 각자 한 마리의 말을 소유한다면 1만 마리의 말이 있을 것입니다. 여기에 말을 사용하는 공공서비스, 예를 들어 여왕의 근위병, 기마 경찰 등을 추가하면 런던에는 약 1만 2천 마리의 말이 있지 않을까요?
- 말은 얼마나 자주 편자(말발굽에 박는 쇠붙이)를 갈아야 하나요? 목초지보다 아스팔트 도로에서 편자가 훨씬 빨리 마모될 것이므로 아마도 연간 3~4회로 간주하면 연간 48,000번의 말 편자 작업이 필요할 것입니다.
- 말에 편자를 다는 데 얼마나 시간이 걸리나요? 빠르지 않을 것이라고 추측하는데 아마도 말 한 마리당 30분 정도이지 않을까 싶습니다. 그리고 꽤 힘이 드는 일이므로 아마도 한 명의 장제사가 하루에 8마리, 주 5일, 연간 45주 동안 장제사 한 명당 1,800마리의 말에 편자를 달 수 있을 것입니다.
- 12,000마리의 말에 필요한 장제사는 26명입니다.

(현재 런던에는 10명의 등록된 장제사가 있으므로 이 추정은 정확하지는 않지만 올바른 방향이었습니다.)

다음 질문 중 하나에 대한 대략적인 답을 계산하기 위해 비슷한 논리적 추측, 함의, 예측 과정을 따라가 보세요. 참고 서적이나 인터넷을 전혀 사용하지 않아야 합니다. 모든 질문과 답은 표에 작성하세요.

그런 다음, 인터넷에서 최종 추정치를 확인하고 얼마나 가까웠는지 확인하세요. 실제 숫자와 추정치 사이의 차가 10 이내라면 잘하고 있는 것입니다.

- 뉴욕에는 몇 명의 바이올린 조율사가 있나요?
- 베이징에는 몇 개의 반려동물 미용 대행사가 있나요?
- 홍콩에는 세탁소가 몇 개 있나요?
- 모스크바에는 치과의사가 몇 명 있나요?

주요 질문:	예측
질문 순서: 1번.	
2번.	
3번.	
4번.	
5번.	
6번.	
7번.	

최종 추정치:

조사한 올바른 답변:

어떤 추측이나 함의가 가장 부정확하나요?

다른 주요 질문 중 하나에 대해 앞과 같은 작업을 반복하거나 자신의 질문을 만들어 보세요.

연습 3 – 어느 것이 가장 효과적인가?

a. 연습 1과 2에서 사용한 함의와 추론을 고려할 때 어떤 유형의 사고가 가장 정확한 예측이나 결론을 도출했나요?

b. 그 이유는 무엇이라고 생각하나요?

인과관계와 상관관계

5d – 상관관계, 원인, 결과 및 주장 전개

숙달 수준
원인과 결과를 분석하는 사고 습관을 갖추었을 때 해당 ATL 기능을 사용하는 데 있어 전문가 수준에 도달했다고 볼 수 있습니다.

목적:

인과관계와 상관관계의 개념은 많은 과목에서 매우 중요한데, 과학 분야에서 특히 핵심적입니다. 이 기능은 역사, 지리, 세계 정치 및 경제학의 내부 평가에 필요한 사고의 큰 부분을 차지할 뿐만 아니라 이러한 과목의 시험에서 요구되는 답을 구하는 데 필수적입니다.

상관관계와 인과관계:

상관관계는 두 요소가 함께 변화할 때 발생합니다. 예를 들어, 심장마비의 발생률은 고가의 시계 소유와 양의 상관관계, 빈곤과는 음의 상관관계를 가집니다. 인과적 연결은 하나의 요소가 다른 요소를 발생시킨다는 증거가 있을 때입니다. 담배 흡연이 폐암을 유발한다는 것이 한 예입니다.

상관관계는 두 변수 사이에 나타나는 통계적인 연관성입니다. 요소 간의 강한 상관관계는 이떤 종류의 인과관계를 임시할 수 있습니다. 인과관계(한 요소가 다른 요소를 유발하는 관계)를 입증하려면 과학자들은 신뢰할 수 있는 과학적 메커니즘과 이를 연결하는 충분한 증거가 필요합니다. 실험은 서로 다른 조건에서 인과적 메커니즘을 테스트하는 데 사용될 수 있습니다.

연습 1 – 상관관계와 인과관계

이 연습에서 기후변화를 주제로 삼을 때, 두 가지 주요 논점은 다음과 같습니다.

1. 지구의 평균 표면온도가 앞으로 몇 년 동안 증가할 것인가 아니면 감소할 것인가?
2. 누구의 책임인가? 또는 무엇에 책임이 있는가? 자연적인 온도변화 주기인가, 아니면 인위적인가(인간에 의해 발생하는 것인가)?

이 연구는 상관관계와 인과적 연결의 차이를 배우기 위해 두 가지를 모두 찾는 일종의 연습입니다.

a. 두 명으로 구성된 두 모둠을 만드세요.

b. 한 모둠은 다음 명제를 지지하는 논거를 연구하세요.

i. 지구의 평균 표면온도가 앞으로 20년 동안 **증가**할 것이다.

c. 다른 모둠은 다음 명제를 지지하는 논거를 연구하세요.

i. 지구의 평균 표면온도가 앞으로 20년 동안 **감소**할 것이다.

d. 각 모둠에서 한 사람은 기후변화가 다음과 같다는 증거를 찾으세요.

i. 기후변화는 인간의 **행동**에 의해 발생하거나 그것과 **상관관계**가 있다.

e. 남은 한 사람은 기후변화가 다음과 같다는 증거를 찾으세요.

i. 기후변화는 인간의 행동에 의해 발생하지 **않**거나 그것과 **상관관계**가 **없**다.

f. 자신의 논거를 뒷받침할 수 있는 데이터, 증거 및 주장을 찾아 다음 표의 적절한 칸에 기록하세요.

g. 자신의 증거를 분석하고 저자가 제시한 연결이 타당한지 스스로 판단해 보세요.

h. 그 이유를 설명하세요.

기후변화			
논거	발견된 상관관계 또는 원인 분석	저자가 제시한 연결이 타당한가? (예/아니요)	이유

i. 자신의 논거의 핵심 요점을 앞의 표에 기록하세요.

j. 다른 세 팀원의 아이디어를 추가하세요.

k. 증거를 논의하고 이 문제에 대한 자신의 입장을 결정하세요.

	지구 평균 표면온도의 변화는 인간의 행동에 의해 발생한다.	지구 평균 표면온도의 변화는 인간의 행동에 의해 발생하지 않는다.
지구의 평균 표면온도가 앞으로 20년 동안 증가할 것이다.		
지구의 평균 표면온도가 앞으로 20년 동안 감소할 것이다.		

1. 학교 신문 기자가 앞으로 20년 동안 세계가 더 더워질지 아니면 더 추워질지와 그 이유에 대한 가장 신뢰할 만한 증거를 요약해 달라고 요청합니다. 60초 분량의 답을 준비하여 여기에 작성하세요.

연습 2 – 담배 흡연 – 논쟁의 진화

a. 짝이나 모둠으로 활동하세요.

b. 담배 흡연과 폐암 사이의 연관성에 대한 논쟁이 어떻게 발전해 왔는지를 조사해 보세요. 다음에 제시된 검색어 또는 직접 찾은 검색어를 사용할 수 있습니다.

- 담배와 폐암 간의 연관성 발견의 역사
- 담배 산업이 직접 밝힌 진실
- 이해관계 충돌의 조작: 담배 산업 전략의 역사

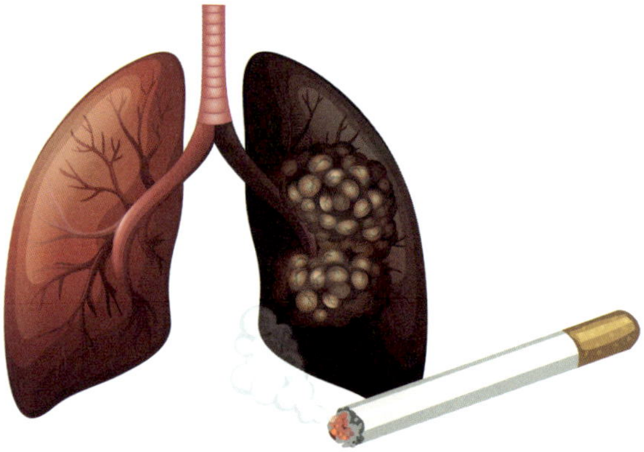

c. 기사들을 읽고 상관관계와 인과관계를 나타내는 내용을 찾아 보세요.

d. 다음 표에 시간순으로 증거의 타임라인을 작성하고 이 논쟁의 양측에서 제시된 주요 주장과 데이터를 간략히 정리하여 기록합니다.

누가 이 주장을 했으며, 그 시기는 언제인가?	주장	증거
1.		
2.		
3.		
4.		
5.		
6.		
7.		
8.		
9.		
10.		

e. 인용된 상관관계와 과학적 증거를 통해 확립된 원인을 각각 다른 색상의 펜을 사용하여 강조 표시하세요.

f. 담배 회사들을 확실히 불리하게 만든 결정적인 주장과 증거는 무엇이었나요?

g. 이 업계가 여전히 제품을 판매할 수 있는 이유는 무엇이라고 생각하나요?

연습 3 – 왼손잡이

작년 해리스 국제학교(International School of Harris)에서 물리학 학생들은 놀라운 IB의 DP 결과를 달성하였습니다. DP 반에는 15명의 학생이 있었고, 모두 세계 평균보다 높은 성적을 거뒀으며, 그중 10명은 최고 성적인 7을 획득했습니다. 이 반 학생 중 8명이 왼손잡이입니다. 세계 인구의 10%가 왼손잡이라고 보고됩니다. 학교 리더십은 물리학에 더 많은 왼손잡이 학생을 모집해야 하는지 고민하고 있습니다.

a. 학교 리더십이 만든 상관관계는 무엇인가요?

b. 오른손잡이 및 왼손잡이와 학업 능력과의 연관성에 대한 증거를 조사해 봅시다(물리학 또는 다른 분야에서).

c. 이 경우, 인과관계를 설정하기에 충분한 증거가 존재한다고 생각하나요? 만약 그렇다면 손 선호도가 어떤 영향을 미친다고 생각하는지와 그 이유를 서술해 보세요.

가정 인식하기

5e – 주장의 가정 파악하기 연습

숙달 수준
어떤 진술 속에 숨어 있는 가정(전제)을 쉽게 파악하고, 논증이 타당한지 아닌지 구별할 수 있다면, 해당 ATL 기능을 사용하는 데 있어 전문가 수준에 도달했다고 볼 수 있습니다.

목적:

이 기능은 지식 이론 과정 전반에 걸쳐 사용되며 정보를 조사하고 수집하는 모든 과목에서도 활용됩니다. 디지털 사회, 과학, 개인과 사회 등의 교과군에서는 자신과 타인의 가정이 무엇인지 그리고 어떤 자료가 타당한 주장을 담고 있는지를 명확히 이해할 수 있어야 합니다.

가정:

가정(전제)이란 우리가 논증을 펼칠 때 그 논리의 바탕이 되는 믿음을 말합니다. 즉, 증거 없이 사실이라고 여기는 생각들을 뜻하지요. 가정은 개인의 관점, 사고의 틀, 문화적 배경에 따라 달라집니다. 예를 들어, "캐나다는 세계의 위쪽에 있는가, 아래쪽에 있는가?"라는 질문은 우리가 세상 어디에 살고 있는지에 따라 다르게 느낄 수 있습니다.

가정은 다음의 세 가지로 구성됩니다. 전제(주장이 성립하려면 참이어야 하는 조건), 공리(자명하게 참이라고 여기며 증명할 필요가 없는 전제), 당연하게 여기는 것(상식 혹은 교육을 통해 얻은 현실에 대한 일반적 추정)입니다.

논증 속 가정을 분석하는 것은 해당 논증의 타당성을 평가하는 데 큰 도움이 됩니다.

연습 1 – 가정 인식하기

a. 논증의 다양한 구성 요소를 이해하기 위해 먼저 저자가 특정 결론을 논하는 논쟁적인 지역적 및 국제적 사건에 대한 기사나 신문 사설을 찾으세요. 그런 다음, 다음의 표를 활용하여 논증을 다음과 같이 분석하세요.

b. 전제, 각 전제의 근거(증거), 결론을 식별하고 구분하세요.

c. 각 문장 또는 진술을 개별적으로 분석하여 다음과 같은 명시된 가정(전제)이 있는지 살펴보세요.

  i. 보편적 진술: "우리 모두가 알다시피…….."

  ii. 집단 일반화: "좋은 교육을 받은 사람이라면 ……에 모두 동의할 것이다."

  iii. 일반화: "그렇게 가정해도 무방할 것이다."

d. 겉으로 드러나지 않지만 전제로 깔린 연결 관계도 찾아보세요. 예를 들어,

  i. 필요조건: "A가 참이려면 B도 참이어야 한다."

ii. 충분조건: “A이면 언제나 B이다.”
iii. 인과관계: “A는 B를 초래한다.”
iv. 순차적 연결: “A가 먼저 발생하면 B가 발생한다.”
v. 암묵적으로 가정된 사례: “A는 B의 한 사례이다.”
vi. 사실처럼 여겨지는 의견: “나는 ……가 분명하다고 생각한다.”
vii. 일관된 편향이나 특정 관점
viii. 숨겨진 의도 또는 목적

e. 각 전제에 대해 만약 참이라고 가정된다면 그 전제를 반박할 수 있는 내용으로 무엇이 있는지 생각해 보세요.
f. 각 전제가 얼마나 타당하거나 사실에 가까운지 판단하세요.
g. 저자가 제시한 결론 외에도 여러분이 이해한 사실을 바탕으로 더 적절하다고 생각되는 다른 결론이 있는지 고민해 보세요.
h. 여러분도 의식하지 못한 가정이나 편견이 이 주장에 관한 분석에 어떤 영향을 미쳤는지 스스로 돌아보세요.

논증의 결론			
결론에 이르는 전제의 순서	가정 분석하기		
	전제가 참이기 위해 참이어야 하는 것은 무엇인가요?	만약 사실이라면 이 전제를 반박하게 될 만한 것은 무엇인가요?	이 전제가 얼마나 타당하거나 사실이라고 생각하나요?
1.			
2.			
3.			
여러분의 관점에서 사실로부터 도출할 수 있는 다른 결론은 무엇인가요?			
이 결론이 얼마나 타당하거나 사실이라고 생각하나요?			
여러분의 관점, 명시되지 않은 가정 또는 편향이 여러분의 분석에 어떤 영향을 미쳤다고 생각하나요?			

연습 2 – UFO 콘퍼런스

a. 특이한 주제나 관점을 가진 UFO 콘퍼런스(또는 대체 건강 요법 콘퍼런스)의 발표자 동영상을 찾아보세요.

b. 발표를 듣고 발표자가 다음에 대해 가정하는 내용을 찾아보세요.

i. 전문 용어 – 청중이 이해할 것으로 가정되는 약어와 회사 이니셜은 무엇인가요?

ii. 발표자가 청중이 가지고 있다고 가정하는 믿음은 무엇인가요?

iii. 발표자가 청중이 지지할 것이라고 가정하는 주장은 무엇인가요?

c. 다음 표를 사용하여 발표의 주요 주장을 분석하세요.

논증의 결론			
결론에 이르는 전제의 순서	가정 분석하기		
	전제가 참이기 위해 참이어야 하는 것은 무엇인가요?	만약 사실이라면 이 전제를 반박하게 될 만한 것은 무엇인가요?	이 전제가 얼마나 타당하거나 사실이라고 생각하나요?
1.			
2.			
3.			
여러분의 관점에서 사실로부터 도출할 수 있는 다른 결론은 무엇인가요?			

이 결론이 얼마나 타당하거나 사실이라고 생각하나요?	
여러분의 관점, 명시되지 않은 가정 또는 편향이 여러분의 분석에 어떤 영향을 미쳤다고 생각하나요?	

데이터 해석하기

5f – 데이터의 변수, 유의미성, 타당성 및 예측 가능성

숙달 수준
데이터를 쉽고 정확하게 분석하여 타당한 결론에 도달할 수 있다면 해당 ATL 기능을 사용하는 데 있어 전문가 수준에 도달했다고 볼 수 있습니다.

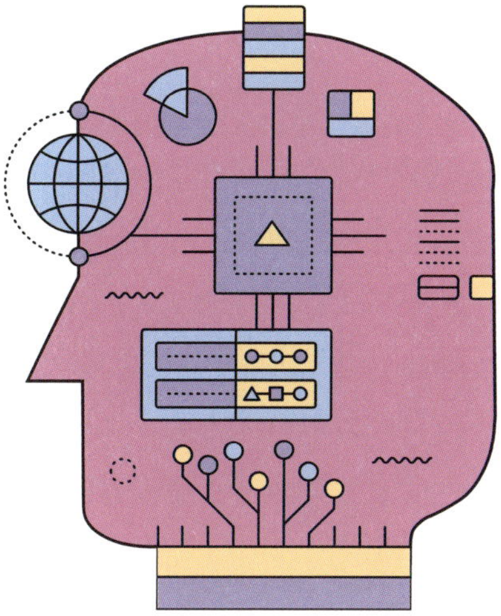

목적:

이 기능은 수학과 과학 분야의 모든 조사와 연구에서 자주 사용하게 될 것이며 그외 과목의 내부 평가에서도 사용됩니다. 이 기능은 소논문에서 필수적입니다.

연습 1 – 데이터 해석 방법 – 핵심 사항

a. 데이터 수집의 목적을 명확히 해야 합니다. 과학적 객관화를 하려는 것인지 아니면 이미 결정된 결론을 증명하려고 하나요?

b. 어떤 종류의 데이터를 가지고 있거나 수집하고 싶나요?

  i. 양적 데이터 – 시간, 거리, 무게, 부피, 온도, 수량 등과 같이 양으로 측정되는 것

  ii. 질적 데이터 – 사람들이 어떤 것에 대해 생각하거나, 느끼거나, 이해하는 것

질적 데이터를 수집하는 것은 양적 데이터를 수집하는 것보다 때때로 더 쉽지만, 더 모호하고 부정확할 가능성이 있으며, 정확하게 분석하기가 어려운 경우가 많습니다.

c. 측정하는 것이 무엇인지 명확히 하세요. 보통 두 변수를 살펴보게 됩니다(독립변수 – 연구자로서 변화시키려고 하는 것, 종속변수 – 그 결과로 변화할 것으로 예상되는 것).

d. 데이터를 취합한 후 데이터를 요약, 표, 그래프 또는 차트로 정리하여 한눈에 보고 패턴을 찾을 수 있도록 합니다. 어떤 응답이 비슷하거나 동일하며 어떤 응답이 다르게 나타나는지 확인하세요.

e. 데이터 분석은 패턴을 찾는 과정이므로 무엇이 무엇과 관련 있는지를 찾아보아야 합니다.

  i. 그래픽 분석을 통해 데이터를 시각적으로 표현하고 패턴을 파악할 수 있습니다. 스프레드시트 도구를 사용하여 쉽게 수행할 수 있습니다.

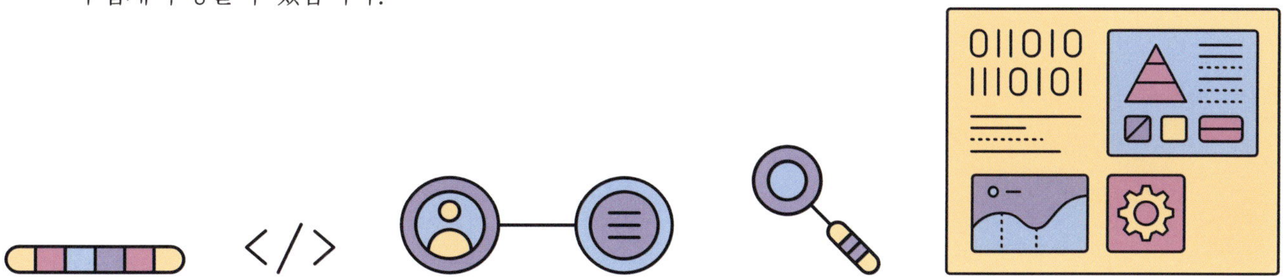

ii. 통계 분석은 수학적 도구를 사용하여 데이터 내에 패턴이 있는지 알아내세요. 여기에는 평균, 최빈값, 중앙값, 분산과 같은 간단한 패턴뿐만 아니라 선형회귀 또는 상관관계 분석을 사용하는 복잡한 패턴을 찾는 작업이 포함됩니다.

f. 데이터를 분석할 때 상관관계와 인과관계를 구별하는 데 특히 주의해야 합니다.

i. 상관관계는 두 가지가 함께 발생하는 경우로, 특정 관점을 강조하는 데 유용하지만 인과적 연결을 증명하지 않습니다.

ii. 인과관계는 하나의 원인이 다른 결과를 일으키고, 그 인과적 연결을 증명하는 것입니다.

g. 모든 형태의 데이터를 분석하기 위해 통계 도구를 사용하세요.

h. 유의미성을 인식해야 합니다. 결론이 통계적으로 유의미하다는 것은 그 결론이 우연히 발생했을 가능성이 매우 낮다는 것을 의미합니다. 유의미성에는 여러 수준이 있습니다. 통계적 분석에서 어떤 관계가 1% 수준의 유의미성이 있다고 말할 수 있다면 이는 그러한 결과가 우연히 발생할 확률이 100번 중 1번이라는 것을 뜻하며, 따라서 99번은 결론이 사실일 가능성이 크다는 것입니다. 만약 데이터가 0.1% 수준에서 유의미하다면 그러한 결과가 우연히 발생할 확률이 1,000번 중 1번이라는 뜻으로, 여러분의 결론이 훨씬 더 유의미하다는 것을 나타냅니다. 더 자세히 알아보려면 수학 또는 통계 선생님께 문의하세요.

i. 결론의 타당성을 검증하세요.

i. 내적 타당성 – 다른 사람이 여러분의 연구를 반복했을 때 같은 결론에 도달할 수 있나요? 그렇다면 신뢰성 또는 내적 타당성를 확립한 것입니다.

ii. 외적 타당성 – 여러분의 결론이 다른 사람, 문화, 국가에 적용될 수 있나요? 그렇다면 '일반화' 또는 '외적 타당성'을 달성한 것입니다.

j. 추세(트렌드) 및 예측 – 시간이 지남에 따라 데이터가 변화하는 방식을 살펴보고 시계열 모델을 만드세요. 이것은 추론 통계를 사용하여 과거에 데이터가 어떻게 변했는지를 살펴보고, 일부 요인을 일정하게 유지한 채 동일한 데이터가 미래에 어떻게 변할지를 예측하려는 것입니다. 이를 위한 대표적인 방법은 다음과 같습니다.

i. 많은 스프레드시트와 검색 엔진에 내재된 추세 분석 기능

ii. 그래픽 방법 – 최적의 적합선 또는 이동평균을 활용하여 그래프를 미래로 확장

iii. 수학적 방법 – 두 데이터 세트 간의 관계를 파악하여 과거에 일관되게 적용되고 미래 예측에 사용할 수 있는 규칙이나 공식을 찾음

iv. 선형회귀 및 예측

v. 다중 요소 최적화

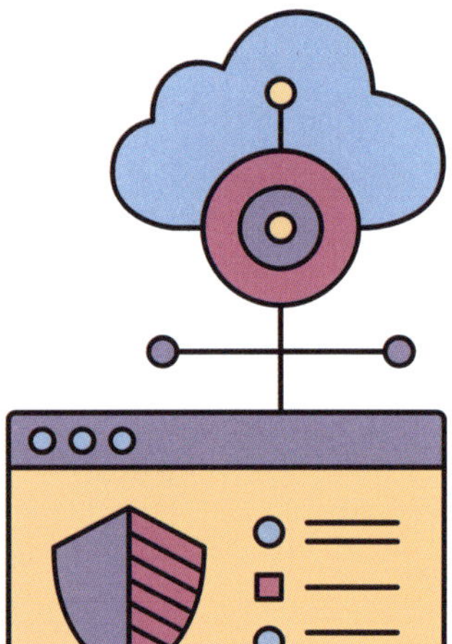

연습 2 – 자신의 데이터

a. 다음 표는 여러분이 다음번에 수행할 연구 프로젝트에서 데이터를 정리하고 분석하는 데 도움이 될 것입니다.

여러분의 연구 제목	
여러분의 초기 연구 목표는 무엇이었나요?	
데이터에서 어떤 패턴을 발견했나요? 요소 간에 어떤 연결을 할 수 있나요?	
데이터로부터 어떤 결론을 내렸나요?	
여러분의 연구에 참여한 사람들 외에 다른 사람들에게도 여러분의 결론을 적용할 수 있나요? 어떻게 다를 수 있나요?	
여러분의 결론을 다른 국가나 다른 문화에 적용할 수 있나요? 어떻게 다를 수 있나요?	
데이터에서 어떤 추세를 발견했나요?	
어떤 예측을 할 수 있나요?	
여러분의 예측에 대해 얼마나 확신할 수 있나요?	

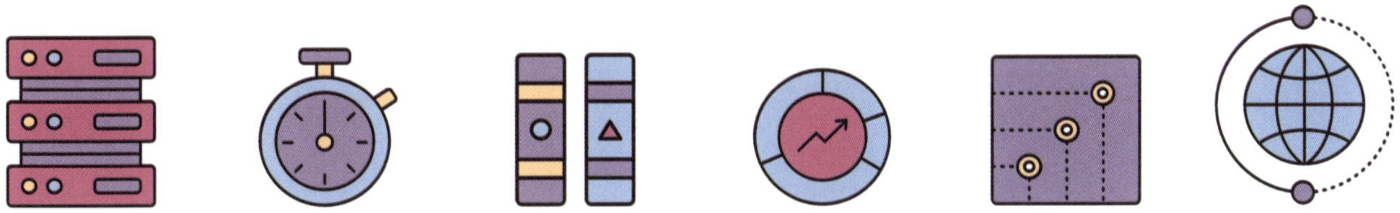

의사결정

5g – 쉬운 선택과 어려운 선택, 공정하고 공평한 결정, 합의 도출

숙달 수준

좋은 결정이란 어떤 결정을 내린 후, 그 결정의 모든 결과를 고려할 수 있을 만큼 충분한 시간이 지난 뒤에야 비로소 인식될 수 있습니다. 따라서 좋은 의사결정 기능은 오랜 시간이 흐른 뒤에 이루어지는 성찰을 통해서만 드러나는 것입니다. 어떤 결정이 좋은 결정으로 간주되는지는 질문하는 사람이 누구인지, 그리고 그들이 어떤 결과를 유리하다고 보는지에 달려 있습니다. 어려운 선택과 쉬운 선택, 타협과 공정한 결정 간의 차이를 이해하는 것은 의사결정 기능을 숙달하는 데 도움이 됩니다.

목적:

다음은 여러분이 가까운 미래에 마주하게 될 가장 중요한 결정 중 일부입니다.

- 어떤 과목, 과정, 선택지를 선택할 것인가요? 변경이 필요한가요? 소논문을 어떤 과목을 중심으로 작성할 것인가요?
- DP를 마친 후 무엇을 할 것인가요? 휴학, 취업, 대학 진학, 그 외에 고등 교육 환경, 견습 과정, 실업 수당 수령 또는 그 밖의 선택이 있을 수 있습니다.
- 대학이나 전문대학에 진학할 예정이라면 어디를 선택할 것인가요?

이 연습들은 이러한 결정을 잘 내릴 수 있도록 도와줄 것이며 또한 삶의 모든 영역에서 정보에 기반한 현명한 결정을 내리는 방법을 배우는 데 도움이 될 것입니다.

의사결정의 핵심 원칙:

a. 의사결정은 정보를 수집하여 여러 선택지를 비교하면서 그중 어떤 것을 선택할지를 결정하는 과정을 포함합니다. 우리는 일반적으로 다음의 두 가지 요소를 바탕으로 어떤 선택지의 '기대 가치'를 평가하고 결정합니다.
   i. 각 선택지를 실현할 확률
   ii. 그 선택지가 자신에게 주는 가치

댄 길버트(Dan Gilbert)가 TED 강연 '우리가 왜 나쁜 결정을 내리는가'에서 강조했듯이 우리는 확률 계산에 매우 서투릅니다. 예를 들어, 길거리에서 돈을 주울 확률보다 훨씬 낮은 복권 당첨 확률에도 불구하고 복권을 구매하곤 합니다. 또한 가치 추정에도 약합니다. 가령, 가격이 저렴한 우산이 가성비가 좋아 보일 수 있지만 실제로는 비가 새는 등 제 기능을 하지 못할 수 있습니다.

좋은 결정을 내리기 위해서는 데이터를 철저히 수집해야 하며 확률과 가치에 대한 추정이 가능한 한 정확해야 합니다.

b. 결정에는 두 가지 유형이 있습니다 – 루스 챙(Ruth Chang)이 TED 강연 '어떻게 어려운 선택을 하는가'에서 언급한 '쉬운 선택'과 '어려운 선택'입니다.

i. 쉬운 선택은 앞에서 설명한 원칙에 따라 내릴 수 있는 결정을 뜻합니다. 다양한 선택지를 비교하여 장단점을 따져보고, 여러 요소를 조정하면서(연습 1, 2 참조) 적합하지 않은 가능성들을 제거해 나가면서 결정을 내리는 것입니다.

ii. 어려운 선택은 앞의 방식으로는 결정을 내릴 수 없는 경우를 말합니다. 아무리 여러 요소를 조정해 보아도 정답이 명확히 드러나지 않는 결정이 여기에 해당합니다(연습 3 참조).

어려운 선택은 그 선택을 내린 사람의 인격을 드러냅니다. 어려운 선택은 논리나 분석으로 해결되지 않고 자신의 가치관, 덕목, 신념, 원칙, 즉 자신을 구성하는 핵심 요소들에 기반하여 내려야 하기 때문에 인생에서 가장 중요한 결정이 될 수 있습니다. 어려운 선택을 내릴 수 있으려면 인생 전반과 개인의 삶에서 무엇이 가장 중요하다고 생각하는지를 명확히 해야 합니다. 자신이 가장 소중하게 여기는 가치가 무엇인지 분명히 인식해야 합니다(3h의 '가치와 덕목' 활동을 먼저 수행하면 도움이 됨).

이 연습을 시작하기에 앞서 다음 세 가지 질문에 대해 각자 답을 작성해 봅시다. 현재 자신의 삶에서:

1. 여러분이 가장 즐기는 것은 무엇인가요? ....
2. 여러분이 가장 잘하는 것은 무엇인가요? ....
3. 여러분이 가장 잘 알고 있는 것은 무엇인가요? ....

이 세 가지를 염두에 두고 다음 의사결정 과정을 진행하도록 합니다.

연습 1 – 쉬운 선택 – 나의 선택지

앞으로 2년 안에 여러분은 DP를 마치고, 학교를 졸업하게 될 것입니다. 그 후에는 무엇을 할 예정인가요?

여러분에게 가능한 선택지는 무엇이 있나요?

이 연습은 모든 가능한 선택지를 진지하게 고려하도록 요하는 활동입니다.

a. 다음의 다양한 가능성을 살펴보면서 고려해야 할 몇 가지 사항은 다음과 같습니다.

- 동일한 학부 학위라도 미국에서는 다른 대부분의 나라보다 1년 더 오래 걸립니다.
- 많은 명문 대학에서는 대부분의 교실 수업과 과제 채점이 박사과정 학생들에 의해 이루어지며 반면 다른 대학들에서는 일반적으로 해당 분야에서 명성이 높은 교수들이 수업을 진행합니다.
- 명문 대학에서 자격을 취득하면 높은 초봉을 받을 수 있지만 더 높은 등록금을 부담해야 하며, 장기적인 급여나 승진 면에서는 특별한 이점을 제공하지 않습니다.
- 연간 대학 등록금이 가장 높은 나라는 영국이며, 그다음은 미국, 한국, 캐나다, 일본, 남아프리카공화국 순입니다.
- 미국에서는 대학 등록금 부채와 실패에 대한 두려움 때문에 1980년대 이후 30세 미만의 창업자 비율이 65% 감소했고, 이는 지난 25년 동안 가장 낮은 수치입니다.

- 아시아 지역에서는 18~34세 청년들이 세계에서 가장 높은 창업률을 보이며, 이 중 약 40%가 타인에게 일자리를 제공하고 있습니다.
- 모든 국가 출신의 국제 학생들은 독일, 덴마크, 핀란드, 그리스, 브라질, 아이슬란드, 노르웨이, 스웨덴, 아일랜드, 네덜란드, 멕시코, 아르헨티나, 폴란드, 인도, 대만 등의 국가에서 무료 또는 매우 저렴한 수업료로(대부분 영어로 진행) 대학 과정을 마칠 수 있습니다.

b. 짝과 함께 다음 표를 작성해 보세요.

c. 각각의 미래 가능성을 진지하게 고민해 보고, 짝과 논의하세요.

d. 각 선택지에 대해 두 사람이 각각의 '확률'과 '가치'를 판단하고 이를 자신의 책에 기록해 보세요. 많은 경우 서로의 결정이 다를 것입니다.

e. '확률'을 계산할 때는 "이 선택을 실제로 실행할 가능성이 얼마나 되는가?"를 생각해야 합니다. 지금까지의 성과, 자신의 목표, 의지, 이용 가능한 자원, 책임, 장기적인 진로 계획 등을 모두 고려하세요.

f. '가치'를 판단할 때는 지금이 아닌 5년 후 자신에게 이 선택이 얼마나 유의미한지를 고려해야 합니다. 여러분이 중요하게 여기는 요소(예: 돈, 지위, 행복, 경력, 성공, 자부심, 만족감, 영향력)를 기준으로 어떤 선택이 여러분에게 더 많은 가치를 줄 수 있을지를 생각해 보세요.

g. 1열(확률)과 2열(가치)을 모두 작성한 후 각 선택지를 1부터 16까지 순위로 매겨 보세요.

선택지:	확률 – 각 선택지가 나에게 실현될 가능성은 얼마인가? 100% = 반드시 이룸 / 0% = 절대 일어나지 않음	가치 – 5년 후 이 선택지가 나에게 얼마나 가치가 있을 것인가? 가장 가치 있음 = 16 / 가장 가치 없음 = 1	확률(%)과 가치의 순위를 곱한다. 가장 높은 점수를 받은 것이 최우선 선택지가 된다.
부모님과 함께 집에 머물며 최대한 아무것도 하지 않기			
실업 급여 받기			
휴학을 하고 여행하며 세상 탐험하기			
가장 선호하는 대학이나 전문대학에 진학하기			
다른 대학이나 전문대학에 진학하기			
군에 입대하기			
기술 훈련이 포함된 유급 직업 갖기			
기술 훈련은 포함되지만 급여는 없는 자원봉사 활동하기			

기술대학 또는 전문대학에서 직업 자격증 취득하기			
파트타임(시간제) 직업 갖기			
멘토, 과외 선생 또는 코치와 함께 개인적으로 공부하기			
프로 스포츠 선수, 예술가 또는 음악가가 되기			
개인 사업 시작하기			
같은 생각을 가진 사람들과 함께 공동 사업 시작하기			
기타 다른 가능성 (직접 작성)			

h. 모두 완료했으면 여기에 가장 원하는 선택지 네 가지를 기입하세요.

1. ....
2. ....
3. ....
4. ....

연습 2 – 쉬운 선택 – 정보에 기반한 결정 내리기

가능한 선택지를 좁혔다면 이제 신뢰할 수 있는 정보를 수집해야 합니다.

이 결정은 자신의 인생에서 가장 중요한 결정 중 하나가 될 수 있으므로 철저한 조사와 정확한 정보수집을 통해 최대한 유리한 조건을 갖추어야 합니다.

대학 진학을 고려하고 있다면 학위를 취득하든, 그렇지 않든 학자금대출 상환은 졸업 후 최대 10년 동안의 삶에 중대한 영향을 미칠 수 있다는 점을 인식해야 합니다.

a. 다음 표의 첫 번째 행에 자신이 고려 중인 최고의 네 가지 선택지를 나열해 보세요.

b. 2행과 3행에는 각각 선택지의 장점과 단점을 작성하세요.

c. 4행부터 8행까지는 향후 5년 동안의 예상 지출과 수입에 대한 전반적인 재정 수치를 계산하여 작성하세요. 여러분의 조사와 계산을 바탕으로 매년 다음 항목에 대한 예상 수치를 최대한 정확하게 산출해 보세요.

i. 모든 교육 및 훈련 비용

ii. 모든 국내외 여행 경비

iii. 숙박 비용

iv. 식비, 전기세, 전화요금, 지역 교통비 등 생활비

v. 파트타임 일자리 수입

vi. 정규직 일자리 수입

vii. 장학금

viii. 부모님이나 친척의 지원금

d. 9행 – 향후 5년을 미래 성공을 위한 투자로 본다면 언제쯤 그 보상이 실현될 것으로 예상하나요? 그리고 그 보상의 형태, 규모, 지속 기간은 어떻게 될 것으로 생각하나요?

	선택지 1:	선택지 2:	선택지 3:	선택지 4:
장점:				
단점:				
1년 차 예상 지출/수입				
2년 차 예상 지출/수입				
3년 차 예상 지출/수입				
4년 차 예상 지출/수입				
5년 차 예상 지출/수입				
보상 – 무엇을, 언제, 얼마나, 얼마 동안?				

e. 각 가능성의 모든 측면을 고려했다면 현재 가장 좋은 두 가지 선택지는 무엇인가요?

1. ....

2. ....

f. 두 가지 선택지 중에서 어떤 결정을 내릴 것인가요?

연습 3 – 어려운 선택 – 양자택일

이제 두 가지 가능성으로 좁히게 되었고, 모든 논리적 분석 방법을 다 사용했지만 여전히 명확한 결정을 내릴 수 없다면 이는 '어려운 선택'에 해당한다는 것을 의미합니다. 어려운 선택이란 더 높은 수준의 추상적인 사고나 자신에 대한 깊은 이해를 바탕으로 내릴 수 있는 결정입니다.

어려운 선택이 어려운 이유는 때때로 합리적인 논리와 분석에 어긋나는 결정이기 때문입니다. 이러한 선택은 주로 느낌, 직관, 원칙, 가치, 덕목, 신념 등에 의해 결정되는 경우가 많습니다.

a. 먼저, 연습 3h를 통해 자신에게 가장 중요한 덕목과 가치가 무엇인지 명확히 인지해야 합니다.

b. 다음 표의 첫 번째 열에는 연습 3h에서 얻은 상위 10개 덕목을 나열하세요.

c. 결정을 내려야 할 두 가지 선택지를 표의 두 번째와 세 번째 열의 제목으로 작성하세요.

d. 각 덕목에 대해 차례대로 생각해 보세요.

e. 각 선택지 제목 아래에 해당 덕목을 어떻게 표현할 수 있을지 작성해 보고, 만약 그것이 어렵다고 판단되면 불가능하다고 기입하세요.

f. 표의 모든 항목을 완성해 보세요.

나의 최상위 덕목:	선택지 1.	선택지 2.
1.		
2.		
3.		
4.		
5.		
6.		
7.		
8.		
9.		
10.		

g. 이제 여러분의 결정은 무엇인가요?

h. 이것이 바로 어려운 결정입니다.

연습 4 – IB 학생들의 성공 사례 활용하기

자신이 내리는 결정의 결과를 바로 알기 어려울 수 있습니다. IB 블로그는 인터넷에서 쉽게 찾을 수 있으며, DP 졸업생들의 현재 활동(예: 우주비행사)과 그들이 그러한 위치에 도달하기까지 어떤 결정을 내렸는지를 다루는 정기적인 게시글을 제공합니다.

여러분은 자신의 DP 경험 중 얼마나 많은 부분이 DP 졸업생들에 의해 형성되었는지 궁금할 수 있습니다. 예를 들어, Managebac, Callido, Kognity, SmartPrep과 같은 교육 회사들이 DP 졸업생들에 의해 설립되고 운영되고 있다는 사실을 알고 있었나요?

IB 졸업생들은 언제나 현 IB 학생들이 자신들의 경험을 통해 도움을 받을 수 있도록 기꺼이 대화할 준비가 되어 있습니다.

a. 현재 성공한 사업가인 IB 졸업생에게 연락하여 어떻게 성공에 이르렀는지 물어보세요.

b. 친구들에게도 마찬가지로 IB 졸업생에게 연락하도록 요청하고 가능한 한 많은 성공 이야기를 수집하세요.

c. 선배들의 경험을 통해 각자의 선택에 도움을 받을 수 있습니다.

언젠가 여러분도 IB 후배들을 직접 지도할 수 있는 위치에 있을지도 모릅니다.

연습 5 – 타협과 협의

타협은 두 가지 이상의 관점이 결부된 의사결정과정입니다. 타협은 상호 양보를 통해 분쟁을 해결하는 것을 의미하며, 각 측은 상호 합의가 가능한 결정에 도달하기 위해 무언가를 포기하게 됩니다. 합의는 모든 사람이 완전히 동의한 결정이 내려지는 것을 뜻합니다.

여러분의 과학 교육과정에는 많은 선택 주제가 포함되어 있습니다. 일부 학교에서는 선생님이 어떤 선택 주제를 가르칠지를 결정하지만 어떤 학교에서는 학생들이 직접 정합니다. 이 연습을 통해 여러분은 선생님을 설득하여 학급에서 선택할 주제를 공부할 수 있습니다.

학급의 모든 학생은 각기 다른 의견을 가질 수 있지만 타협을 통해 결정을 내릴 수 있을 것입니다. 이 과정을 잘 수행하면 여러분은 학급 전체의 의견을 바탕으로 선생님에게 특정 주제를 제안할 수 있을 것입니다.

a. 이 과정에 관심 있는 과학 수업의 모든 학생을 모아 네 명씩 모둠을 형성하세요.

b. 과학 수업 계획서를 참고하여 모든 선택 단원을 찾고 다음과 같이 나열해 보세요(예: 생태학 및 보존, 천체 물리학, 재료 과학).

c. 각 모둠원은 공부하고 싶은 주제와 공부하고 싶지 않은 주제를 각각 하나씩 선택하고 자신이 선택한 주제를 뒷받침할 수 있는 주장을 제시하여 각자의 책에 기입하세요.

   i. 우리 반이 공부하기에 가장 적합하다고 생각하는 주제는?

   ii. 그 이유는?

   iii. 우리 반이 공부할 필요가 없다고 생각하는 주제는?

   iv. 그 이유는?

d. 네 명으로 구성된 모둠 내에서 선생님에게 제안할 단 하나의 과학 선택 주제를 선정하는 것이 과제입니다.

e. 모둠원은 차례로 자신의 주장을 제시하고 왜 나의 주제가 최선이라고 생각하는지 논의하세요.

f. 모둠원은 동등한 투표권을 가집니다.

g. 합의에 도달하는 것을 목표로 하지만, 이를 위해서는 모둠원이 타협해야 합니다.

h. 결정에 도달할 때까지 계속 대화하세요.

   i. 합의에 도달하기 위해 양보했던 것을 작성합니다.

   ii. 모둠의 결정은 무엇이었나요?

i. 전체 학급을 대상으로 각 네 명으로 구성된 모둠이 자신들이 선택한 주제를 제안하는 과정을 반복하세요.

j. 합의에 도달할 때까지 계속 대화하세요.
그리고 학급 전체가 합의하여 선생님께 제안할 학습 주제를 나열하세요.

타협하고 합의에 도달하는 것은 얼마나 어려운 과정인가요? 타협 및 합의에 도달하는 가장 좋은 방법은 무엇이라고 생각하나요?

연습 6 – 공정하고 공평한 결정 내리기

여러분의 CAS 코디네이터가 3개월 후에 학생들과 함께 CAS 현장체험학습을 계획하고 있다고 상상해 보세요. 현장체험학습으로 두 곳의 후보지가 있는데 한 곳은 국내이고 다른 한 곳은 해외입니다. 두 곳 모두에서 수행할 봉사활동의 성격은 유사합니다.

a. 짝과 함께 다음 표를 함께 작성하면서 학생의 관점, CAS 코디네이터의 관점 그리고 학교의 관점에서 고려해야 할 중요한 요소들을 논의하세요.

b. 각 요소가 학생과 CAS 코디네이터 및 학교에 각각 얼마나 중요한지를 '높음' '중간' '낮음'으로 평가하세요.

고려해야 할 요소는 무엇인가요? (예: 비용, 학생 만족도, 학습목표, 지역사회에의 기여 가치, 안전)	학생에게 각 요소는 얼마나 중요한가요?	CAS 코디네이터 및 학교에 각 요소는 얼마나 중요한가요?

c. 학생, CAS 코디네이터 그리고 학교의 관점을 모두 고려하여 짝과 함께 각 요소의 중요도를 논의하고, 다음 표의 첫 번째 열에 우선순위에 따라 요소들을 정리하세요. 가장 중요한 요소부터 덜 중요한 요소 순으로 나열하세요.

d. 두 현장체험학습 장소의 이름을 두 번째 열과 세 번째 열의 맨 위에 적으세요.

e. 표를 완성하면서 각 요소에 대해 두 현장체험학습 장소가 해당 요구를 충족하는지를 ○ 또는 ×로 표시하거나 관련 데이터를 추가하세요(예: 비용).

우선순위에 따라:	장소 A:	장소 B:
1.		
2.		
3.		
4.		
5.		
6.		
7.		

f. 목표는 모든 당사자에게 공정하고 공평한 최종 결정을 내리는 것입니다.

i. 여러분의 최종 결정은 무엇인가요?

ii. 공정성과 형평성을 기반으로 결정을 정당화하세요.

iii. 공정성과 형평성을 기반으로 결정을 내리는 것은 얼마나 어려운가요?

적용과 함의

5h – 의사결정의 윤리적 · 문화적 · 환경적 영향 고려하기

숙달 수준
어떤 문제, 상황, 사건 또는 행동을 윤리적 · 문화적 · 환경적 관점에서 쉽게 분석할 수 있을 때 해당 ATL 기능을 사용하는 데 있어 전문가 수준에 도달했다고 볼 수 있습니다.

목적:

이 기능은 학습의 많은 영역에서 사용될 것입니다.

지식 이론, 환경 시스템과 사회, 국제 정치 과목의 근간을 이룬다는 것을 분명히 알 수 있을 것입니다. 그러나 과학, 지리, 역사, 시각예술, 영화, 연극, 언어와 문학 과정에서는 이러한 방식으로 사건을 바라볼 필요성이 분명하게 드러나지 않을 수도 있습니다.

결과적 사고:

함의를 고려한다는 것은 특정 문제, 상황, 사건 또는 행동으로부터 발생할 수 있는 결과, 결론 또는 행동에 대해 생각해 보는 것을 의미합니다. 윤리적 함의란 옳고 그름, 평등 및 공정성과 같은 도덕적 질문을 고려하는 것을 뜻하며, 문화적 함의란 특정 문화적 신념이나 가치관과의 조화 또는 충돌 가능성을 고려하는 것을 의미합니다. 환경적 함의란 환경에 미치는 영향을 고려하는 것을 의미합니다.

연습 1 – 국제 정치

a. 다른 나라 정부의 행동을 조사하고, 최근 논란이 된 결정 중 전 국민의 지지를 얻지 못한 결정이 있는지 찾아보세요.

b. 그 결정으로 인해 발생할 수 있는 몇 가지 결과와 각각 가능한 결과에 대한 윤리적 · 문화적 및 환경적 함의 측면에서 그 결정을 분석해 보세요.

결정에 대한 설명				
결정의 반대자들이 주장하는 그 결정이 불러올 수 있는 네 가지 결과를 설명하세요.	1.	2.	3.	4.
윤리적 함의 – 이 결정은 모두에게 공정하고, 평등하며, 도덕적으로 옳은가? 그렇지 않다면 어떻게 할 것인가?				
문화적 함의 – 이 결정은 서로 다른 문화에 다르게 영향을 미치는가? 어떤 문화가 불이익을 받는가? 그렇다면 어떻게 그러한가?				
환경적 함의 – 이 결정은 환경에 영향을 미치는가? 그렇다면 어떻게 그러한가?				

연습 2 – 학교에서

a. 학교 지도자가 최근에 내린 결정이나 기존의 규칙을 되돌아보고, 그 결정이나 규칙으로 인해 발생하는 모든 행동 측면에서 그리고 가능한 모든 윤리적 · 문화적 및 환경적 함의의 관점에서 분석해 보세요.

결정이나 규칙에 대한 설명				
해당 결정이나 규칙으로 인해 학생 또는 선생님이 취해야 하는 네 가지 행동을 설명한다.	행동 1:	행동 2:	행동 3:	행동 4:
윤리적 함의 – 이러한 결정이나 규칙에 따른 행동이 모두에게 공정하고, 평등하며, 도덕적으로 옳은가? 그렇지 않다면 어떻게 할 것인가?				
문화적 함의 – 이러한 행동은 서로 다른 문화에 다르게 영향을 미치는가? 어떤 문화가 불이익을 받는가? 그렇다면 어떻게 그러한가?				
환경적 함의 – 이러한 행동은 환경에 영향을 미치는가? 그렇다면 어떻게 그러한가?				

b. 자신이 집중적으로 분석한 특정 결정에 대해 내릴 수 있는 결론은 무엇인가요?

c. 만약 그 결정을 재검토해야 한다고 생각한다면 학교의 의사결정자들에게 변화를 고려하도록 설득하기 위해 제시해야 할 변화에 대한 핵심 주장의 다섯 가지 요점을 적어 보세요.

1.

2.

3.

4.

5.

d. 이제 이 주장을 일관된 요약문으로 작성하고 다른 학생들의 의견을 모아 학교의 의사결정자들에게 변화를 제안해 보세요.

문제 해결

5i – 현실 세계의 문제 해결하기, 세계적으로 생각하고 지역적으로 행동하기

숙달 수준
현실 문제에 대한 실질적인 해결책을 제시하고, 그 해결책을 실천에 옮길 수 있다면 해당 ATL 기능을 사용하는 데 있어 전문가 수준에 도달했다고 볼 수 있습니다.

목적:

이 기능은 CAS 프로젝트를 계획할 때 매우 중요합니다. 문제 해결 능력은 동시에 많은 과목의 시험과 과제에서도 요구됩니다. 예를 들어, 경제학 논평을 작성하기 위해서는 과목 지식을 바탕으로 하는 간결하고 효과적인 문제 해결 능력이 필요합니다.

문제 해결:

문제에 대한 최선의 답이나 해결책을 찾기 위해서는 분석적 사고(문제를 구성 요소로 나누고 증거를 검토하는 것)와 창의적 사고(여러 가능한 해결책이나 답안을 만들어 내는 것)를 모두 활용해야 합니다.

해결책을 찾고 문제를 해결하려면 먼저 문제를 정확히 이해하고 실제 문제가 무엇인지 명확하게 파악하는 데 집중해야 합니다. 많은 현실 세계의 문제에는 마법 같은 한 가지 해결책이 없다는 점에 주의해야 합니다. 대개는 여러 가지 가능한 해결책이 있는데 각 해결책은 긍정적인 효과와 부정적인 효과를 모두 가질 수 있습니다. 시간이 지난 후 되돌아봤을 때 가장 긍정적인 영향을 미친 해결책이 바로 가장 좋은 해결책이라고 할 수 있습니다. 좋은 문제 해결자는 가장 적절한 해결책을 미리 파악하여 선택할 수 있습니다.

연습 1 – 문제 정의하기

문제 해결 과정의 이해를 돕기 위해 우리는 문제와 문제 해결을 위한 단계별 방법 및 체계를 제공하였습니다. 이 연습을 끝내면 여러분은 다른 문제들을 해결하는 방법을 알게 될 것이며 오늘날 세계적으로 가장 중요한 문제에 대한 해결책도 제시할 수 있게 될 것입니다. 또한 그 해결책을 지역사회에서 실천하고 CAS 프로젝트를 완료하게 될 것입니다.

4명씩 한 모둠이 되어 문제 해결 과정을 통해 문제 1에 대해 차례대로 해결 방법을 찾아보세요.

a. 모둠으로 다음 표의 각 항목을 논의하고 차례대로 표를 작성해 보세요. 일부 답은 제공되었지만 나머지는 각자 생각하여 작성해야 합니다. 모둠원은 합의된 답을 자신의 책에 적어야 합니다.

	문제 1
문제에 제목을 붙여 보세요.	세계 자원의 불평등한 분배(UN 지속 가능한 개발 목표 1, 10 참조)
문제에 나타난 증상은 무엇인가요?	세상에 많은 가난한 사람과 몇몇 부유한 사람이 있습니다.
조사하기 – 실제 상황은 어떠한가요? 누가?	세계 인구의 80%는 하루 10달러 이하로 살아가고, 50%는 하루 2.5달러 이하로 살아간다. 이 통계의 사실 여부를 파악하고 참고 자료를 찾아보세요.
무엇을?	여러분의 하루 생활 비용으로 총 얼마가 드나요? 부모님께 물어보거나 스스로 계산해 볼 수 있습니다.
어디에?	세계에서 가장 부유한 사람들과 가장 가난한 사람들은 어디에 살고 있나요? 조사하고 참고 자료를 찾아보세요.
언제?	역사상 언제부터 부유한 사람들과 가난한 사람들 간의 분명한 격차가 생겼나요? 조사하고 참고 자료를 찾아보세요.
왜 그러한가요?	부유한 사람들과 가난한 사람들 간의 차별은 왜 생기는 걸까요? 조사하고 참고 자료를 찾아보세요.
그렇다면 어떻게 달라졌나요?	세계에서 가장 부유한 사람들과 가장 가난한 사람들 간의 격차는 지난 50년 동안 어떻게 변화해 왔나요? 어떤 나라에서 그 격차가 가장 크고, 어떤 나라에서 가장 작은가요?
질문 형식으로 실제 문제를 정의해 보세요.	모든 사람이 세계 자원에 평등하게 접근할 수 있으려면 어떻게 해야 하나요?

연습 2 – 지역적 예시/지역적 해결책

a. 지역 학교 또는 가정 공동체에서 자신이 직접 경험한 이 문제의 지역적 예시나 이 문제의 결과를 하나 생각해 보세요.

b. 가능한 해결책을 브레인스토밍하세요. 큰 종이를 준비하고, 그 문제의 지역적 예시를 가운데에 적으세요. 각 모둠원이 펜을 들고 그 문제에 대한 가능한 해결책을 생각나는 대로 5분 동안 같이 적어 보세요. 이때 생각나는 모든 아이디어를 적으세요.

c. 적힌 모든 해결책을 살펴보고 불가능한 것들은 제거하세요. 남은 해결책들에 대해서는 각각 이점과 약점을 하나씩 제시하세요.

d. 모든 이점과 약점을 고려하여 가장 좋은 세 가지 해결책을 선택하세요. 이 과정은 모둠에서 투표를 통해 진행할 수 있습니다.

e. 다시 브레인스토밍을 하되, 이번에는 세 가지 최선의 해결책이 잘못될 수 있는 상황을 생각해 보세요.

f. 이 정보를 바탕으로 가장 좋은 해결책 하나를 결정하세요.

g. 그 해결책을 사용하여 다음 표를 활용해 세 번째 파트를 완성해 보세요.

연습 3 – 지역 실천 방안 계획하기

우리 지역에서 발생한 이 문제의 예시	
이 지역 문제에 대한 가장 좋은 해결책	
우리가 이 해결책을 실행하는 과정에서 마주할 것으로 예상되는 장애물과 도전 과제	
그 장애물과 도전 과제를 극복하는 방법	
지역 문제가 해결되었다고 판단할 수 있는 기준	

연습 4 – 지역 해결 방안 실행하기

a. 이제 더 큰 문제의 지역적 예시에 대한 해결책을 실행해 볼 차례입니다.

b. 누가, 무엇을, 어떻게, 언제 할지 정하고 목표 달성 진행 상황을 어떻게 모니터링할지 결정하세요.

c. 지역 문제 해결을 위한 준비를 모두 갖췄다면 해결책을 실행하고 그 과정을 반복하는 방식으로 진행해야 합니다. 각 단계에서 행동을 취하고, 결과를 관찰하며, 그 결과로부터 배우고, 해결책을 수정한 후 새로운 행동으로 이어 가야 합니다.

d. 이 경험을 통해 배워 갈수록 실제 문제에 더 가까워지며 문제에 대한 정의 또한 바뀌어야 한다는 것을 알게 될 것입니다.

지역 문제 정의하기	실천 사항	결과	배운 점	변화
	1.			
	2.			
	3.			
	4.			

연습 5 – 지역적으로 행동하고 세계적으로 사고하기

a. 다음은 더 큰 문제에 대한 해결책을 찾아볼 단계입니다. 지역 문제를 해결한 경험을 활용하여 더 큰 문제에 대한 해결책을 도출할 수 있나요? 처음에 정의한 세계적 문제에 대한 가능한 해결책은 무엇인가요?

b. 다음 표를 작성하세요.

문제에 대한 하나의 세계적 해결책	
이를 달성하는 데 있어 주요 장애물	
세계적 해결책이 실현되기 위해서는 무엇이 선행되어야 하나요?	
이 세계적 문제와 해결책을 알리기 위해 지역적으로 어떤 행동을 취할 수 있나요?	

c. 흔히 문제를 '글로컬(Glocal)'하다고 말하는 경우가 많습니다. 이것은 여러분에게 어떤 의미를 갖나요?

d. 이 문제 해결 연습이 CAS 단계들과 어떻게 유사한가요?

e. 이 연습을 모두 마친 후 CAS 성찰 일지를 작성하세요.

연습 6 – 나만의 문제

a. 여러분이 해결할 문제를 학문 분야나 자신이 속한 공동체, 가족 및 사회 생활에서 찾아보세요.
b. 그 문제에 제목을 붙이고 앞의 연습 1~5에서 진행한 모든 단계를 따라 문제를 해결하세요.
c. 지역에서의 효과적인 실천을 통해 세상을 변화시켜 보세요.

은유적 사고

5j – 은유적 사고를 활용한 창의성 및 새로운 아이디어 생성하기

숙달 수준
새로운 아이디어를 은유와 유추를 통해 창의적으로 쉽게 생성할 수 있다면, 해당 ATL 기능을 사용하는 데 있어 전문가 수준에 도달했다고 볼 수 있습니다.

목적:

창의적 사고를 실천하는 두 가지 방법은 기존의 것들 간에 새로운 연결을 만드는 것과 이전에 존재하지 않았던 아이디어를 생성하는 것입니다. 두 가지 모두 연습을 통해 향상시킬 수 있는 능력이며, 시각예술, 연극, 언어와 문학 그리고 소논문 과목에서 활용될 것입니다.

창의성 연습:

창의성은 일부 사람들만 가진 능력이 아니라 진정으로 새로운 아이디어, 즉 이전에 본 적이 없는 아이디어를 생성하는 데 필요한 사고 방식입니다. 창의성을 잘 발휘하려면 특정한 연습이 필요합니다.

이 연습은 완전히 다른 개념들 사이에 연결을 만들어 내는 은유적 사고 연습입니다. 옳고 틀린 답은 없습니다. 어떤 답이라도 좋습니다.

이 연습의 목표는 마음이 어떤 대상 사이에서도 자유롭게 연결고리를 만들도록 돕고 떠오르는 생각을 편안하게 이야기할 수 있게 하는 것입니다.

연습 1 – 직유를 사용하여 창의성 발휘하기

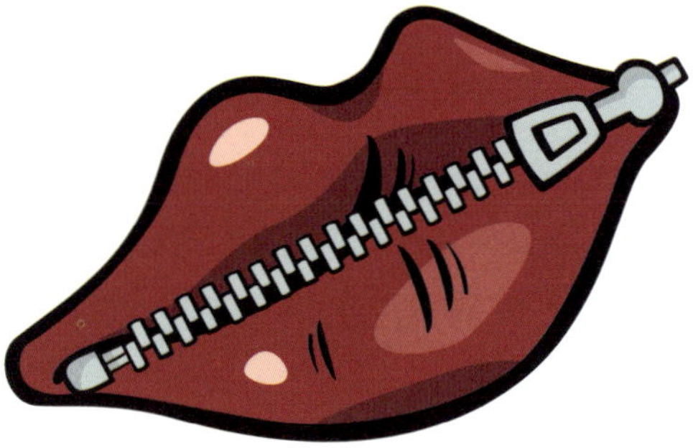

a. 각 모둠원은 돌아가며 각자 하나의 연결을 만들고 소리를 내어 말하세요. "어떻게 ……(대상 A)는 ……(대상 B)와 같을까?"
b. 자신의 책에 그 연결을 나타내는 선을 그리세요.
c. 각 모둠원은 답을 하나씩 생각해 내며 가능하면 그 답에 대한 이유도 제시하세요.
d. 모두가 가장 흥미로운 답을 표에 적으세요.
e. 다른 사람이 새로운 연결을 만들고 이 과정을 반복하세요.

다음 항목들이 어떻게		이 항목들과 유사한가요?	가장 흥미로웠던 설명
무지개		아이스크림	
테이블		맑은 날	
미소		휴가	
복숭아		(내리는) 눈	
깃털		기린	
인내		속삭임	
종이 클립		도마뱀	
학교		컴퓨터	
창문		찬물 목욕	
용기		바나나	
비 오는 날		지네	
진공청소기		책	
정직함		불도저	
달걀 거품기		고릴라	

연습 2 – 연결을 사용하여 창의성 발휘하기

혼자, 짝 또는 모둠으로 활동하세요.

a. 한 사람씩 돌아가며 1열의 항목과 3열의 항목을 하나씩 연결하여 소리 내어 말하세요.

b. 각자의 책에 그 연결을 나타내는 올바른 선을 그리세요.

c. 각 모둠원은 질문에 대한 자신만의 답을 생각해 내고, 그 답에 대한 설명을 합니다.

d. 가장 흥미로운 답을 표에 적으세요.

e. 다른 사람이 새로운 연결을 만들고, 이를 반복하세요.

다음 항목들이 어떻게		이 항목들과 연결되나요?	가장 흥미로웠던 연결
무슨 색인가?		월요일, 화요일, 수요일, 목요일, 금요일, 토요일, 일요일	
무슨 동물인가?		봄, 여름, 가을, 겨울	
무슨 과일인가?		영국, 프랑스, 이탈리아, 러시아, 중국, 미국	
무슨 숫자인가?		바이올린, 기타, 드럼, 리코더, 색소폰	
무슨 행성인가?		해변, 산, 바다, 하늘, 도로, 폭포	

연습 3 – 비교를 활용하여 창의성 발휘하기

혼자, 짝 또는 모둠으로 활동하세요.

a. 모둠 내 세 명은 1에서 12 사이의 숫자 중 하나를 무작위로 선택하세요.

b. 첫 번째 숫자는 첫 번째 열에서 질문을, 두 번째 숫자는 세 번째 열에서 항목을, 세 번째 숫자는 다섯 번째 열에서 항목을 선택하는 데 사용하세요.

c. 세 항목을 선을 그어 연결하세요.

d. 이제 모든 모둠원은 질문에 대한 자신만의 답을 제시해야 합니다. 이때 두 가지 항목을 비교하고 그러한 선택을 한 이유에 대한 설명을 덧붙이세요.

e. 가장 흥미롭다고 생각하는 답을 적으세요.

f. 새로운 세 명이 숫자를 선택하고 활동을 다시 시작하세요.

다음 질문을 활용하여		다음 중 하나의 항목과		다음 중 하나를 비교합니다.	가장 흥미로웠던 설명
어느 것이 더 부드러운가?		취침		테이블	
어느 것이 더 빠른가?		여름		화장실	
어느 것이 더 매끄러운가?		코끼리		바나나	
어느 것이 더 재미있는가?		무지개		소문	
어느 것이 더 시끄러운가?		성공		겨울	
어느 것이 더 건강한가?		깃털		우주	
어느 것이 더 큰가?		비		하마	
어느 것이 더 무거운가?		행복		(내리는) 눈	
어느 것이 더 강한가?		아이디어		공부	
어느 것이 더 편안한가?		속삭임		악단	
어느 것이 더 정직한가?		흐린 날		피아노	
어느 것이 더 가벼운가?		마감일		문	

연결과 확장

5k – 연결 짓기를 활용한 창의성 및 새로운 아이디어 생성하기

> **숙달 수준**
> 임의의 사물이나 아이디어 간에 다양한 연결을 쉽게 만들어 내고, 이를 통해 새로운 아이디어를 창출할 수 있다면 해당 ATL 기능을 사용하는 데 있어 전문가 수준에 도달했다고 볼 수 있습니다.

아이디어 생성

목적:

창의적 사고를 실천하는 두 가지 방법은 기존의 것들 간에 새로운 연결을 만드는 것과 이전에 존재하지 않았던 아이디어를 생성하는 것입니다. 두 가지 모두 연습을 통해 향상시킬 수 있는 능력이며, 시각예술, 연극, 언어와 문학 그리고 소논문 과목에서 활용될 것입니다.

창의성 연습:

창의성은 일부 사람들만 가진 능력이 아니라 진정으로 새로운 아이디어, 즉 이전에 본 적이 없는 아이디어를 생성하는 데 필요한 사고 방식입니다. 창의성을 잘 발휘하려면 특정한 연습이 필요합니다.

다음의 연습 활동은 서로 다른 것들 사이에 연결을 만들어 창의적 사고를 연습하도록 돕습니다. 옳고 틀린 답은 없습니다. 어떤 답이라도 좋습니다.

이 연습의 목적은 진정으로 독창적이고 창의적인 아이디어를 생성하는 데 필요한 정신 상태에 더 익숙해지는 것입니다. 너무 논리를 내세우는 것에 대해 걱정하지 말아야 합니다. 상상력이 풍부한 연결이 가장 창의적인 연결이기 때문입니다. 가장 먼저 떠오르는 것을 편하게 말할 수 있어야 합니다.

연습 1 – 사물 간의 연결

이 연습은 4~6명으로 구성된 모둠에서 진행하는 것이 가장 좋지만 짝 또는 개별적으로도 수행할 수 있습니다.

a. 한 명은 왼쪽에 있는 사물 중 하나와 오른쪽에 있는 사물 중 하나 사이의 연결 관계를 만드세요.

b. 각 모둠원은 자신의 책에 두 사물을 연결하는 선을 그리세요.

c. 각 모둠원은 차례대로 두 사물 사이의 연결 관계를 제시하고 자신이 생각하는 연결 관계가 무엇인지 그 이유와 함께 설명하세요.

d. 자신의 책에 자신이 생각하는 가장 흥미로운 연결 관계를 적으세요.

e. 다른 모둠원이 연결 관계를 만들고 같은 활동을 반복하세요.

다음 중 한 항목을		이 항목들과 연결합니다.	가장 흥미로웠던 연결
연필		음악	
샌드위치		새	
자동차		사과	
전화기		나무	
텔레비전		(내리는) 눈	
테이블		마시멜로	
세탁기		행복	
침대		코끼리	
컴퓨터		꿈	
울타리		시간	
길		물고기	
축구		비행	
크리켓		물	
학교		공간	
병원		땅콩	

연습 2 – 가장 유용한 연결

a. 연습 1에서 만든 흥미로운 연결 목록을 살펴보고, 탐구할 가치가 있다고 생각하는 다섯 가지를 고르세요.

b. 각 연결 관계를 활용하여 새로운 독창적인 아이디어를 하나씩 생성할 수 있는지 살펴보세요. 이때 각 열의 질문에 답하면서 다음의 아이디어를 구체화하세요.

- 기계 또는 기술
- 앱 또는 서비스
- 게임

c. 각각의 다섯 가지 연결에 대해 이 활동을 수행하세요.

가장 흥미로운 연결	이 연결을 활용하는 기계는 무엇을 할 수 있나요?	이 연결을 활용하는 앱은 무엇을 할 수 있나요?	이 연결을 활용하는 게임은 어떤 모습일까요?
1.			
2.			
3.			
4.			
5.			

d. 여러분이 생각한 모든 가능성을 살펴보고 그중에서 최고의 독창적인 아이디어, 제품 또는 과정이라고 생각하는 것을 더 자세히 묘사하세요.

형태와 기능

5I – 형태, 기능, 기술 결합을 통한 창의성 및 아이디어 생성하기

숙달 수준

모든 기계, 미디어 및 기술을 형태와 기능의 관점에서 쉽게 바라볼 수 있으며, 그러한 관점을 활용하여 새로운 아이디어를 생성할 수 있다면 해당 ATL 기능을 사용하는 데 있어 전문가 수준에 도달했다고 볼 수 있습니다.

목적:

창의적 사고를 실천하는 두 가지 방법은 기존의 것들 간에 새로운 연결을 만드는 것과 이전에 존재하지 않았던 아이디어를 생성하는 것입니다. 두 가지 모두 연습을 통해 향상시킬 수 있는 능력이며 시각 예술, 연극, 언어와 문학 그리고 소논문 과목에서 활용될 것입니다.

창의성 연습

창의성은 일부 사람들만 가진 능력이 아니라 진정으로 새로운 아이디어, 즉 이전에 본 적이 없는 아이디어를 생성하는 데 필요한 사고 방식입니다. 창의성을 잘 발휘하려면 특정한 연습이 필요합니다.

이 연습 활동은 두 가지 다른 유형의 사고방식을 적용하는 것을 요구합니다. 하나는 기존의 것을 기능과 형태로 분리하는 데 필요한 논리적 · 분석적 사고방식이며 다른 하나는 기존의 것에 새로운 목적, 새로운 용도, 새로운 적용 또는 개선 사항을 생성하는 데 필요한 창의적 사고방식입니다.

옳고 틀린 답은 없습니다. 어떤 답이라도 좋습니다. 너무 논리를 내세우는 것에 대해 걱정하지 말아야 합니다. 상상력이 풍부한 연결이 가장 창의적인 연결이기 때문입니다. 가장 먼저 떠오르는 것을 편하게 말할 수 있어야 합니다.

연습 1 – 다양한 요소의 결합을 통한 창의성 발휘하기

a. 짝이나 모둠으로 활동하세요.

b. 현재 존재하는 두 가지 기계(예: 자동차, 세탁기, 복사기, 전화기), 두 가지 미디어(예: 신문, TV, 소셜 미디어) 그리고 두 가지 기술(예: 이메일, 문자메시지, 화상통화, 편지)을 생각하고 각자의 워크북에 있는 첫 번째 열에 적어 보세요.

c. 각각에 대해 표를 따라 가로 방향으로 현재 기능을 적어 보세요. 즉, 무엇을 하거나 어떤 서비스를 제공하는지, 어떤 형태로 사용되는지, 그리고 사용자는 누구인지를 적습니다. 모든 열에 답을 적으세요.

(예를 들어, 첫 번째 기계로 '복사기'를 적습니다. 이 기계의 기능은 문서를 복사하는 것이며, 결과물의 형태는 종이 복사본입니다. 사용자는 사무실 직원입니다.)

d. 표를 모두 채우고 나면 차례대로 표의 대각선 줄 하나를 따라 이동하면서 현재 존재하는 사물과 새로운 형태 또는

기능, 사용자 그룹을 연결하세요.

e. 이제 모든 사람은 그 결과로 나올 수 있는 새로운 유형의 기계, 앱 또는 서비스에 대한 아이디어를 자유롭게 펼쳐 볼 수 있습니다.

f. 각 항목에 대해 새로운 가능성이 나올 때까지 다른 선을 사용하여 형태, 기능, 사용자를 바꿔 가며 조합해 보세요.

	이것의 기능은 무엇인가?		어떤 형태를 가졌는가?		누가 사용하는가?
기계 1:					
미디어 1:					
기술 1:					
기계 2:					
미디어 2:					
기술 2:					

g. 각 항목별로 가장 적합한 가능성을 하나씩 선택하여 다음 표의 첫 번째 열에 작성하세요.

h. 두 번째 열에 그 아이디어를 실현하기 위해 무엇을 변경해야 하는지 자세히 적으세요.

i. 세 번째 열에는 이 새로운 것으로부터 누가 혜택을 받을 수 있는지 그리고 성공적인 개선인지 어떻게 알 수 있는지 묘사하세요.

	새로운 형태, 기능, 서비스 또는 사용자 그룹	작동하도록 만들기 위해 무엇을 변경해야 하나요?	누가, 어떤 혜택을 받을 수 있나요?
기계 1:			
미디어 1:			

기술 1:			
기계 2:			
미디어 2:			
기술 2:			

연습 2 – 필요와 요구를 활용한 새로운 아이디어 생성하기

연습 1b의 예시를 활용하거나 새로운 기계, 미디어 또는 기술과 관련된 예시 두 가지를 만들어 짝과 함께 다음의 표를 따라 수행하세요.

a. 각 항목별로 한 가지 할 수 없는 것은 무엇일까요? (예: 신문은 당신에게 말을 걸 수 없음)

b. 각 항목을 사용하여 여러분이 할 수 없는 한 가지 활동은 무엇인가요? (예: 노트북으로 정원에 구덩이를 팔 수는 없음)

c. 각 항목이 무엇을 할 수 있기를 바라나요? (예: 욕조나 샤워실에서 휴대전화 사용하기)

d. 이 작업을 수행하려면 어떤 일이 선행되어야 할까요?

e. 아이디어의 한계는 무엇인가요? 현재 이를 가로막는 요인은 무엇인가요?

	각 항목별로 한 가지 할 수 없는 것은 무엇일까요?	각 항목을 사용하여 여러분이 할 수 없는 한 가지 활동은 무엇인가요?	각 항목이 할 수 있기를 바라는 새로운 기능은 무엇인가요?	이 작업을 수행하려면 어떤 일이 선행되어야 할까요?	무엇이 그것을 가로막고 있나요?
기계, 미디어 또는 기술 1:					
기계, 미디어 또는 기술 2:					

100가지 활용법

5m – 다양한 용도를 고려한 독창적인 아이디어 생성하기

숙달 수준
색다른 활용법을 생각해 내어 독창적이고 새로운 아이디어를 쉽게 만들어 낼 수 있다면, 해당 ATL 기능을 사용하는 데 있어 전문가 수준에 도달했다고 볼 수 있습니다.

목적:

창의적 사고를 실천하는 두 가지 방법은 기존의 것들 간에 새로운 연결을 만드는 것과 이전에 존재하지 않았던 아이디어를 생성하는 것입니다. 두 가지 모두 연습을 통해 향상시킬 수 있는 능력이며, 시각 예술, 연극, 언어와 문학 그리고 소논문 과목에서 활용될 것입니다.

창의성 연습

창의성은 일부 사람들만 가진 능력이 아니라, 진정으로 새로운 아이디어 즉, 이전에 본 적이 없는 아이디어를 생성하는 데 필요한 사고 방식입니다. 창의성을 잘 발휘하려면 특정한 연습이 필요합니다.

이 연습 활동에서는 다양한 사물에 대해 가능한 한 많은 서로 다른 용도를 생각해 볼 것입니다. 옳고 틀린 답은 없습니다. 어떤 답이라도 좋습니다.

이 연습의 목적은 진정으로 독창적이고 창의적인 아이디어를 생성하는 데 필요한 정신 상태에 더 익숙해지는 것입니다. 너무 논리적인 것에 대해 걱정하지 말아야 합니다. 상상력이 풍부한 연결이 가장 창의적인 연결이기 때문입니다. 가장 먼저 떠오르는 것을 편하게 말할 수 있어야 합니다.

연습 1 – 100가지 용도

혼자, 짝 또는 모둠으로 활동하세요.

a. 다음 표에 있는 각 물건에 대해 가능한 한 빠르게, 가능한 한 다양한 용도를 떠올려 보세요. 꼭 익숙하거나 현실적인 활용법일 필요는 없습니다. 상상력을 최대한 발휘해 보세요!

b. 표에 답을 작성하세요.

c. 각 사물당 18가지 용도를 최대한 모두 적어 보세요. 한계를 넘어 생각해 볼 때, 진정한 창의성이 발휘됩니다.

얼마나 많은 용도를 찾을 수 있나요?						
벽돌 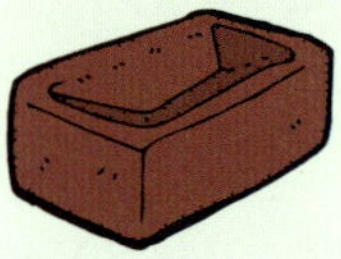						
종이 클립 						
연필 						
옷걸이 						
양초 						

d. 더 이상 아이디어가 떠오르지 않는데도 창의적인 아이디어를 떠올리려고 노력하는 것은 어떤 기분인지 설명해 보세요.

e. 이런 창의적 막힘(아이디어 정체 상태)을 극복하기 위해 여러분은 어떤 방법을 사용하나요?

f. 이제 항목들을 두 개씩 묶어 조합을 통해 새로운 용도를 생각해 보세요.

<table>
<tr><td rowspan="3">벽돌과
옷걸이
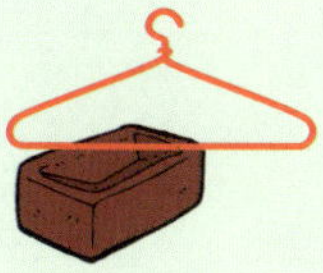</td><td></td><td></td><td></td><td></td><td></td><td></td></tr>
<tr><td></td><td></td><td></td><td></td><td></td><td></td></tr>
<tr><td></td><td></td><td></td><td></td><td></td><td></td></tr>
<tr><td rowspan="3">연필과
양초
</td><td></td><td></td><td></td><td></td><td></td><td></td></tr>
<tr><td></td><td></td><td></td><td></td><td></td><td></td></tr>
<tr><td></td><td></td><td></td><td></td><td></td><td></td></tr>
<tr><td rowspan="3">벽돌과
종이 클립
</td><td></td><td></td><td></td><td></td><td></td><td></td></tr>
<tr><td></td><td></td><td></td><td></td><td></td><td></td></tr>
<tr><td></td><td></td><td></td><td></td><td></td><td></td></tr>
<tr><td rowspan="3">종이 클립과
양초
</td><td></td><td></td><td></td><td></td><td></td><td></td></tr>
<tr><td></td><td></td><td></td><td></td><td></td><td></td></tr>
<tr><td></td><td></td><td></td><td></td><td></td><td></td></tr>
</table>

g. 첫 번째 파트보다 더 어려웠나요 아니면 더 쉬웠나요? 그 이유가 무엇이라고 생각하나요?

연습 2 – 플라스틱

플라스틱은 다양한 형태로 만들 수 있고, 가벼우면서도 강하며, 쉽게 형태를 바꿀 수 있어 수많은 제품에 널리 사용되는 유용한 재료입니다.

2018년 통계

- 전 세계 플라스틱 1차 생산량: 2억 7천만 톤
- 전 세계 플라스틱 폐기물: 2억 7,500만 톤
- 바다로 유입된 플라스틱 폐기물: 800만 톤
- 효과적으로 재활용되는 플라스틱: 10% 미만

a. 여러분의 과제는 플라스틱 폐기물을 기존 제품의 일부로 활용할 수 있는 새로운 재활용 방법을 찾아보는 것입니다.

b. 다음 표에 제시된 방식으로 플라스틱이 사용되는 사례, 제품 또는 공정을 조사해 보세요. 어떤 예시들이 있는지 찾아보고 자세히 설명하세요.

c. 조사한 내용을 바탕으로 다음에 설명된 방식으로 재활용 플라스틱을 활용할 수 있는 새로운 아이디어를 떠올려 보세요.

재활용 플라스틱 사용 방식	현재 이러한 사용 사례가 있나요? 참고할 만한 사례가 있다면 작성합니다.	자신만의 독창적인 아이디어
도로 건설 재료의 원료인 역청		
보일러가 전기를 생산하기 위해 연소하는 연료		
건축 자재		
콘크리트 성분		
인공 부유 섬의 건축 자재		
자동차 건축 자재		
식물성 식품		

동물성 식품		
자신만의 재활용 아이디어 네 가지를 더 작성해 보세요.		

컴퓨팅 사고

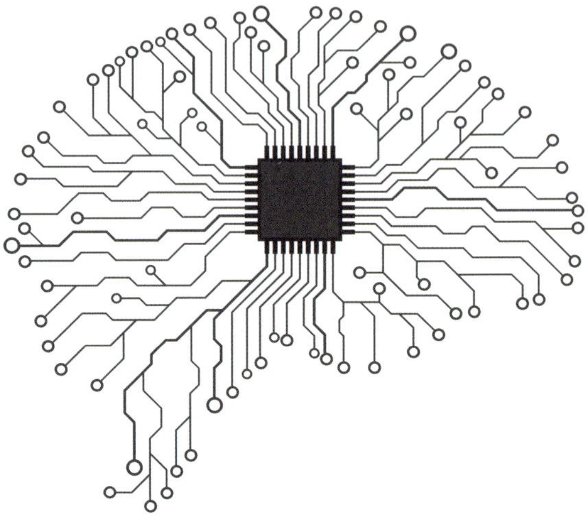

어떤 문제와 관련된 정보를 컴퓨터 프로세서를 사용하여 분석하려면 먼저 그 문제의 구조와 해당 정보를 분석하는 방식을 컴퓨터가 처리할 수 있도록 설계해야 합니다. 이것이 바로 컴퓨팅 사고입니다.

컴퓨팅 사고의 네 가지 핵심 단계는 다음과 같습니다.

- 분해 – 복잡한 문제를 더 작고 다루기 쉬운 부분으로 나누는 것
- 패턴 인식 – 문제 간 그리고 문제 내 유사점을 식별하는 것
- 추상화 – 중요한 정보에만 집중하고 관련 없는 세부 사항은 제거하는 것
- 알고리즘적 사고 – 사용 가능한 데이터를 분석하고 주어진 문제를 해결하는 데 도움이 되는 규칙 기반의 단계별 프로세스를 설계하는 것

이 전체 과정의 목표는 복잡한 문제를 알고리즘으로 단순화하는 데 있습니다. 알고리즘은 보통 '예' 또는 '아니요'로 나뉘는 선택의 순서도라고 생각할 수 있습니다.

이러한 알고리즘이 완성되면 그것을 컴퓨터 코드로 변환하고 데이터를 입력하여 실행할 수 있습니다. 하지만 컴퓨팅 사고는 코딩과 동일한 개념이 아닙니다. 컴퓨팅 사고는 컴퓨터에게 무엇을 해야 하는지를 알려주는 지침이며, 코딩은 컴퓨터에게 어떻게 해야 하는지를 알려 주는 과정입니다. 더 자세한 내용은 다음 링크를 참고해 보세요. https://edu.google.com/resources/programs/exploring-computational-thinking/

컴퓨팅 사고는 반드시 문제를 해결하는 전략이라기보다는 문제를 분석하고 명확하게 이해하는 데 도움을 주는 전략입니다. 컴퓨팅 사고를 통해 더 나은 해결 방안을 도출할 수 있는 가능성이 높아집니다.

이 책의 앞부분에 나오는 연습 문제들은 컴퓨팅 사고의 네 가지 주요 단계(5n-분해, 5o-패턴 인식, 5p-추상화, 5q-알고리즘적 사고)에서 사용되는 서로 다른 사고 방식을 체험해 볼 수 있도록 구성되어 있습니다. 일부 연습 문제는 다소 단순하게 느낄 수 있지만, 각 단계마다 자신이 어떤 사고 방식을 사용하고 있는지 알아보고 그 방식이 실생활의 문제 분석에 어떤 도움을 줄 수 있을지를 생각해 보는 것이 연습 활동의 목적입니다. 컴퓨팅 사고의 각 단계를 이해하고 나면 이 모든 단계를 하나로 연결해 통합적인 사고 체계를 만들 수 있게 됩니다.

마지막 연습인 5r '실질적 문제 해결'에서는 여러분의 학교에서 실제로 일어날 수 있는 일상적이고 복잡한 문제에 컴퓨팅 사고 시스템을 적용해 보게 됩니다. 이 연습에서는 네 가지 단계 각각에서 던져야 할 핵심 질문들을 살펴보고, 컴퓨팅 사고를 활용해 문제를 분석하고, 데이터를 처리하며, 해결 방안을 찾는 데 도움이 되는 알고리즘을 어떻게 구축하는지를 단계별로 안내합니다. 그 후에는 세 가지 예시 문제 중 하나를 선택하거나 여러분이 직접 선택한 문제에 대해 컴퓨팅 사고의 전체 과정을 적용하여 분석해 보도록 할 것입니다.

이 모든 연습을 마치면 여러분은 컴퓨팅 사고를 더 잘 이해하고 필요할 때 직접 활용할 수 있게 될 것입니다.

분해

5n – 복잡한 문제나 시스템을 더 작고 다루기 쉬운 부분으로 나누기

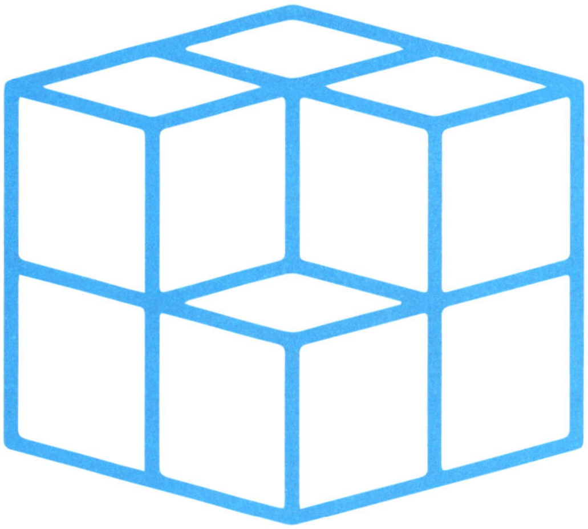

숙달 수준

복잡한 문제를 저절로 작은 단위로 나누어 접근할 수 있을 때, 해당 ATL 기능을 사용하는 데 있어 전문가 수준에 도달했다고 볼 수 있습니다.

목적:

문제를 모든 측면에서 나누어 살펴보고, 각 요소가 가능한 해결책에 개별적 또는 전체적으로 어떤 영향을 미치는지를 이해하는 능력은 매우 특정하고 유용한 사고 기능입니다.

여러 DP 과목에서는 복잡한 문제를 다루게 됩니다. 시험, 교과 과제, 모든 과목의 일반 수업 활동, 지식 이론 또는 CAS 프로젝트를 계획할 때에도 이러한 문제에 직면하게 됩니다. 이때 문제를 해결하기 위한 최선의 전략을 찾기 위해 가장 먼저 필요한 단계가 바로 분해입니다.

연습 1 – 샌드위치 만들기

어떤 문제를 '분해'하는 방법 중 하나는 문제의 모든 측면을 고려하고, 이를 구성하는 요소로 세분화하며, 특정한 의사결정 지점을 찾아내는 것입니다.

a. 예를 들어, 양치질하는 과정을 떠올려 보세요. 이 과정을 문제 해결의 관점에서 본다면 다음과 같은 의사결정 지점을 생각해 볼 수 있습니다.
  - 언제 양치질을 하나요?
  - 어떤 칫솔을 사용하나요?
  - 얼마나 (오랫동안) 양치질을 하나요?
  - 어떤 치약을 사용하나요?
  - 어떤 수건을 사용하나요?

b. 이번에는 치즈 샌드위치를 만드는 문제에 대해 생각해 보세요. 무엇을 고려해야 할까요? 생각할 수 있는 모든 의사결정 지점을 목록으로 작성해 보세요.

1. ....

2. ....

3. ....

4. ....

5. ....

6. ....

7. ....

8. ....

연습 2 – 범인 찾기!

문제의 다양한 측면을 구분하는 한 가지 방법은 질문의 틀을 활용하는 것입니다.

한 학생이 학교에서 어떤 위반 행위를 저질렀을 가능성이 있다고 가정해 보세요. 학교 내 위반 행위를 조사하는 일은 고려할 점이 많기 때문에 매우 복잡한 문제가 될 수 있습니다. 예를 들어, 선생님이나 교장선생님이 문제를 분석하고, 관련 데이터를 확보하며, 더 작은 문제들을 파악하려면 일련의 질문에 대한 답을 찾아야 합니다.

a. 화학 실험실에서 과망간산칼륨 병이 사라졌습니다. 어떤 질문을 해야 할까요? 다음의 표에 제시된 프롬프트를 사용하여 이 문제의 다양한 측면에 관한 질문을 만들어 보세요.

	질문
1.	누가……?
2.	무엇을……?
3.	어디에서……?
4.	언제……?
5.	어떻게……?
6.	얼마나 많이/자주……?
7.	왜……?

b. 이 질문들은 각각 큰 문제를 해결하기에 앞서 풀어야 할 작은 문제라고 볼 수 있습니다. 이러한 작은 문제들은 서로 그리고 여러분이 매일 직면하는 문제와 어떤 유사점이 있나요?

c. 앞서 작성한 각 질문을 조사하면 해결책으로 이어질 수 있는 패턴을 찾기 위한 데이터를 생성할 수 있습니다. 이것이 바로 컴퓨팅 사고입니다.

연습 3 – 앱 만들기

집이나 학교에서 다른 학생들을 도울 수 있는 앱을 만들고 싶다고 상상해 보세요. 이 과정은 고려해야 할 것이 많기 때문에 매우 복잡한 문제입니다. 앱을 만드는 작업을 어떻게 세분화할 수 있을까요?

a. 휴대전화에 꼭 있었으면 하는 앱을 하나 생각해 보세요.

b. 그 앱을 만드는 문제를 구성하는 모든 측면을 고려하여 세분화해 보세요. 앱을 만들기 위해 내려야 할 모든 결정들을 떠올려 보세요. 각 결정은 목표를 달성하기 위해 해결해야 하는 더 작은 문제를 의미합니다.

c. 이러한 작은 문제들은 각각 하나의 핵심 질문에서 출발합니다.

주요 질문	나의 답안
앱이 어떤 기능을 수행하길 바라나요?	
앱의 대상은 누구인가요?	
휴대전화에서 앱 아이콘은 어떤 모습인가요?	
사용자는 어떻게 앱을 사용하나요?	
몇 개의 화면이 필요할까요?	
그래픽은 어떤 모습일까요?	
앱에 어떤 오디오가 포함되나요?	
사용자는 화면 간 이동을 어떻게 하나요?	

d. 이제 하나의 큰 문제를 일련의 더 작은 문제들로 분해했습니다.

e. 이 작은 문제들 각각은 다시 '예' 또는 '아니요'로 답할 수 있는 일련의 결정 지점으로 세분화할 수 있습니다. 이러한 결정 지점을 알고리즘으로 정리하여 컴퓨터가 처리할 수 있도록 하는 것이 바로 컴퓨팅 사고입니다.

연습 4 – 자전거

문제는 인간이 걷는 것보다 자기 추진력을 더 효과적으로 달성할 수 있는 기계를 설계하는 것이었습니다. 해결책은 자전거였습니다.

a. 완성된 자전거를 떠올려 보고, 그 자전거를 구성하는 모든 부품으로 거꾸로 분해해 보세요.

b. 각 중요한 부품이 해결한 문제 또는 문제들을 설명해 보세요.

자전거 부품	해결한 문제
1. 경량 프레임	움직이는 사람의 전체 체중을 지탱합니다.
2.	
3.	
4.	
5.	
6.	
7.	

8.	
9.	
10.	
11.	
12.	

c. 기존 해결책에서 거꾸로 추적하여 해결되었던 개별 문제들을 찾아냈으니, 이제는 동일한 분해 과정을 활용하여 앞으로 발생할 문제들을 예측하고 가능한 해결책을 모색해야 합니다.

이번에는 인간이 공중에서 자기 추진력을 활용해 이동하는 기계를 설계하는 더 큰 문제를 해결하고 있다고 상상해 보세요.

d. 미래를 예측하며 해결해야 할 모든 개별 문제를 설명해 보세요.

e. 각 문제에 대해 가능한 해결책을 제안해 보세요.

해결해야 할 문제	가능한 해결책
1. 지면과 연결되지 않은 상태에서 사람의 체중을 완전히 지탱합니다.	열기구, 수소 풍선, 연, 배기기, 반중력 장치 등
2.	
3.	
4.	
5.	
6.	
7.	

연습 5 – 분해적 사고

a. 문제를 효과적으로 분해하기 위해 어떤 유형의 사고를 사용해야 하는지 자신의 말로 설명해 보세요.

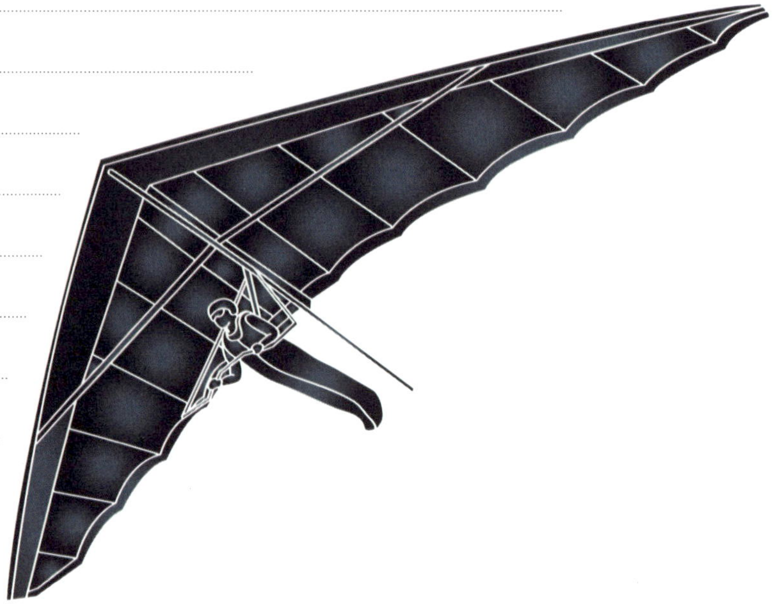

패턴 인식

5o – 문제 간, 그리고 문제 내 유사점 찾기

숙달 수준

분해한 문제 안에서, 그리고 문제 간에 유사점을 쉽게 찾아낼 수 있다면 해당 ATL 기능을 사용하는 데 있어 전문가 수준에 도달했다고 볼 수 있습니다.

목적:

복잡한 문제를 쉽게 이해할 수 있는 문제로 전환하는 기능은 매우 유용한 기능입니다. 많은 DP 과목에서 여러분은 복잡한 문제에 직면하게 되고, 이를 해결하기 위한 최선의 전략을 찾아야 합니다. 이러한 상황은 시험, 수행 과제, 일상 수업 활동, 지식 이론 수업 등에서 모두 발생할 수 있습니다. 이러한 문제 해결 접근 방식은 CAS 프로젝트를 설계할 때 특히 계획 단계에서 매우 유용할 수 있습니다. 패턴과 경향성을 파악하는 기능은 과학, 수학, 경제학, 경영학 과목의 내부 평가를 수행할 때 특히 유용합니다.

패턴 인식:

복잡한 문제를 더 작은 문제로 분해하는 목적은 그렇게 분해된 작은 문제들 속에서 우리가 해결에 도움이 되는 패턴을 인식할 수 있는지를 확인하는 데 있습니다. 패턴이란 여러 문제가 공통적으로 가지고 있는 유사성이나 특성을 의미합니다. 모든 문제는 질문의 형태로 나타낼 수 있습니다. 이 질문은 곧 '의사결정 지점'을 만들고, 이 의사결정 지점에 대한 답이 내려질 때 비로소 데이터가 생성됩니다. 패턴은 질문의 성격, 결정 지점 그리고 결정이 내려졌을 때 생성되는 데이터에서 찾을 수 있습니다. 패턴 인식은 컴퓨팅 사고의 네 가지 핵심 요소 중 하나입니다.

패턴을 찾는 것은 왜 중요할까요? 패턴을 발견하면 문제 해결 과정이 더 간단하고 수월하게 됩니다. 패턴이 반복될 때마다 동일한 해결 방식을 적용할 수 있기 때문입니다. 우리가 더 많은 패턴을 발견할수록 문제 해결 과정은 더 빠르고 효율적으로 이루어질 수 있습니다.

연습 1 – 패턴이란 무엇인가요?

여러 마리의 강아지를 그린다고 상상해 보세요.

모든 강아지는 공통적인 특징을 가지고 있습니다. 개는 모두 머리, 몸통, 다리, 눈, 코, 꼬리를 가지고 있습니다. 하지만 이러한 특징은 다른 많은 동물도 가지고 있습니다. 따라서 강아지를 그리기 위해서는 다음의 두 가지를 알아야 합니다.

1. 강아지를 그릴 때 동일하게 그릴 수 있는 부위와 다르게 그릴 수 있는 부위는 무엇인가요?
2. 그 특징들이 강아지 종에 따라 어떻게 다른지 알아야 합니다.

여러 강아지를 그리는 문제를 해결하기 위한 컴퓨팅 사고 접근 방식은 다음과 같습니다.

a. 온라인에서 강아지 이미지를 찾아 인쇄해 보세요.

b. 모든 사진을 오려 강아지의 머리, 몸통, 다리, 눈, 코, 꼬리를 따로 모아 보세요.

c. 이 부위들을 조합하여 여러 마리의 강아지를 만들어 보세요.

d. 그렇게 조합하여 만든 개들을 그림으로 그려 보세요.

e. 이러한 컴퓨팅 사고 과정을 사용하면 강아지를 더 쉽게 그릴 수 있나요? 만약 그렇지 않다면 그 이유는 무엇인가요?

f. 이 방법을 사용하면 상상 속의 강아지를 만들어 그리고 싶을 때에도 도움이 되나요?

g. 만약 강아지가 아니라 새로운 스타일의 휴대전화를 디자인하고 싶은 경우라면 이 접근 방식이 도움이 될 수 있을까요?

연습 2 – 케이크 굽기

케이크를 굽고 싶다면 우선 큰 문제를 여러 작은 문제로 분해해야 합니다. 이것이 바로 레시피의 용도입니다. 레시피는 큰 작업을 관리하기 쉬운 단계로 나누고, 진행 방법에 대한 명확한 지침을 제공하는 컴퓨팅 사고의 훌륭한 예입니다.

만약 여러 종류의 케이크를 만들고 싶다면 모든 케이크에서 공통적인 과정과 다른 점이 있는 과정을 먼저 파악해야 합니다. 이를 위해서는 패턴을 찾아내고 식별할 수 있어야 합니다.

a. 다음 표에 자신이 가장 좋아하는 케이크를 만들기 위해 필요한 재료와 단계를 적어 보세요. 방법을 잘 모른다면 먼저 조사해 보세요.

케이크 이름:	
재료 목록:	레시피 순서:
1.	1.
2.	2.
3.	3.
4.	4.
5.	5.
6.	6.
7.	7.
8.	8.
9.	9.
10.	10.

한 가지 케이크의 재료와 레시피를 알고 나면 다른 종류의 케이크를 만드는 것이 더 쉬울까요?

b. 두 번째로 좋아하는 케이크의 레시피를 찾아보고, 다음의 표를 사용하여 가장 좋아하는 케이크와 비교해 보세요. 각 레시피에서 같은 점과 다른 점을 나열해 보세요.

	같은 점	케이크 1에는 있지만 케이크 2에는 없는 것	케이크 2에는 있지만 케이크 1에는 없는 것
재료			
레시피 순서			

케이크를 굽는 데 사용된 패턴에 대해 배운 것을 활용하여 완전히 새로운 케이크를 만들 수 있을까요?

c. 자신이 먹고 싶은 새로운 케이크를 하나 생각해 보고 필요한 재료와 예상되는 레시피 단계를 적어 보세요.

케이크 이름:	
재료 목록:	레시피 순서:
1.	1.
2.	2.
3.	3.
4.	4.
5.	5.
6.	6.
7.	7.
8.	8.
9.	9.
10.	10.

패턴을 찾아내고 나면 유사한 문제에 대해 공통적인 해결 방법을 찾아낼 수 있습니다.

연습 3 – 과학 보고서

DP 과학 과목에서는 반드시 완료해야 하는 실험 활동과 실험 보고서 작성이 있습니다. 이들 사이에서 공통된 요소를 찾아내면 과제를 수행하는 데 도움이 될 수 있습니다.

다음은 생물학 실험의 두 가지 예입니다.

1. 효소 활성에 영향을 미치는 요인에 대한 조사
2. 휴식 중 가벼운 운동 및 격렬한 운동 후의 환기 작용 모니터링

첫 번째로 주목해야 할 패턴은 각 실험이 다음의 네 가지 공통된 부분(실험 과정, 결과 수집, 데이터 분석, 보고서 작성)을 갖고 있다는 점입니다.

두 번째 패턴은 앞의 각 구성 요소 안에 유사점과 차이점이 존재한다는 점입니다.

a. 다음 표를 채워 보세요. 각 실험의 네 가지 구성 요소에 대해 동일한 점과 다른 점을 나누어 적어 보세요.

	동일한 점	다른 점
실험 과정		
결과 수집		
데이터 분석		
보고서 작성		

b. 앞과 같은 패턴을 파악하는 것이 실험을 더 잘 완수하는 데 도움이 되었나요? 만약 그렇지 않다면 그 이유는 무엇인가요?

c. 이와 같은 사고 과정(패턴을 찾아내고 비교하는 방법)이 유용할 수 있는 다른 상황이 있을까요?

연습 4 – 사고 유형으로서의 패턴 인식

a. 문제에 대해 그리고 문제 간의 패턴을 효과적으로 인식하기 위해 사용해야 하는 사고의 유형을 자신의 말로 설명하세요.

추상화

5p – 모델 및 시뮬레이션과 같은 추상화를 통한 문제 표현하기

숙달 수준

분해된 문제들 사이의 관련성 있고 가장 중요한 패턴과 유사점을 쉽게 파악하여 모델이나 표현을 만들 수 있게 되면, 해당 ATL 기능을 사용하는 데 있어 전문가 수준에 도달했다고 볼 수 있습니다.

목적:

관련성 있는 패턴을 발견하고 이를 바탕으로 모델과 표현을 개발하는 기능은 대부분의 과목에서 시험과 과제 수행에 매우 유용합니다. 이 기능은 수학, 개인과 사회, 과학, 예술뿐 아니라 CAS, 소논문 및 지식 이론에서도 동일하게 중요합니다.

추상화:

컴퓨팅 사고를 통해 우리는 복잡한 문제를 분해합니다. 그런 다음, 더 작은 문제들 사이에서 그리고 그 안에서 패턴을 찾습니다. 그 후에 우리는 추상화 과정을 거치는데, 이는 필요 없는 특성이나 패턴을 걸러내거나 제외하는 과정입니다. 이렇게 하면 우리에게 진정으로 필요한 요소에 집중할 수 있습니다. 이 과정은 특정 세부 사항을 걸러 내는 작업을 포함합니다. 그런 다음, 우리는 해결책에 대한 하나의 표현 또는 모델을 만들 수 있습니다.

연습 1 – 다시 강아지 이야기로!

패턴 인식에서 우리는 강아지를 그려야 하는 문제에 대해 생각해 보았습니다. 모든 강아지는 머리, 몸통, 다리, 눈, 코, 꼬리와 같은 일반적인 특징을 가지고 있으며, 고기를 좋아하고 짖는 소리를 낼 수 있다는 것을 알고 있습니다. 또한 각각의 강아지는 금발색의 털, 긴 꼬리, 갈색 눈, 닭고기를 좋아하는 식성 그리고 우렁차게 짖는 소리 등 구체적인 특징을 지닙니다. 이러한 고유 속성을 우리는 '특징(specifics)'이라고 합니다.

보통의 강아지를 그리기 위해서는 머리, 몸통, 다리, 눈, 코, 꼬리와 같은 일반적인 특징을 아는 것이 필요합니다.

이러한 특징은 관련성이 있는 정보입니다. 반면, 강아지가 무엇을 좋아하는지, 어떤 소리를 내는지는 강아지를 그리는 데 필요하지는 않으므로 관련성이 없는 정보입니다. 이러한 특징은 걸러 낼 수 있습니다. 우리가 가진 일반적인 특징(머리, 몸통, 다리, 눈, 코, 꼬리)을 바탕으로 강아지의 기본적인 모습을 떠올릴 수 있습니다. 강아지가 어떻게 생겼는지를 알게 되면 강아지를 어떻게 그릴 수 있는지를 설명할 수 있습니다.

추상화는 문제와 해결책에 대한 일반적인 아이디어를 구성할 수 있게 해 줍니다. 이 과정은 문제 해결에 도움이 되지 않는 구체적인 세부 사항이나 패턴을 제거하게 합니다. 이 아이디어를 '모델(model)'이라고 합니다.

만약 추상화를 하지 않는다면 잘못된 해결책에 이를 수도 있습니다. 앞의 강아지 예시에서 추상화를 수행하지 않고 컴퓨터로 문제를 해결하려고 했다면 컴퓨터가 개의 짖는 소리나 개밥을 그리려고 할 수도 있습니다. 추상화를 통해 우리는 강아지를 그리는 데 필요한 모델을 만들 수 있었습니다.

연습 2 – 다시 케이크 이야기로!

모든 케이크를 굽는 데에는 공통적으로 나타나는 일반적인 특징이 있습니다. 예를 들어, 재료가 필요하고, 각 재료에는 특정한 양이 필요하며, 시간 조절이 필요합니다.

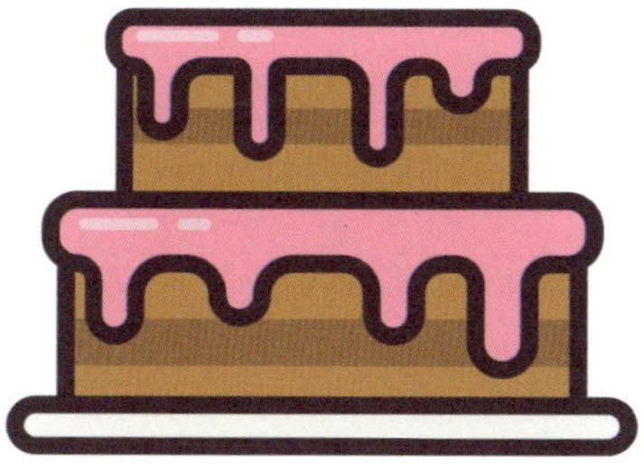

추상화한다는 것은 구체적인 세부 사항은 제거하고, 일반적이고 관련성 있는 패턴만 남기는 것입니다. 이전 연습에서 케이크 레시피를 비교했던 활동을 떠올려 보세요. 어떤 세부 사항이 일반적인지, 어떤 것이 구체적인지 추론해 보고, 해당 칸에 체크해 보세요.

케이크를 만들 때……	일반적인 패턴	구체적인 세부 사항
재료가 필요하다.		
굽는 시간을 정해 둘 필요가 있다.		
물과 밀가루가 필요하다.		
초콜릿이 포함된다.		
특정한 양의 재료가 필요하다.		
모든 재료를 함께 섞어야 한다.		
열의 작용으로 반고체 형태가 된다.		
위에 아이싱을 얹는다.		
사람이 섭취하도록 만들었다.		
속이 차 있다.		
오븐에 굽는다.		

모델이란 우리가 해결하고자 하는 문제에 대한 일반적인 개념입니다. 케이크를 굽는 경우, 모델 케이크는 스펀지 케이크나 과일 케이크처럼 특정한 케이크가 아니라 모든 케이크를 대표하는 것입니다. 이러한 모델을 통해 모든 케이크에 공통적으로 적용되는 패턴을 사용하여 케이크를 굽는 방법을 배울 수 있습니다.

문제에 대한 모델을 만들게 되면 그 모델을 알고리즘으로 전환하고 알고리즘을 실행하여 문제를 해결할 수 있습니다.

연습 3 – 일반적인 세부 사항과 구체적인 세부 사항

다음의 각 질문에 대해 친구와 함께 이야기해 보세요.

1. 다음 중 일반적인 특징은 무엇일까요?
   - 개는 달릴 수 있다.
   - 개는 촉촉한 코를 가지고 있다.
   - 개는 갈색 털을 가지고 있다.
2. 다음 중 일반적인 특징은 무엇일까요?
   - 보트에는 엔진이 있다.
   - 일부 보트에는 돛이 있다.
   - 보트는 파란색이다.
3. 다음 중 일반적인 특징이 아닌 것은 무엇일까요?
   - 개는 빨리 달릴 수 있다.
   - 개는 코가 있다.
   - 개는 갈색 털을 가지고 있다.
4. 다음 중 일반적인 특징이 아닌 것은 무엇일까요?
   - 책은 재미있다.
   - 나의 책은 재미있다.
   - 당신의 책은 재미있다.
5. 개를 그릴 때 무시할 수 있는 특징은 무엇일까요?
   - 개는 빨리 달릴 수 있다.
   - 개는 발이 있다.
   - 개는 코가 있다.
6. 자동차를 그리기 위해 반드시 알아야 할 특징은 무엇일까요?
   - 자동차의 소유자가 누구인지
   - 자동차를 어디에 주차할 수 있는지
   - 자동차 바퀴는 얼마나 큰지

연습 4 – 사고 유형으로서의 추상화

a. 데이터나 문제에 추상화를 효과적으로 적용하려면 어떤 사고 방식을 사용해야 하는지 자신의 말로 설명해 보세요.

알고리즘적 사고

5q – 디지털 프로세서가 데이터를 분석할 수 있도록 '규칙'과 '단계별' 작업 개발하기

숙달 수준
분해한 문제에서 나타나는 패턴을 연산 체계로 변환하고, 이를 컴퓨터 프로세서가 실행 가능한 알고리즘으로 구현할 수 있다면 해당 ATL 기능을 사용하는 데 있어 전문가 수준에 도달했다고 볼 수 있습니다.

목적:

이 기능은 DP 과정의 다양한 측면에서 활용됩니다. 특히 경제학, 환경 시스템과 사회, 소논문 등에서 발생할 수 있는 복잡하고 장기적인 문제를 다룰 때 가장 관련성이 높습니다. 지식 이론에서는 여러 학문 분야에 걸친 복합적이고 실제적인 문제를 다루는 다양한 접근 방식을 살펴보게 됩니다.

알고리즘적 사고:

지금까지 컴퓨팅 사고를 통해 여러분은 복잡한 문제를 더 작은 문제들로 분해해 보았습니다. 그런 다음, 그 작은 문제들 사이의 패턴을 찾아보고 문제 해결에 필요하지 않은 특징이나 패턴을 걸러내는 추상화도 해 보았습니다. 이제 해야 할 일은 그 모델을 알고리즘으로 바꾸는 일입니다. 알고리즘적 사고란 이러한 모델을 이분법적 의사결정 지점들로 이루어진 순서도 형태로 정리한 후, 그것을 컴퓨터 코드로 바꾸어 프로세서가 실행할 수 있도록 하는 기능입니다.

알고리즘은 문제를 해결하기 위한 계획이자 단계별로 따라야 하는 지침의 집합입니다. 예를 들어, 신발끈을 묶거나, 커피를 만들거나, 옷을 입거나, 식사를 준비해 본 적이 있다면 알고리즘을 따라 본 경험이 있는 것입니다. 컴퓨팅 사고에서는 이 알고리즘을 통해 컴퓨터가 이해할 수 있는 방식으로 문제를 표현합니다. 여러분이 만든 알고리즘은 디지털 프로세서가 따라 실행할 수 있는 형태가 되어야 합니다.

연습 1 – 하루 일과

오늘 아침 여러분은 등교 준비를 위해 어떤 일을 했는지 떠올려 보세요.

a. 다음 표의 첫 번째 열에 오늘 아침에 일어난 순간부터 학교에 도착하기까지 했던 일을 떠오르는 대로 써 보세요. 세부 사항은 생략하세요.

과업:	순서	과업:	순서

b. 두 번째 열에는 각 과업이 실제로 일어난 순서에 따라 번호를 매겨 보세요.

c. 형광펜이나 색연필을 사용하여 특정 순서대로 반드시 차례로 해야 하는 일은 같은 색으로 표시해 보세요. 언제든지 순서와 무관하게 할 수 있는 일은 다른 색으로 표시할 수 있습니다.

연습 2 – 학교 갈 준비하기

여러분은 매일 아침 각자가 하는 활동들에 대해서도 알고리즘을 만들 수 있습니다. 예를 들어, 아침 식사하기, 양치질하기, 반려견 산책시키기, 학교 갈 준비하기 등입니다.

앞의 연습 1c에서 강조 표시한 일들(예: 아침을 먹은 다음 양치질을 함)처럼 반드시 순서대로 진행해야 하는 일은 알고리즘의 '임계 경로' 또는 중심 뼈대가 됩니다. 이 외의 작업들은 순서에 상관없이 어느 때나 이루어질 수 있습니다.

a. 매일 아침 학교에 가기 위해 해야 하는 모든 단계를 떠올려 보고 빈 곳에 화살표로 연결된 상자를 사용하여 순서도를 그려 보세요. 앞의 연습 1c에서 만든 중요 단계(임계 경로)를 순서도의 중심 경로로 삼고 다른 과업들은 곁가지로 연결해 보세요.

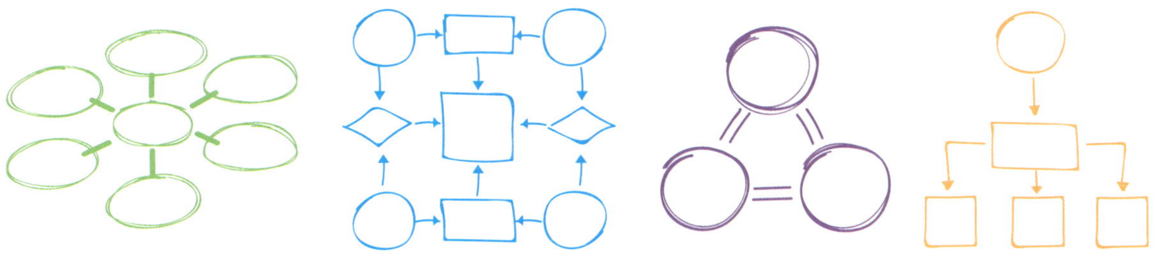

b. 순서도를 컴퓨터가 이해할 수 있는 알고리즘으로 바꾸려면 이를 이진 결정 지점을 포함한 지침의 연속으로 단순화해야 합니다. 빈 곳에 다음의 기호 규칙을 사용하여 알고리즘을 시각적으로 표현해 보세요.

- 시작과 마지막 지침은 타원형 안에 작성하세요.
- 화살표를 사용해 순서와 방향을 나타내세요.
- 각 지침 또는 명령어는 직사각형 안에 작성해 보세요.
- '예/아니요'로 대답할 수 있는 결정은 마름모 안에 작성하세요.

이제 여러분은 알고리즘을 만들었습니다!

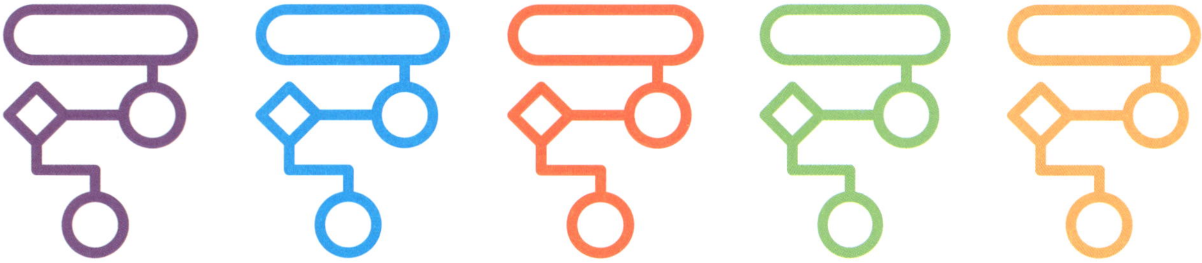

연습 3 – 숫자 찾기 – 몇 단계가 걸릴까요?

a. 짝과 함께 활동하세요.

b. 각자 1부터 100 사이에서 숫자 네 개를 생각하여 어딘가에 적되, 짝에게는 말하지 않습니다.

c. 첫 번째 사람은 상대방 목록에 있는 첫 번째 숫자를 알아내야 합니다. 그러기 위해 두 가지 질문을 순서대로 하세요. "그 숫자는 ……보다 큰가요?" "그 숫자는 ……보다 작은가요? " 두 번째 사람은 반드시 '예' 또는 '아니요'로 정직하게 대답해야 합니다.

d. 각 단계에서 질문에 사용한 숫자를 표의 첫 번째 열(양쪽)에 기록하세요.

단계	……보다 큰가요?				……보다 작은가요?			
1.								
2.								
3.								
4.								
5.								
6.								
7.								
8.								
9.								
10.								
11.								
12.								

e. 그런 다음, 역할을 바꾸어 같은 방법으로 상대방의 숫자를 찾아보세요.

0부터 100까지의 숫자를 분류하기 위해 어떤 기준으로 숫자를 사용하기로 결정했나요? 무작위로 질문하고 있나요, 아니면 일정한 체계가 있나요? 여러분의 체계를 어떻게 설명할 수 있을까요?

여러분이 사용하는 이 '체계'는 "내 숫자는 무엇일까요?"라는 문제를 해결하기 위한 알고리즘의 예입니다.

다음은 이러한 알고리즘의 한 예시입니다.

처음 질문은 가능한 숫자 중 중간값(50)으로 시작합니다.

의사결정 지점 1: 50보다 큰가요?

예 – 의사결정 지점 2로 이동합니다. 아니요 – 의사결정 지점 3으로 이동합니다.

의사결정 지점 2: 75보다 작은가요?

예 – 의사결정 지점 4로 이동합니다. 아니요 – 의사결정 지점 5로 이동합니다.

의사결정 지점 3: 25보다 작은가요?

예 – 의사결정 지점 6으로 이동합니다. 아니요 – 의사결정 지점 7로 이동합니다.

의사결정 지점 4: 63보다 큰가요?

예 – 의사결정 지점 8로 이동합니다. 아니요 – 의사결정 지점 9로 이동합니다.

의사결정 지점 5: 88보다 큰가요? (이하 동일한 방식으로 이어집니다.)

f. 이 알고리즘에서 작동하는 두 가지 규칙은 무엇인가요?

i. "……보다 큰가요?"라는 질문 뒤에는 반드시 어떤 종류의 질문이 따라오나요?

....

ii. 다음 숫자를 추정할 때는 남은 가능한 숫자들의 .... % 지점으로 이동하세요.

g. 다음 두 번의 숫자 찾기(각자 한 번씩)에서 이 '중간값' 알고리즘을 사용해 보세요. 질문에 사용한 숫자는 양쪽 두 번째 열에 기록합니다.

이 방식이 원래 여러분이 사용하던 방법보다 더 빨랐나요? 단계 수가 더 적었나요? '중간값' 알고리즘보다 더 빠른 알고리즘을 생각할 수 있나요?

h. 다음 숫자 찾기(각자 한 번씩)에서는 첫 번째 규칙을 다음과 같이 바꾸어 보세요. "……보다 큰가요?"의 질문 뒤에는 반드시 두세 번의 "……보다 작은가요?"의 질문이 이어지도록 합니다. 질문에 사용한 숫자는 다음 열에 기록해 보세요.

i. 이 방법이 처음 두 번의 방법보다 더 빨랐나요 또는 느렸나요?

....

j. 마지막 숫자 찾기(각자 한 번씩)에서는 두 번째 규칙을 다음과 같이 바꾸어 봅니다. 추정할 다음 숫자를 선택할 때, 남아 있는 숫자 범위의 60% 지점으로 이동해 보세요.

k. 두 사람 모두에게 어떤 알고리즘이 정답을 찾는 데 가장 적은 단계를 필요로 했나요?

....

이 알고리즘의 모든 단계를 순서도로 그리면 1에서 100까지의 숫자 각각에 대해 하나의 결정 분기가 생기므로 매우 많은 페이지가 필요할 수 있습니다. 하지만 이 과정을 단축할 수 있는 방법이 있을까요?

반복되는 패턴은 무엇일까요?

l. 다음에 이 반복 알고리즘의 단계를 완성해 보세요.

1. 먼저, 숫자가 50보다 큰가요?
2. '예'라면 마지막 숫자와 100 사이의 범위를 기준으로 중간값을 찾고 그 숫자보다 작은지 질문해 보세요.
3. '아니요'라면 마지막 숫자와 0 사이의 범위를 기준으로 중간값을 찾고 그 숫자보다 작은지 질문해 보세요.
4. ....
5. ....
6. ....
7. ....

8.

9.

10.

11.

이렇게 여러분의 알고리즘을 컴퓨터 코드로 바꾸고 컴퓨터 프로세서를 사용하여 "내 숫자는 무엇일까요?"의 문제를 빠르고 효율적으로 해결하는 것은 비교적 쉬운 연습일 것입니다.

연습 4 – 종이비행기

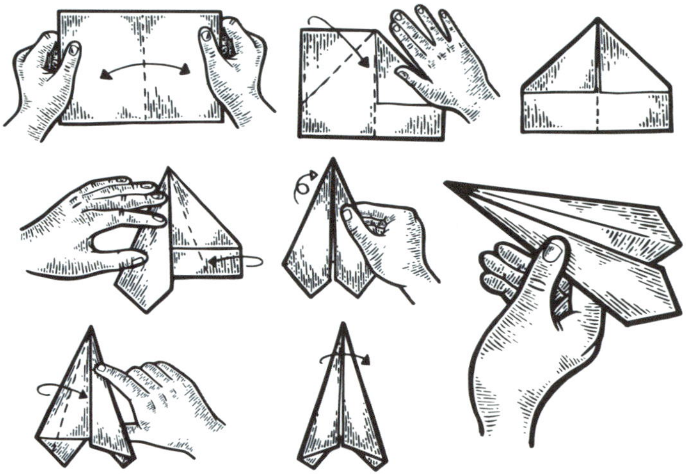

a. 짝과 함께 활동합니다.
b. 종이비행기를 만들기 위한 두 가지 디자인을 찾아 보세요.
c. 그중 하나씩 선택하세요.
d. 지침을 읽고, 선택한 종이비행기를 만드는 단계별 지침과 '예/아니요' 결정이 포함된 순서도 알고리즘으로 바꾸어 보세요.
e. 앞의 연습 2a와 2b에서 설명한 그리기 규칙을 사용하여 알고리즘을 순서도 형식으로 그리세요.
f. 자신만의 알고리즘으로 종이비행기를 만들어 보세요. 알고리즘이 제대로 작동한다고 생각될 때까지 필요에 따라 수정하세요.
g. 짝과 책을 교환한 후 서로의 알고리즘으로 종이비행기를 만들어 보세요.
h. 그렇게 만든 비행기를 날려 보세요!

i. 다음의 성찰 질문에 답하세요.

i. 자신과 짝의 알고리즘을 따라 종이비행기를 만들 수 있었나요?

ii. 알고리즘에서 더 잘할 수 있었던 점은 무엇인가요?

iii. 어떤 종류의 작업에 알고리즘이 잘 작동하는 이유는 무엇일까요?

iv. 알고리즘에 대해 무엇을 배웠나요?

연습 5 – 사고 유형으로서의 알고리즘적 사고

a. 문제 해결에 알고리즘적 사고를 효과적으로 적용하기 위해 사용해야 하는 사고 유형을 자신의 말로 설명하세요.

실질적 문제 해결

5r – 컴퓨팅 사고를 활용한 실생활 문제 해결, 데이터 처리, 결론 도출, 가능한 해결책 선택 및 구현하기

숙달 수준
실제 문제를 해결하기 위해 컴퓨팅 사고를 활용할 수 있다면, 해당 ATL 기능을 사용하는 데 있어 전문가 수준에 도달했다고 볼 수 있습니다.

목적:

이 기능은 DP 과정의 다양한 측면에서 활용됩니다. 특히 경제학, 환경 시스템과 사회, 소논문 등에서 발생할 수 있는 복잡하고 장기적인 문제를 다룰 때 가장 관련성이 높습니다. 지식 이론 수업에서는 여러 학문을 넘나드는 복잡한 현실 문제를 해결하는 다양한 방법을 탐구하게 됩니다.

컴퓨팅 사고를 활용한 실용적인 문제 해결:

다음의 연습은 지금까지 배운 컴퓨팅 사고의 네 단계를 하나로 통합하여 오늘날의 현실 문제 해결에 적용할 수 있는 사고 체계를 제시합니다. 컴퓨팅 사고 전략은 데이터가 많아 복잡한 문제를 해결할 때 특히 효과적입니다.

많은 DP 학교에서 실제로 발생하는 네 가지의 '데이터가 많은 문제'는 다음과 같습니다.

- 점심시간의 혼잡한 상황으로 모든 학생이 원하는 것을 충족하기 어려움
- 등하교 시간에 발생하는 혼잡한 교통
- 학교 운동장의 공기질이 주변 대기오염의 영향을 받음
- 방학 기간 동안 학교 건물의 활용률 저조

다음의 내용은 컴퓨팅 사고 기능을 활용해 첫 번째 문제인 혼잡한 점심시간을 분석한 예시입니다. 구체적인 데이터는 제공되지 않으며 각 단계에서 여러분의 학교 상황에 맞는 데이터를 입력하여 문제를 해결해 보세요.

마지막으로, 이 방법을 활용한 실제 문제를 단계별로 해결하는 지침이 제공되며, 이는 제시된 다른 세 가지 문제에도 적용할 수 있습니다.

연습 1 – 혼잡한 점심시간

문제: 매일 점심시간마다 혼잡한 상황으로 인해 모든 사람이 자신의 요구를 충족하지 못하는 문제가 발생합니다.

분해

문제에 영향을 미치는 요소는 무엇인가요?

a. 누가 이 문제와 관련되어 있나요?

- 학생, 선생님, 행정 직원, 급식 담당 및 청소 직원

b. 각 그룹의 사람들이 필요로 하고, 원하는 것은 무엇인가요?

- 모든 학생이 식사를 마치고 친구들과 어울려 놀고, 3시간의 오후 수업에 대비하고, 주어진 시간 내에 교육과정을 완료하는 것
- 효율적으로 조직하고, 모든 학생과 선생님들께서 즐길 수 있는 음식을 충분히 만들고, 주방에서 발생하는 문제를 해결하는 것
- 식사하고, 사교하고, 휴식을 취하는 것

c. 이 문제에 영향을 주는 자원과 중요한 요소는 무엇일까요?

- 음식, 시간, 인내심, 사용 가능한 공간, 일과 시간표, 규칙(금지 사항과 허용 사항)

이 모든 요소가 이 복잡한 문제에 영향을 미치며, 각각은 더 큰 문제를 해결하기 위해 먼저 해결해야 할 작은 문제들로 볼 수 있습니다.

컴퓨팅 사고에서 중요한 질문은 "이 모든 핵심 요소로부터 컴퓨터가 처리할 수 있는 유용한 데이터를 어떻게 얻을 것인가?"입니다.

d. 우리는 무엇을 측정할 수 있나요?

1. 식당의 이용자 수(입장 및 퇴장 인원)
2. 학생 및 선생님의 이동(입장 및 퇴장 인원)
3. 다양한 음식을 제공하는 데 걸리는 시간
4. 시간에 따른 모든 음식의 필요량
5. 각 음식의 준비 시간

e. 또 어떤 정보를 수집해야 할까요?

6. 모든 참여자로부터 정기적으로 발생하는 혼잡 지점과 불만 사항 그리고 두 시간의 해당 시간대에 잘 작동하지 않아 개선이 필요하다고 생각하는 모든 측면에 대한 피드백
7. 선생님과 행정 직원으로부터 수업 일정과 점심시간에 필요한 시간에 대한 정보

f. 통계적 유의성을 얻으려면 어느 정도의 기간 동안 데이터를 측정해야 할까요?

- 최소 한 학기 또는 한 분기 동안, 점심 전후 2시간 동안 데이터를 수집해야 합니다.

g. 얼마나 많은 측정이 일어날까요?

- 수천 개가 될 것입니다. 최대한 기계를 사용하여 데이터를 수집해 보세요.

패턴 인식

h. 이 측정값들 앞의(1~7) 중 본질적으로 같은 것은 무엇일까요?

1과 ________________?

3과 ________________?

6과 ________________?

이런 측정값들은 같은 방식으로 해결할 수 있고 아마도 같은 데이터 수집 방법을 사용할 수 있을 것입니다.

i. 어떤 측정값이 고유하며 다른 것과 같지 않나요?

____

____

이러한 측정에는 고유한 데이터 수집 방식이 필요할 것입니다.

이 문제에 대해 우리의 컴퓨팅 사고를 발휘하려면 이제 작업할 데이터가 필요합니다. 이제 여러분의 과제는 한 학기 동안 매일 점심시간 전부터 점심시간 후까지의 두 시간 동안 이 모든 데이터에서 데이터를 수집하는 것입니다. 이것은 큰 과제이므로 여러분 모두가 컴퓨팅 사고를 이해하고 활용하여 지역 문제를 해결하는 방법을 배우는 데 도움이 되는 전체 학급 프로젝트가 될 수 있을 것입니다. 만약 이 예제를 이론적으로만 살펴보고 싶거나 더 간단한 예제로 진행하고 싶다면 그렇게 해도 좋습니다.

한 학기 동안 데이터를 모으고 나면 다음과 같이 패턴을 찾아볼 수 있습니다.

j. 점심 전후로 2시간 동안 데이터 스트림 1~5의 모든 데이터를 시간 기준으로 그래프를 만들고 각 스트림의 최고점과 최저점을 확인해 보세요.

k. 요일, 월별 주차, 계절, 학기 진행 상황 또는 중요하다고 생각하는 다른 요인과 관련된 반복적인 패턴이 있는지 찾아보세요.

l. 이 데이터를 앞의 e6과 e7에서 모든 참여자가 지적한 혼잡 지점과 연관 지어 보세요.

m. 측정된 네 가지의 데이터 스트림 내의 데이터 또는 특정 데이터 조합과 혼잡 지점을 연결하는 패턴을 식별하세요. 예를 들어, "햄버거 패티와 감자튀김을 동시에 교체해야 할 때 최대 5분의 지연이 발생하여 줄이 크게 밀려서 많은 사람이 원하는 음식을 못 먹는 경우가 발생합니다".

추상화 및 일반화

n. 발견된 혼잡 지점과 다섯 가지의 데이터 스트림의 교차점을 살펴보세요.

o. 각 혼잡 지점과 관련된 데이터만 남기고 나머지는 제외합니다.

알고리즘 설계

p. 관련된 각 당사자가 원하는 긍정적인 결과를 정리해 보세요.

i. 학생: 원하는 음식의 종류와 양을 가능한 한 빨리 받을 수 있다.

ii. 선생님: ....

iii. 주방 직원: ....

q. 앞의 p의 i에서 언급된 긍정적인 결과에 따라 점심시간이 시작되고 끝나는 시점을 기준으로 관련된 각 집단의 행동 단계를 보여 주는 하나의 순서도 또는 타임라인을 그리세요. 점심시간 동안 거치는 모든 단계를 포함해야 합니다.

r. 각 순서도의 모든 단계마다 '예/아니요' 결정으로 단순화하세요. 예를 들어,

- 학생이 식당에 입장할 때 줄이 있나요? - 예/아니요
- 줄이 있다면 학생은 줄을 서나요? - 예/아니요
- '아니요'라면 학생이 식당을 떠나나요? - 예/아니요
- '예'라면 5분 이내에 줄이 움직이나요? - 예/아니요
- '아니요'라면 학생이 새치기하려 할까요? - 예/아니요

s. 이렇게 해서 세 그룹의 성공적인 점심시간 경험을 나타내는 세 가지 알고리즘을 만들게 됩니다.

t. 앞의 m에서 찾은 데이터 패턴과 세 그룹의 알고리즘 내의 '예/아니요' 결정에서 동일한 혼잡 지점을 찾아보세요.

u. 각 혼잡 지점에서 바꿀 수 있는 한 가지를 정하세요.

v. 선생님, 행정실 업무 관계자, 영양사와 상의하여 작은 변화를 시도할 동의를 얻으세요.

w. 혼잡 지점마다 한 번에 한 가지 변화만 적용하고 다시 데이터를 모으세요.

x. 각 혼잡 지점이 줄어들 때까지 한 번에 하나씩 계속 변화를 적용해 보세요.

y. 모든 변수가 가능한 한 최상의 상태가 될 때까지 모델을 다듬어 보세요.

다음 단계

이제 점심시간 전체 상황을 컴퓨터가 모니터링하고, 혼잡 지점이 발생하기 전에 상황을 예측하며, 완화책을 추천할 수 있는 모델을 만들었습니다.

컴퓨터가 이 작업을 수행하도록 하려면 데이터 모니터링 모델을 또 다른 알고리즘으로 전환한 다음, 이를 작동시키기 위한 소프트웨어를 작성해야 합니다.

이 알고리즘은 다음과 같은 일을 해야 합니다.

a. 다섯 가지 데이터 스트림을 모두 확인

b. 실시간으로 생성되는 데이터를 저장된 과거의 데이터와 비교

c. 실시간 데이터와 과거 데이터 간의 유사점과 이상 현상을 파악(각 데이터 스트림에 허용 가능한 변동 한도를 설정)

d. 과거의 데이터를 기반으로 미래의 혼잡 지점을 예측

e. 과거에 성공한 해결책을 바탕으로 변경 사항을 권장

f. 변경 사항의 효과를 주시

연습 2 – 실제 문제에 시스템 활용하기

혼자, 짝 또는 모둠으로 활동하면서 다음의 세 가지 '데이터가 많은' 문제 중 하나를 선택해 보세요.

– 등하교 시간에 발생하는 혼잡한 교통

– 학교 운동장의 공기질이 주변 대기오염의 영향을 받음

– 방학 기간 동안 학교 건물의 활용률 저조

다음 지침을 사용하여 컴퓨팅 사고의 네 단계를 모두 연습하고 학교와 자신에게 영향을 미치는 실생활 문제를 해결해 보세요.

네 단계에 걸친 질문의 순서는 다음과 같습니다.

분해

문제에 영향을 미치는 모든 요소를 '누가' '무엇을' '어디에서' '언제' '어떻게' '얼마나' '왜'라는 질문으로 나누어 보세요.

a. 누가 이 문제와 관련되어 있나요?

b. 각 그룹의 사람들이 필요로 하고, 원하는 것은 무엇인가요?

c. 이 문제에 영향을 주는 자원과 중요한 요소는 무엇일까요?

d. 우리는 무엇을 측정할 수 있나요? 컴퓨터 작업 시 가장 중요한 질문입니다.

e. 또 어떤 정보를 수집해야 할까요?

f. 통계적 유의성을 얻으려면 어느 정도의 기간 동안 데이터를 측정해야 할까요?

g. 얼마나 많은 측정이 일어날까요?

h. 모든 데이터를 어떻게 수집하고 저장할 수 있을까요?

패턴 인식

데이터가 수집되면 다음의 질문을 사용하여 패턴을 찾아보세요.

i. 모든 데이터 스트림을 시간에 따라 그래프로 그리고, 최고점과 최저점을 찾아보세요.

j. 최고점과 최저점이 반복되는 패턴이 있나요?

k. 이 데이터를 사람들로부터 얻은 측정 불가능한 정보(예: 혼잡 지점, 시스템 미흡 지점)와 연관 지어 보세요.

l. 측정 가능한 정보와 측정 불가능한 정보 간에 연결되는 패턴을 찾아보세요.

추상화 및 일반화

m. 식별된 혼잡 지점과 모든 데이터 스트림의 교차점을 살펴보세요.

n. 각 혼잡 지점과 관련된 데이터만 남기고 다른 데이터는 제외하세요.

알고리즘 설계

o. 문제와 관련된 각 당사자에게 긍정적인 결과가 무엇인지 찾아보세요.

p. 문제 시작 전부터 앞의 o에서 정의한 긍정적 결과에 이르는 각 집단의 단계별 순서도나 타임라인을 그리세요. 이 시간 동안 거치는 각 당사자가 겪는 모든 단계를 포함해야 합니다.

q. 각 순서도의 단계를 '예/아니요' 결정으로 단순화하세요.

r. 앞의 n에서 찾은 데이터 패턴과 각 그룹의 '예/아니요' 결정에서 동일한 혼잡 지점을 찾아보세요.

s. 각 혼잡 지점에서 바꿀 수 있는 한 가지를 정하세요.

t. 관련 담당자와 상의해 작은 변화를 시도할 동의를 얻습니다.

u. 혼잡 지점마다 한 번에 한 가지 변화만 적용하고 다시 데이터를 모으세요.

v. 각 혼잡 지점이 줄어들 때까지 한 번에 하나씩 계속 변화를 적용해 보세요.

w. 모든 변수가 가능한 한 최상의 상태가 될 때까지 모델을 다듬으세요.

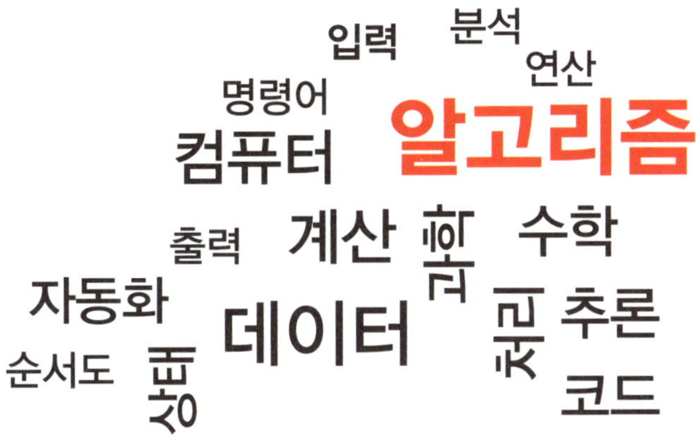

ATL 기능에 대한 자기 평가

ATL 기능 숙련도에 대한 학생 자기 평가 – 사고							
ATL 기능	초급자 (관찰)	학습자 (모방)	실행자 (실행)				전문가 (공유)
			시작하기	연습하기	향상하기	이해하기	
주장							
여러 관점 고려하기							
함의와 추론							
인과관계와 상관관계							
가정 인식하기							
데이터 해석하기							
의사결정							
적용과 함의							
문제 해결							
은유적 사고							
연결과 확장							
형태와 기능							
100가지 활용법							
분해							
패턴 인식							
추상화							
알고리즘적 사고							
실질적 문제 해결							

메모

참고 자료

1. 의사소통 기능

Back, A. L., Arnold, R. M., Tulsky, J. A., Baile, W. F., & Fryer-Edwards, K. A. (2003). Teaching communication skills to medical oncology fellows. *Journal of Clinical Oncology, 21*(12), 2433-2436.

Erozkan, A. (2013). The effect of communication skills and interpersonal problem solving skills on social efficacy. *Educational Sciences: Theory and Practice, 13*(2), 739-745.

Faris, K, A., Golen, S. P., & Lynch, D. H. (1999). Writing apprehension in beginning accounting majors. *Business Communication Quarterly, 62*(2), 9-22.

Gallagher, T. (1991). Language and social skills: Implications for assessment and intervention with school-age children. In T. Gallagher (Ed.), *Pragmatics of language: Clinical practice issues* (pp. 11-41). San Diego, CA: Singular Press.

Jones, C. G. (2011). Written and computer-mediated accounting communication skills: An employer perspective. *Business Communication Quarterly, 74*(3), 247-271.

Krapels, R. H., & Davis, B. D. (2003). Designation of "communication skills" in position listings. *Business Communication Quarterly, 66*(2), 90-96.

Lass , N., Ruscello, D., Bradshaw, K., & Blakenship, B. (1991). Adolescents' perceptions of normal and voice-disordered children. *Journal of Communication Disorders, 24*, 267-274.

Riggio, R. E., Throckmorton, B., & DePaola, S. (1990). Social skills and self-esteem. *Personality and Individual Differences*, *11* (8), 799-804.

Russ, T. L. (2009). The staus of the business communication course at US colleges and universities. *Business Communication Quarterly*, 72, 395-413.

Sageev, P., & Romanowski, C. J. (2001). A message from recent engineering graduates in the workplace: Results of a survey on technical communication skills. *Journal of Engineering Education, 90*(4), 685-693.

Wharton, G. (2002). Faculty perceptions of communications skills and needs of business school undergraduates in Singapore. *Business Communication Quarterly, 65*(4), 39-59.

2. 자기 관리 기능

Brown, R. T. (1991). Helping students confront and deal with stress and procrastination. *Journal of College Student Psychotherapy, 6*(2), 87-102.

Campbell, R. L., & Svenson, L. W. (1992). Perceived level of stress among university undergraduate students in Edmonton, Canada. *Perceptual and Motor Skills, 75*(2), 552-554.

Derry, S. J., & Murphy, D. A.(1986). Designing systems that train learning ability: From theory to practice. *Review of Educational Research, 56*(1), 1-39.

Greiner, J. M., & Karoly, P. (2011). Effects of self-control training on study activity and academic performance: An analysis of self-monitoring, self-reward, and systematic-planning components. *Journal of Counseling Psychology*, *23*(6), 495-502.

Kirschenbaum, D. S., & Perri, M. G. (2014). Improving academic competence in adults: A review of recent research. *Journal of Counseling Psychology, 29*(1), 76-94.

Lay, C. H., & Schouwenburg, H. C. (2008). Trait procrastinations, time management, and academic behaviour. *Journal of Social Behavior & Personality, 84*(4), 647-662.

McCombs, B. L. (1986). The role of the self-system in self-regulated learning. *Contemporary Educational Psychology, 11*, 314-332.

Pintrich, P. R. (2000). The role of goal orientation in self-regulated learning. In M. Boekaerts, P. R. Pintrich, & M. Zeidner (Eds.), *Handbook of self-regulation* (pp. 452-502). New York: Academic.

Ryan, R. M., & Deci, E. L. (2000). Self-determination theory and the facilitation of intrinsic motivation, social development, and well- being. *American Psychologist, 55*, 68-78.

Wang, A. Y. (1993). Cultural-familial predictors of children's metacognitive and academic performance. *Journal of Research in Childhood Education,* 7(2), 83-90.

Zimmerman, B. J. (2000). Attaining self-regulation: A social cognitive perspective. In M. Boekaerts, P. R. Pintrich, & M. Zeidner (Eds.), *Handbook of self-regulation* (pp. 13-39). New York: Academic.

3. 조사 기능

Bates, M, J. (2002). Toward an integrated model of information seeking and searching. *New Review of Information Behaviour Research, 3*, 1-15.

Facer, K., & Furlong, R. (2001). Beyond the myth of the 'cyberkid': Young people at the margins of the information revolution. *Journal of youth studies*, *4*(4), 451-469.

Gustavson, A., & Nall, H. C. (2011). Freshman overconfidence and library research skills: A troubling relationship?. *College & Undergraduate Libraries*, *18*(4), 291-306.

Kuhlemeier, H., & Hemker, B. (2007). The impact of computer use at home on students' Internet skills. *Computers & Education*, *49*(2), 460-480.

Lauman, D. J. (2000). Student home computer use: A review of the literature. *Journal of Research on Computing in Education*, *33*(2), 196-203.

Nichols, J., & Mellinger, M. (2007). Portals for undergraduate subject searching: Are they worth it?. *Portal: Libraries and the Academy*, 7(4), 481-490.

OFCOM. (2006). Media literacy audit: Report on media literacy amongst children. http://www.ofcom.org.uk/advice/media_literacy/medlitpub/medlitpubrss/children/ (Accessed 4 June, 2013)

찾아보기

3. 자기 관리 기능

5. 사고 기능

저자 소개

Lance G. King

랜스 킹(Lance G. King)은 지난 29년 동안 39개국 300여 개 학교에서 수많은 학생, 교사, 부모와 함께 일한 저명한 저자이자 교육 전문가이다. 그는 25만 명 이상의 학생에게 가르친 '학습의 기술(Art of Learning)' 프로그램을 개발했으며 사고와 학습 기능(21세기 역량)을 가르치는 전문가이다. 또한 그는 국제 바칼로레아(International Baccalaureate: IB) 본부에서 MYP 프로그램의 학습 접근 방법(ATL) 프레임워크를 설계하고 개발한 창안자이다. 그가 개발한 ATL은 현재 160개국 5,000개 이상의 IB 학교에서 실행되고 있다.

랜스 킹은 교사, 학생과 부모를 대상으로 한 워크숍에서 활발히 활동하는 발표자이자 학습과 교수법에 관한 저서 일곱 권을 집필한 저자이다. 그중 두 권은 중국어, 프랑스어, 베트남어, 스페인어로 번역되어 출판되었다. 현재 랜스 킹은 네 명의 성인 자녀와 함께 뉴질랜드 래글란에 거주하면서, 전 세계를 돌며 워크숍을 진행하고, 저술 활동도 꾸준히 이어 가고 있다.

역자 소개

고은지(Ko Eunjee)

한국교원대학교 영어교육 박사(수료)

국제영어대학원대학교(IGSE) 영어교육 석사(졸업)

IB MYP/DP Educator Certificates

현 충청남도 교육청 중등 영어 교사

남서울대학교 IBEC 과정 객원강사

공주교육대학교 IBEC 과정 특임교수

IB MEP(다국어 편집 출판 부서) 프리랜서 번역자 및 감수자

개념 기반 교육과정과 수업(CBCI) 공인 트레이너 및 컨설턴트

한국개념기반교육협회 초대 학술연구이사

koeunjee30@gmail.com

https://www.edu-tribes.com

이요나(Lee Yona)

싱가포르 난양이공대학(NTU) 교육평가 석사(졸업)

IB MYP Educator Certificate

한국어교원자격증 과정 이수

현 IB MEP(다국어 편집 출판 부서) 한국어 번역팀장

교육분야 전문 번역가

yonaing@gmail.com

박태호(Park Taeho)

한국교원대학교 대학원 박사(졸업)

전 한국교육과정평가원 연구원

현 공주교육대학교 · 국립공주대학교 · 충남대학교 IBEC 컨소시엄 협의회 회장

공주교육대학교 교육대학원장

공주교육대학교 수업코칭연구소 소장

주요 저 · 역서 『과학성으로 수업의 기본을 다지고 예술성으로 꽃 피우기』(학지사, 2025), 『4C 핵심역량에 기초한 미래형 교실수업』(공역, 아카데미프레스, 2017), 『아하! 학생 배움중심의 PCK 수업 설계 I · II』(공저, 아카데미프레스, 2015), 『아하! 학생 배움중심의 수업 코칭 전략』(역, 아카데미프레스, 2014), 『효과적인 수업 관찰(6판)』(공역, 아카데미프레스, 2012)

pthmykey1@naver.com

IB 자기주도 학습으로 가는 길
DP 학습 접근 방법
[학생용 워크북]
DP ATL Skills Student Workbook

2025년 9월 30일 1판 1쇄 발행
2026년 2월 25일 1판 2쇄 발행

지은이 • Lance G. King
엮은이 • 고은지 · 이요나 · 박태호
펴낸이 • 김진환
펴낸곳 • (주) 학지사
04031 서울특별시 마포구 양화로 15길 20 마인드윌드빌딩
대표전화 • 02)330-5114 팩스 • 02)324-2345
등록번호 • 제313-2006-000265호

홈페이지 • http://www.hakjisa.co.kr
인스타그램 • https://www.instagram.com/hakjisabook

ISBN 978-89-997-3546-2 93370

정가 27,000원

역자와의 협약으로 인지는 생략합니다.
파본은 구입처에서 교환해 드립니다.